21世纪经济管理精品教材·工商管理系列

商业模式创新

司春林　编著

清华大学出版社
北京

内 容 简 介

本书分析论证了新技术革命的影响和"从创新中盈利"的追求使商业模式创新成为企业创新的主导趋势，而主要内容是通过理论分析辅以大量案例来揭示企业商业模式创新的内在逻辑。贯穿于全书的理论分析表现为商业模式概念框架的不断扩展，首先提出一个包含价值主张、目标客户、价值链（含实物价值链与虚拟价值链）三要素整体性概念框架，用于分析企业间商业模式竞争，并以价值链为核心要素用于探讨一些企业的商业模式创新行为；然后将价值链扩展为价值网，以更宽广的视野分析网络环境条件下企业商业模式创新的策略与表现，特别是探讨了互联网企业商业模式创新的新趋势；本书还将企业创新行为视为其商业模式的内在表现，进一步研究了企业在创新价值网络中的创新模式，特别是探讨了以技术创新和知识资产经营为特色的创新型企业的商业模式；最后以"山寨手机"为例分析了商业模式的创新治理机制。本书注重理论分析与案例分析的结合，案例选择中注重其启发性与新颖性，大多数案例是学生们特别是 MBA 学生提供的。本书适合作 MBA 教材，对创业者、企业家与管理干部也都具有参考价值。

本书封面贴有清华大学出版社防伪标签，无标签者不得销售。
版权所有，侵权必究。举报：010-62782989，beiqinquan@tup.tsinghua.edu.cn。

图书在版编目（CIP）数据

商业模式创新/司春林编著. —北京：清华大学出版社，2013（2023.7重印）
（21 世纪经济管理精品教材·工商管理系列）
ISBN 978-7-302-32139-2

Ⅰ. ①商… Ⅱ. ①司… Ⅲ. ①商业模式－高等学校－教材 Ⅳ. ①F71

中国版本图书馆 CIP 数据核字（2013）第 083389 号

责任编辑：陆浥晨
封面设计：汉风唐韵
责任校对：王荣静
责任印制：丛怀宇

出版发行：清华大学出版社
网　　址：http://www.tup.com.cn, http://www.wqbook.com
地　　址：北京清华大学学研大厦 A 座　　　　邮　编：100084
社 总 机：010-83470000　　　　　　　　　　邮　购：010-62786544
投稿与读者服务：010-62776969，c-service@tup.tsinghua.edu.cn
质量反馈：010-62772015，zhiliang@tup.tsinghua.edu.cn
印 装 者：三河市少明印务有限公司
经　　销：全国新华书店
开　　本：185mm×260mm　　印　张：11.25　　字　数：255 千字
版　　次：2013 年 5 月第 1 版　　　　　　　印　次：2023 年 7 月第 11 次印刷
定　　价：39.00 元

产品编号：051088-02

目录

第 1 章　引论 …………………………………………………………… 1
　1.1　新技术革命引发新商业模式 ………………………………… 2
　1.2　互联网的发展与互联经济 …………………………………… 4
　1.3　商业模式创新主导企业的创新 ……………………………… 11

第 2 章　商业模式 ……………………………………………………… 14
　2.1　商业模式的特征 ……………………………………………… 14
　2.2　商业模式的基本要素 ………………………………………… 16
　2.3　商业模式的评价 ……………………………………………… 23
　2.4　怎样造就成功的商业模式 …………………………………… 34

第 3 章　商业模式竞争 ………………………………………………… 42
　3.1　企业的竞争表现为商业模式竞争 …………………………… 42
　3.2　错位竞争：传统书店与网络书店 …………………………… 43
　3.3　颠覆主流商业模式 …………………………………………… 46
　3.4　超越竞争：创建新市场 ……………………………………… 53

第 4 章　基于价值链的商业模式创新 ………………………………… 60
　4.1　价值链创新 …………………………………………………… 60
　4.2　移向价值链的关键环节 ……………………………………… 61
　4.3　控制价值链：品牌与特许经营 ……………………………… 66
　4.4　控制价值链：技术标准许可 ………………………………… 70

第 5 章　价值链概念的扩展 …………………………………………… 76
　5.1　企业价值链与产业价值链 …………………………………… 76
　5.2　从实物价值链到虚拟价值链 ………………………………… 77
　5.3　逆向价值链 …………………………………………………… 85
　5.4　从价值链到价值网 …………………………………………… 87

I

第6章　价值网中的竞合与商业模式创新 ·········· 89
6.1　价值网模型 ·········· 89
6.2　虚拟合作企业 ·········· 90
6.3　竞合策略与新商业模式 ·········· 92
6.4　互补价值链 ·········· 94

第7章　互联网商业模式创新 ·········· 98
7.1　传统互联网企业一般模式 ·········· 98
7.2　从信息互联网到在线生活社区 ·········· 102
7.3　从网络销售到网络共创 ·········· 105
7.4　双边市场上的商业模式创新：威客与众包 ·········· 109

第8章　企业技术创新与创新型企业的商业模式 ·········· 115
8.1　企业技术创新模式的历史发展 ·········· 115
8.2　构建与管理创新网络 ·········· 117
8.3　建立与管理知识资产 ·········· 127
8.4　创新型企业及其商业模式 ·········· 140

第9章　创新治理：山寨手机案例分析 ·········· 147
9.1　山寨手机与山寨文化现象 ·········· 147
9.2　治理的难题 ·········· 150
9.3　山寨手机出现的技术背景与市场条件 ·········· 153
9.4　山寨手机的治理机制 ·········· 157
9.5　一个山寨厂商的蜕变与成长 ·········· 163

参考文献 ·········· 167

后记 ·········· 172

第1章 引　论

自2004年以来，全球最大的信息咨询服务机构IBM全球企业咨询服务部（Global Business Services，GBS）就企业首席执行官（CEO）最关心的问题，每两年进行一次全球调查。这一调查迄今已进行了5次。从这5次的调查来看，调查的广度与深度有逐次增加的趋势，调查的结果也越来越引起全球的关注，而调查的核心问题则始终围绕着企业的创新问题，特别是商业模式创新问题。

真正引起全球关注的CEO调查，是从2006年的那次调查开始的。那一年，IBM全球企业咨询服务部对来自世界各地的765位CEO和政府部门领导者进行了访谈，事后发布的调查报告指出：企业创新的重点与主要趋势表现为商业模式创新，而不是技术与市场局部的改进。也就在那一年，全球CEO调查开始涉及我国，在全球CEO调查中补充访问了我国100多位CEO，结果发现我国的CEO对创新的认知与国际同人相当一致，他们对产品、服务、业务模式和企业运营三个方面的创新都很重视。

2008年的调查进一步发现，几乎所有的CEO都在调整企业的商业模式，2/3的CEO正在实施大规模的创新，超过2/5的CEO正在改变企业运营模式。2010年的报告，指出面对复杂性、不确定性，转型和变革正在成为新时代的特征和焦点，企业应采取的三大创新策略是展现创新的领导力、重塑客户关系、构建灵活的运营体系。

2012年的全球CEO调查已涉及64个国家的1 709位CEO，调查的目标是企业经营环境在数字化、社会化媒体、移动化相互融合等"科技因素"影响下，CEO面对复杂环境如何规划未来，接受挑战。所采用的调查问卷内容包括"客户、产品、商业模式"等。调查发现，"互联互通"正改变消费者的使用习惯及产业游戏规则，所产生的新型经济模式，已经成为在全球范围内影响社会、组织以及经济变革的重要因素。

我国企业的创新趋势始终与全球企业基本保持一致。在2012年全球CEO调研中，大中华区有102位CEO参与了调研访谈，其中我国内地有67位CEO（包括俞敏洪、柳传志、雷军、王石、周鸿祎、张瑞敏、杨元庆、马化腾等）。所推出的《2012 IBM全球CEO调研及中国洞察》建议我国企业加强对互联经济的理解和实践，提出"以价值体系激励员工"、"以个性服务赢得客户"、"以伙伴关系促进创新"三项制胜之道。

为此，出现以下三个问题：

- 商业模式就是企业盈利的模式，是企业生存与发展的方式，对企业来说历来都是非常重要的，但为什么进入21世纪后才越来越引起重视，并成为企业创新的主流趋势呢？
- "科技因素"与商业模式创新有什么必然联系？特别是，"科技因素"是商业模式创新的推动力吗？
- 企业的创新有许多方面，为什么商业模式创新会成为主导呢？

1.1 新技术革命引发新商业模式

商业模式创新为什么会成为当今企业创新的主要趋势,应当从20世纪后期开始的新技术革命的发展及其所产生的深远影响中寻求答案。

所谓新技术革命,是指以信息技术和信息产业为核心的技术和产业的群体性的快速发展,以及这些技术对社会经济发展的深远影响。计算机网络和信息高速公路的建立,使整个世界变成了"地球村",将人类带入信息社会,而且还推进了经济全球化和知识化的进程。可替代能源、生物技术、纳米技术等新技术的发展,产生了许多新产品与服务,这些新产品与服务采用了新的运营模式与业务模式,又产生了新的行业,对一些传统行业产生了颠覆性的影响。

新技术能获得迅速发展,并能在社会与经济发展中产生广泛而深远的影响,是以这些技术具有巨大的商业价值,能够产生巨大的生产力为前提的。新技术的商业价值是潜在的,直到以某种形式将其商业化以后其商业价值才能体现出来。技术的商业价值,需要通过一定的商业模式来实现。H. W. Chesbrough(2003)把技术与商业目标之间的桥梁称为商业模式的认知功能。他指出,企业在充满技术和市场的不确定性的环境下进行创新活动时,有无数种方法可以把新技术与新市场连接起来,建立商业模式意味着经理们把技术投入的物质范畴与产出的经济范畴联系起来。

商业模式认知如图1.1所示。

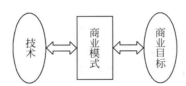

图1.1 商业模式认知图

人类历史上曾发生三次科技革命:第一次是蒸汽机技术所引起的革命;第二次是电力引起的革命;第三次是新技术引起的革命。每一次科技革命都产生了许多新的商业模式和行业。而第三次科技革命中的信息技术,所产生的社会经济影响是其他技术难以比拟的。

信息技术的广泛应用体现为计算机网络和信息高速公路的建立,由此人类进入信息社会。网络使信息的储存、传输与扩散具有极高的效率,表现为网络效应。有人认为,这种网络效应与组成网络的"节点"的平方成正比。网络给信息的获取、人们的交往提供了极大的方便,原来基于地域观念的社区发展成全球"虚拟社区",天涯若比邻。信息传输的高效率与方便使新的交易方式——"虚拟交易"成为可能。全球B2C电子商务模式的开创者、亚马逊(Amazon)网站的创办人杰夫·贝索斯(J. Bezos)在上网浏览时,发现网络使用人数每个月以2 300%的速度增长,于是他决定放弃原来的工作而创办亚马逊,三年后亚马逊就被《福布斯》杂志评为"世界上最大的网上书店"。

亚马逊商业模式的基本特征是网络销售,或称虚拟商场。以亚马逊为代表的电子商务模式,是新技术革命所引起的最重要的新商业模式。说它是新模式,是指传统的商业模式主要是依靠有形产品及其相应的价值链来盈利,而电子商务模式主要是靠搜集与传递信息来盈利。传统的价值链理论已不能解释电子商务盈利的秘密,许多电子商务盈利模式甚至不是人们一开始就能想明白或看明白的,为解释它们如何盈利需要提出新的价值链理论。

新商业模式反过来促进了新技术的迅速发展,从而使新技术的发展呈现出新的模式。任何新技术的开发,都需要投入大量的人力与资金。依靠一定渠道获得资金支持开发新技术的传统办法,已不适应当今新技术的迅速发展。新技术的迅速发展与广泛应用,从一开始就离不开商业化。

事实上,发端于计算机之间信息共享与通信的互联网技术,起初主要用于军事与科学研究,本来是在美国政府及学术机构的支持下获得发展的,特别是美国科学基金会(National Science Foundation)所建立的 NSFnet,对互联网的发展具有决定性的影响。但到了 20 世纪 90 年代,其发展到了一个关键时刻,这种模式已不适应它迅速发展的需要,于是美国科学基金会提出将 NSFnet 私有化和转向盈利模式的设想。在一片反对之声中,美国国家基金会于 1995 年宣布停止所建立的 NSFnet 使用。从美国政府不再提供互联网的维持费的那一时刻起,互联网的发展就必须走商业化的道路。而正是由于互联网的商业化发展,才造就了它今日的辉煌。

新技术与新商业模式的结合与互动,成为新技术发展的特点,也造就了新商业模式的特点。

新商业模式一出现就表现出巨大的发展潜力。亚马逊自 1997 年 5 月公开上市,1998 年 11 月 30 日股票已猛涨 2 300%,市场价值突破百亿美元,比拥有 1 011 家分店,年收入 31 亿美元的巴诺公司高出 5 倍以上。

新商业模式的强大示范效应,对许多传统企业产生了极大的冲击与震撼,从而激励企业家与创业者思考在新经济环境下所能催生的新商业模式,激励他们从根本上重新思考企业赚钱的方式,唤起了人们对商业模式的重视。1995 年后,网络销售、在线广告、信息通信与娱乐服务等电子商务模式,以及在此之前人们从未有过的各种商业设想迅速出现。有人从互联网世界中诞生的无数创意之中,通过归类合并出 77 种创新模式,还有人从网络媒体中总结出 18 种盈利模式。

在互联网商业化的快速发展所导致的创业热潮中,设计一定的商业模式寻找风险投资融资成为一种通常做法。风险投资公司对商业计划所作的评价,主要是对计划书中所提出的商业模式潜在价值的评价。一个商业模式设想一旦引起风险投资家的关注,受到追捧,融资成功,建立网站开业,并在纳斯达克上市,就可能出现"一夜暴富"。这是许多创业者的梦想。

人们对新商业模式的追逐也导致了"互联网泡沫"。"泡沫"是伴随互联网创业热潮涌现出来的一种现象,一定程度上有其不可避免性。但"互联网泡沫"似乎是在提醒人们:尽管因特网的发展使不少事情成为可能,但不能盈利的企业注定是无法生存与发展的。只有盈利才是企业商业模式的核心。"泡沫"的出现与破灭也促使人们考虑究竟应该有怎样的商业模式创新。实际上,理论界、企业家以及媒体对商业模式的兴趣,也是由此开始的。

1.2 互联网的发展与互联经济

新技术引发了一些新商业模式,这一点还不足以说明新技术革命为什么会引发商业模式创新。因为如果新技术所支持的新商业模式只限于发生在"新经济"中,并没有对传统企业产生什么影响,那还不能说商业模式创新对所有企业来说是大势所趋。

新技术的应用虽然常常要使企业的商业模式有所改变,但一般的技术变化未必造成商业模式创新的大趋势。从蒸汽机出现以来,人类发明了许多新技术,推动着社会经济的进步,但是并未在历史上某个时期出现"商业模式创新热"。可以设想,当应用一项新技术时,也许需要对企业运营系统中的某些部分做出调整,但如果在此之后企业面对的市场与产业环境是相对稳定的,消费者需求是相对稳定的,市场供给是相对稳定的,那么企业的主要价值来源在于竞争优势,因此企业管理的核心是差异化战略管理,即通过产业定位、内部价值链、异质资源等方式在市场上获得独特竞争优势,并不需要改变自己的商业模式。

但是第三次科技革命与前两次科技革命有所不同。第一,新技术革命中技术的变化不是单一的,而是群体性的;第二,新技术革命是以信息技术为代表的新技术群体的发展,特别是具有代表性的信息技术带来了新的价值源泉,同时也带来了人与人、人与企业、企业与企业关系的变化,构成了新商业模式产生的基础。

信息技术与互联网的广泛应用带来了信息成本与交易成本的降低,而信息成本与交易成本的降低影响着企业间的关系与企业的"边界"。按照科斯(R. Coase)的说法,企业的出现是由于节约市场交易成本,企业的边界取决于"企业"所能节约的交易成本与其内部的管理成本的比较。如果企业这种组织形态所能节约的交易成本大于其内部的管理成本,则把更多的市场交易纳入企业内部对企业有利;如果节约的交易成本小于内部管理的成本,则说明企业太"大"了。互联网的应用使企业间的市场交易成本与内部管理成本都发生变化,因此必须重新对企业的业务范围、客户关系做出调整,即重新考虑自己的边界以及与其他企业的关系。企业在面对做什么、怎么做、为谁做这些问题上有了更多的选择。

例如,北京中关村地区集中了众多的创业企业,出现了不少新的商业模式。新商业模式中不仅包括互联网应用的模式,如新浪、搜狐、当当、卓越等,还有利用全球化带来产业价值链分解、重组、融合所创造出的新商业模式,如从大企业内部价值链环节分解独立出来的第三方研发设计的专业手机设计公司德信无线、中电赛龙,从事专业汽车设计的精卫全能公司、借助互联网等技术从事第三方专业物流的志勤美集公司,从事企业IT外包服务的神州泰岳公司,从事企业信息服务的慧聪商情等。

企业在产业价值链与企业价值链的分化与重组中寻找新的价值环节与源泉,发展新的合作关系,在互惠的基础上实施外包,借助因特网进行全球采购,其结果是企业间的网络关系也充分地获得了发展。

如何利用网络关系,成为企业必须面对的新挑战与新机遇。在新的条件下,企业必须从自身需要出发,构建与管理一个企业网络,这种网络为资源整合提供了渠道和平台,从而以相对容易的方式获取稀缺资源。在技术创新速度加快和市场变化方向不确定的情况下,利用网络更有利于对环境变化做出相机反应和更灵活地重新配置资源。在知识产权保护制度日益完善,风险投资、科技转让、科技咨询、中介组织日益发展的情况下,利用网络可使企业在寻找创新盈利的新途径方面有更多的选择余地。此外,各种新的思潮、科技信息与知识往往首先在社区与网络中激发与传播,构建和参与网络有利于使企业通过各种渠道吸取外部的创意。

企业环境的变化,网络关系的影响,为企业商业模式的创新提供新的可能。有人认为,在未来,现有的企业会被虚拟企业所代替,虚拟企业会成为未来企业的主要形式。

企业网络的发展是一把双刃剑。面对互动,企业可通过互动增强自身能力,但互动与网络效应也可能使某些"不慎"酿成公关危机。所以网络给企业带来机遇的同时也带来了挑战。企业的网络环境是不安定的,面对复杂情况进行决策成为企业的"常态",而不断产生新的解决方案的需求则靠商业模式创新来实现。

新经济的一个重要特点是新技术的发展与商业模式创新互相推动。互联网技术在这种互动中也有新的发展,而新的发展所带来的影响不是越来越安定,也不是复杂性减弱,而是相反。互联网新的发展体现在"移动＋云计算"、社交网络以及物联网等。社交网络是互联网的社会化应用,与移动通信的融合使人与人、人与组织以及组织与组织之间改变沟通方式,物联网与传感网络的发展使物理系统与社会系统互联,使企业、市场、社会、政府互联互通。IBM在2012年的全球CEO调查中把新经济的这一发展称为"互联经济"。的确,互联经济渗透到企业经营与社会管理中,使世界变得更小,也更为复杂。

【案例1.1】

电子商务模式面临变革（复旦大学MBA　茅赟海）

1. 中国电子商务的发展：从新兴走向传统

电子商务源于英文Electronic Commerce,简称EC,是指在全球各地广泛的商业贸易活动中,在互联网环境下,基于浏览器、服务器应用方式,买卖双方不见面地进行各种商贸活动,实现消费者的网上购物、商户之间的网上交易和在线电子支付以及各种商务活动、交易活动、金融活动和相关的综合服务活动的一种新型的商业运营模式。

与传统商务运作相比,电子商务具有以下几个鲜明的特点：

- 跨越时空。时间、空间限制是人们从事社会经济活动的主要障碍,电子商务运作可以实施全方位、全天候的交互式的商务运作和服务。
- 价值链重组。电子商务跨越了传统营销方式下的中间商环节,优化了价值链,降低了交易成本,消费者可以较低的价格获得优质的产品和服务。
- 功能全面。基于互联网的电子商务可以全面支持不同类型的用户,实现不同层次的商务目标,可以提供超越传统商务的功能,为商家、消费者及网上的第三方服务,如发布商品行情、网上调查、网上咨询、网上广告、在线客服、网上订货、网上交易、电子支付、网上银行与建立网上商城等。
- 服务个性化。电子商务可以充分实现以顾客为中心,最大限度满足顾客个性化需求：提供个性化产品和个性化服务。

由于电子商务货架扩展的边际成本接近零,所以可容纳无限的商品成为区别于传统商务的显著特点。

就艾瑞咨询发布的数据来看,我国网民的增长和在线购物的增长速度非常惊人。截止到2011年6月底,我国网民的数量达到4.85亿人,较2010年年底增加6.1%。互联网普及率持续上升增至31.8%。手机网民成为拉动中国总体网民规模攀升的主要动力,2011年6月底规模达到3.18亿人,较2010年年底增加了1494万人。互联网的电子商务化程度迅速提高,全国网络购物用户达到1.73亿人,网上支付、网络购物和网上银行半年用户增长率均在30%左右,远远超过其他类网络应用。网络购物、网上支付和网上银行的使用率分别为33.8%、30.5%和29.1%,用户规模分别达到1.42亿人、1.28亿人、1.22亿人,半年用户规模增幅分别为31.4%、36.2%和29.9%,增速在各类网络应用中排名前三,如图1.2所示。

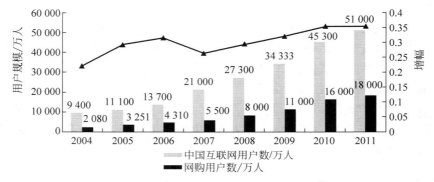

图1.2 中国网民 & 网购用户大幅提升[①]

电子商务一般可划分成B2B、C2C和B2C三种基本形态,国内的网络购物市场主要是由以淘宝网、易趣网、拍拍等为首的C2C带动B2C发展的市场。通信工具、第三方支付工具以及一系列具有中国特色的举措,不仅仅为C2C赢得生存之战的胜利,更重要的是它们推进了国内网络购物市场规范化的进程,培养了中国互联网消费者的网络购物习惯,同时也为国内网络购物市场日后的蓬勃发展奠定了夯实的基础。

对于我国B2C市场的划分,大多是以其商品组成、运行模式为依据。通常将我国B2C市场划分为以淘宝商城为代表的综合商城型、以当当网为代表的百货商店型、以京东商城为代表的垂直商店型、以VANCL为代表的轻型品牌型,以及导购引擎型等8种模式。随着我国B2C电子商务的进一步发展,各种不同类型的电子商务在发展过程中已经逐步渗透和变化。

京东商城从3C切入市场,红孩子从母婴切入市场,卓越从书、音像切入市场,在站稳脚跟之后,这些垂直型电子商务公司纷纷向综合型网上商城转型。而1号店则表明做日用百货,看似是垂直,其实还是综合。主要原因是单一的市场空间有限,而且重复购买率受到制约,在付出高昂的新客户获取成本之后,所有的电子商务公司没有理由放弃向这些客户索要更多的销售收入,因此这些企业一般都是从低毛利商品拓展至高毛利商品,从垂

---

① 数据来源:CNNIC,2009年中国网络购物市场研究报告.

直领域扩展到综合领域。

相对于实体经济,网络经济表现出了更快捷的发展势头和更博大的发展活力。中国的网络经济市场正处于高速发展阶段,并且从长期来看,由于互联网的升级和创新频率的不断加快,市场机遇继续增加,网络经济将会成为推动中国经济发展的重要力量。

但随着时间的推移,新商业模式会逐渐成为一种传统模式。电子商务曾经是一种新的商业模式,但是当电子商务成为普遍的商业现象的时候,它就成为一种传统的模式。

从全国来看,2010年互联网投融资金额同比上升1 259.7%,披露的互联网行业投融资规模为182.2亿元,具体如图1.3所示。

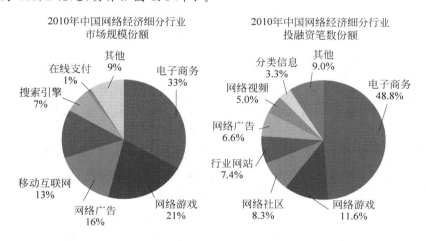

注:2010年互联网经济营收规模为1 523.2亿元。2010年互联网行业投融资笔数为121笔。

图1.3　2010年中国互联网经济细分行业市场份额示意图[①]

一方面大量投资,另一方面为了取得市场份额,用低价进入市场,其结果使电子商务大佬成为亏损大户。根据《IT经理世界》所载《2009中国在线零售排行榜分析》一文援引投中集团所提供的数据,在30家上榜企业当中,有15家企业通过风险投资基金进行了融资,另外15家企业中不乏有巨大资金支持的传统知名企业。大量的资金被用来投放到市场营销和品牌建设,虽然上榜企业中有像当当网这样在20世纪末就开始经营电子商务的老牌企业,但拥有大量销售额却无法盈利仍然是目前几乎所有电子商务企业普遍面临的问题。"融资-冲销售额-再融资-再冲销售额-上市融资"成为这个行业的普遍理念。

2. 电子商务模式

电子商务的本质就是通过桌面互联网和移动互联网等新型的营销渠道,将商品或服务提供给目标市场和客户。其最核心的角色有三个:消费者、渠道和供应方,几乎所有的电子商务公司都是营销渠道公司。电子商务公司的模式如图1.4所示。

从图1.4可以看出,大部分电子商务公司的模式如下:第一步,搭建电子商务系统或平台;第二步,进行招商或以其他方式找到商品;第三步,投入巨资进行广告宣传或以其他方式引入流量来获取客户。

---

① 数据来源:行业访谈.企业公开财报.

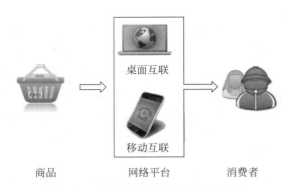

图1.4 电子商务公司的模式示意图

电子商务最为核心的因素——客户资源和信誉。一方面,一个电子商务企业所拥有的异于传统企业之处是在网络上,它们几乎可以无成本地无限拓展货架,但背后的备货、库管却不能少,还必须配给大堆专业的品类经理进行商品管理,导致管理难度和成本急速上升。

另一方面,电子商务企业天然的缺少信誉度,因为在互联网上,谁也不知道对方是谁,没有了实体店,信誉自然会大打折扣,再加上目前的电子商务企业基本都是一些新兴的企业,因此这些企业不得不投入巨资投放广告,其本质就是在塑造品牌和获取客户。

PPG以男式系列服装为核心产品,通过将现代电子商务模式与传统零售业进行创新性融合,以现代化网络平台和呼叫中心为服务核心,以先进的直效营销理念,配合卓越的供应链管理的方式及高效完善的配送系统,为消费者提供高品质的服装产品与服务保障。借助中国高速发展的互联网技术应用与直销模式的高效传递,在不到2年的时间内,PPG在国内市场取得了迅速的扩展。其独特的经营与销售理念及市场的高速发展所带来的良好销售业绩与财务表现先后赢得了TDF、JAFCO ASIA与KPCB国际性风险投资公司的关注和青睐,并获得它们的联合大量注资。

在服装业,雅戈尔公司拥有从棉田到纺纱织布,再到设计制造的所有环节,甚至直接开设直营零售网点。通过多年的努力,目前雅戈尔在全国有超过1500家终端,每天销售衬衫约1.3万件,年销售额约10亿元人民币。而PPG凭借它的商业模式,实现了2年时间销售规模接近雅戈尔的水平,日销售衬衫约1万件。

2007年,PPG花了2亿多元的广告费后,从2008年起停止了所有的广告投放,突然像是销声匿迹了。尽管在2008年,PPG依靠上一年砸下巨额广告获取的消费者数据,销售额有过每月上千万元的纪录,然而这家企业却已经丧失了消费者的信任,元气大伤。在业界接连的质疑中,PPG业绩频频下滑,管理层陆续出走。

根据预测,PPG获取一个客户的成本是225元,这个费用包括了广告投入和所有运营费用。PPG广告铺天盖地,新客户成本过高必然导致PPG在市场上投入和回报严重地不相适应,为日后的财务危机埋下伏笔。

PPG倒下有各种各样的原因,但是为了获取客户资源,投下天价的广告费无疑是其毁灭的导火索。PPG的倒下,给后来者警示,但它们依然无法绕开新客户获取,依然小心翼翼地走在同样的路上。

PPG虽然不是一个纯粹的电子商务公司,但确实是电子商务行业的一个典型代表。它的崛起,代表了新经济对传统经济模式的挑战,也代表了消费者对于互联网经济的热爱与支持,而当PPG迅速倒下,也是电子商务企业种种隐患集中的暴露。它的倒下不是偶然的,而是必然的。

3. 传统电子商务模式亟待解决的问题

(1) 无法有效导入网站流量

B2C电子商务网站的运营和传统商店或商场的运营模式一样,首先要解决的是有消费者进店来,有人来了,才可以对他们进行销售。同样,B2C网站需要的就是要有大量的客户能够来到它们的网站上,这是所有类型B2C网站面对的问题。如何才能让客户来到网站呢?为了吸引足够的客户流量,各类B2C网站虽然运营模式不同,但是在吸引客流量的目标上却是一致的,就是同时采用较为单一的互联网广告模式,通过各种形式的互联网广告吸引客户群体。

几乎所有的B2C网站在前期时都必须投入大量的资金进行网站推广,由于广告推广的成本很高,而前期网站的用户流量并未能达到期望的量级,或者用户流量并没有带来期望的销售额,所以造成整体运营受到影响,导致很多的B2C网站因为资金链的断裂而倒闭。

因此,如何降低推广成本,有效率地吸引大量消费者,是目前应该首先解决的问题。

(2) 缺少信誉

对于一个零售企业而言,必须与消费者之间建立起信任。但是信任是不可能快速地建立起来的,需要经历一个长期的过程。信任是消费者在长期的观察中、使用中所建立起来的对零售企业的一个心理印象。所以现代所有企业都要做品牌、做服务,做品牌其实就是建立信任。

相比传统企业,电子商务没有门店,这是目前消费者对零售企业缺乏信任的惯性思维。中国有句古语:"跑得了和尚跑不了庙",对于一个没有"庙"的电子商务企业,消费者很自然地担心受欺骗、担心售后服务。

对于一些需要高信任度的产品,在电子商务企业进行销售时就会存在很大的障碍,例如婴儿奶粉、高价值的奢侈品、化妆品等。

(3) 缺乏精准的营销策略

做买卖最重要的是将商品卖给有需要的人,也就是把合格的商品卖给需要它的人。因此,B2C的管理者,最关注的是如何有效地、精准地定位它们的目标受众。在获取了高流量的用户时,如何向正确的目标消费者推荐他们需要的商品,这就是精准营销。

在互联网环境中,B2C的目标客户群是所有网民中的一部分,国内的网站根据统计已有超过300万人,在那么多的网站上,只有精准的广告信息传达给正确的消费者,才是有效的广告。

因此,对于不同类型的B2C网站来说,它们的营销策略会有不同的偏重性,对于直销类、垂直类B2C,与其经营的产品匹配度最高的用户群的精准定位与寻找,是网站经营的目标所在,也正是目前B2C迫切希望达到的效果。

但是,一个电子商务公司面对的客户甚至是虚拟的,即使是实名制的,电子商务公司依然无法对客户有全面的了解,能了解的只能是客户的浏览、点击和本网站线上的购买行为,仅仅凭借这些数据,要进行精准营销实在还差得太远。

(4) 消费转化率不高,消费激励制度欠缺

有了高流量的用户,向消费者提供了他们需要的商品,最后需要做的是,让消费者对商品产生购买意愿,最终促成购买行为。提高用户的购买意愿,促进商品的销售,是B2C网站运营的最终目标。B2C网站现有的营销模式,虽然已经想方设法地开展各类优惠活动,但是随着互联网消费者对于网络购物变得越来越理性与成熟,商家必须找到能够长期有效刺激用户进行商品购买的方式。

国内B2C市场竞争激烈,而大部分的网站在进行营销模式和渠道的选择上相对保守单一,几乎所有的B2C电子商务网站都只通过传统的互联网广告手段进行推广,对于推广效果的衡量等,也只停留于对推广渠道的比较上。随着互联网产业的多元化发展,B2C电子商务网站应突破传统单一的营销模式和渠道,借助形式各样的互联网服务进行创新性的合作和拓展。

(5) 用户黏度不足,用户体验需优化

由于我国网民的快速增长,各式各样的B2C电子商务网站蜂拥出现,竞争异常激烈。B2C类电子商务网站在前期推广时,需要投入大量的资金来吸引消费者,因此国内B2C网站为了能够尽量多地获取用户来争取大的市场份额,就以尽可能低的价格或优惠补贴措施来吸引客户,但因为互联网消费对于商品价格透明度高,使得消费者的价格敏感度高,哪里有更低价的商品就去哪个平台购买,因此网站的用户忠诚度较低,网站和用户黏性不足。所以,B2C网站的激烈竞争,整体盈利性差,用户尚未能良性发展。

随着国内领军的多家电子商务网站的成熟运营,产业链上下游企业、诚信体系、支付安全、物流服务等方面日渐趋于完整。整体的商品质量、网站服务、网站浏览等相关用户体验也已逐渐成熟。但随着消费者在接受新兴事物的同时,对于服务、浏览体验等逐渐有更高的要求,因此网站的用户体验也应该与时俱进,才能满足消费者。这些新兴的电子商务网站为了获取客户、建立信任关系、提高客户体验来弥补其他方面的不足,不惜血本地在品牌建设、营销广告方面进行巨额的投入。提及网上购物,给消费者留下的主要印象仍停留在优惠打折上,这是这些电子商务网站在完成初期资本积累时为了取悦客户为自己和整个行业埋下的后遗症,而这些电子商务公司并没有积累到资金,他们只有一个靠贴补得到的市场份额和大量忠诚度并不高的会员。他们唯一的希望是借助市场份额从风险投资者手里和证券市场融到更多的资金,他们希望通过市场份额在供应商那边有更强的议价能力,获得更好一些的利润空间。

品牌信任和获取客户成为这些电子商务公司模式中的硬伤,是该公司管理者不愿提及却又往往压得他们透不过气来的梦魇。因为面对这两座大山,大部分电子商务公司过着入不敷出的日子。他们主要的心愿就是去纳斯达克上市,但是这个梦想正在离很多电子商务公司越来越远。

4. 招商银行网上商城的启示

对于目前的电子商务模式,可以简单地取个名字,叫作正向电子商务,因为这一模式

是通过电子商务渠道将商品和服务卖给消费者,其市场行为是推送式的。对这些公司而言,消费者是未知的,是线上的流量。这跟传统的店面其实没有本质的区别。这种模式虽然需要大量投资,但消费者依然不是它们的,消费者唯一留下的是曾经的订单记录和送货地址,他们随时有可能离开。所以在这种电子商务中,消费者的忠诚度表现得很低。

招商银行网上商城的商业模式正在表现出一种完全不同的特质,可以称之为逆向电子商务。

招商银行拥有大量的优质客户,并且拥有这些客户多年积累下来的消费记录,通过商业智能引擎可以将客户聚类细分,根据历史数据和实时交易行为来分析客户可能需要什么,然后进行招商引入品牌,用电子商务的方式提供给客户。

前面已经指出,大部分电子商务公司的模式第一步是搭建电子商务系统或平台;第二步是进行招商或以其他方式找到商品;第三步是投入巨资进行广告宣传或以其他方式引入流量来获取客户。概括地说,其步骤是1、2、3。而招商银行网上商城的商业模式与当下的电子商务模式逆向而行,其实现的步骤可以概括为3、1、2,但无须大规模投入获客成本,其核心的竞争因素在于精准营销,其基础正是银行长年积累的信誉和客户资源。由此形成了一个独特的商业模式,可以概括为了解客户,为客户寻找到所需要的产品和服务,并以电子商务的方式提供给客户。

众多的专家、学者以及电子商务的从业人员,从各个角度构建了各种电子商务模式,而随着新技术的发展,将出现更多新的商业模式,例如,与LBS(地理位置服务)结合的电子商务模式,以团购网、维络城为代表的广告模式。但是这种商业模式尚没有解决电子商务企业困境的核心问题。只有解决了核心问题,这些应用才可以快速地拓展,电子商务才能具备强大的生命力,否则成千上万的电子商务企业都会像天际流星一般在漫长的电子商务发展里程中划过而不留痕迹。

1.3　商业模式创新主导企业的创新

在互联经济中,企业面对的挑战是全面的,应对的基本策略是创新,即技术创新、组织创新、管理创新与商业模式创新。

把"创新"这一概念首先引进经济学的是美籍奥地利经济学家约瑟夫·熊彼得(J. A. Schumpeter),在他看来,创新意味着在企业中建立新的"生产函数",或"生产要素的重新组合",即通过生产新的产品、采用新的生产工艺、开辟新的市场、发现新的原材料供应、实现新的组织,以获取更多的潜在利润。

熊彼得的"创新"概念中不仅包括产品、工艺方面的技术创新,还有组织创新。管理学大师彼得·德鲁克(P. F. Drucker)等人把创新分为技术创新与管理创新。但是技术创新、组织创新与管理创新,目的都是要提高企业的盈利能力,并最终能使企业盈利。如何利用创新盈利,需要通过企业的商业模式来识别,需要商业模式创新来引领。

"硅谷悖论"说的是,最善于进行技术创新的企业往往也是最不善于从中盈利的企业。典型例子就是施乐的PARC,其研究人员的大多数为整个社会尤其是计算机领域做出了巨大的贡献，但是他们的创新并没有为施乐的复印机业务带来好处。

德国克里斯托弗·弗里德里克·冯·布朗（Christoph-Friedrich Von Braun）博士曾经考察了全球的"创新热"，发现存在着把"创新"作为一种武器，用于企业与企业的"战争"，甚至用于国家与国家的"战争"，他把这种隐形的"战争"称为"创新之战"。通过对美国、日本和欧洲30家大公司在13年间的研究与发展费用、净利润和收入的考察比较，他洞察了"创新之战"所掩盖的危机和潜在的负面影响，提醒各国决策者、战略计划制订者和企业界管理人士要审慎对待这场不断升级的"战争"。

进入2012年以来很多人都在议论：为什么曾经在全球风行一时的日本电子产品逐渐销声匿迹，取而代之的是苹果公司的产品？日本电子巨头为何会败给苹果公司？

尽管技术上进步惊人，日本厂商在海外市场却难以对芬兰诺基亚和美国摩托罗拉等形成挑战，因为从20世纪90年代末到21世纪初的这段时间，日本厂商都是根据仅适用于日本的通信标准制造手机，以满足国内市场的需求。由于产品在海外上市时间晚，日本厂商很难像韩国的三星那样与海外电信运营商建立稳固的合作关系。

日本电子业认为，日本电子工业企业在商业模式中出了问题：太过关注本土市场；对新形势觉悟慢、应变死板；对消费者偏好判断失误，对自己的硬件优势过于自大。因此，日本企业的当务之急是调整产业结构，全面转换商业模式，包括强化产业外包力度，通过制造业务外包最大程度地减弱成本上升对企业的影响；实施产业板块重组，提升企业对市场需求的反应速度，寄望于从单纯的技术研发驱动型企业迅速转型为依托市场需求的综合型服务供应商。松下公司将旗下的5大产业板块从2012年1月改编为客户、元器件、解决方案三大事业体系，而日立则将采用新的经营体制，将公司业务重组为五大集团，以便及时迅速实现调整，充分基于用户需求生产产品，根据个人或组织的需求提供一站式的综合解决方案，实现从单纯的端供应商到综合解决方案的供应商。

苹果公司在技术创新与商业模式创新的道路上也有过深刻教训。自成立以来，苹果公司一直全心全意地、虔诚地专注于技术创新。公司的创始人与负责人史蒂夫·乔布斯（Steve Jobs）当年曾长期坚持要找到"酷"的新技术，把创新比做"时髦的艺术收藏品"，追求"完美的机器"。苹果公司内部有人指出，"酷"使苹果产品在价格方面处于劣势，影响公司的销售。早期的公司高管也曾认为销售和服务"不时髦"而多次错失扩大市场机会。20世纪80年代末至90年代末，苹果推出了PowerBook和Power Mac，大量的人力物力被浪费在实验室里，数以亿计的资金被投入没有产生任何结果的大型项目中。由于创新越来越低效，在度过了1/4个世纪后，苹果在全球PC市场的份额仅有2%，跟在它后面的众多公司，却沿着它的创新足迹，攫取到了丰厚利润，并不断鲸吞它的市场份额。当年乔布斯曾踌躇满志地对比尔·盖茨（Bill Gates）说，苹果要和微软一起共同主宰电脑行业，但是到后来，市场份额萎缩，年利润率从当年的20%降到0.2%，仅是微软年利润的1/140。

1985年，乔布斯黯然离开苹果，他意识到痴迷于纯技术创新对公司的伤害，开始了痛苦的转变。1996年重返苹果后，乔布斯带领苹果公司于2001年推出了iPod，2003年推出了iTunes，iPod与iTunes不是简单的产品，而是代表着一种全新的商业模式，体现了技术创新与商业模式创新的结合。所采用的新商业模式从此改变了音乐播放器产业、音乐唱片产业。早期乔布斯曾不屑做销售与服务，现在不仅卖产品，而且还卖音乐。

iPod 颠覆了音乐产业，iPhone 系列手机则成功地颠覆了手机产业。2007 年，苹果发布 iPhone，2008 年推出了 App Store，沿着 iPod 与 iTunes 结合的思路，通过"iPhone＋App Store"的组合，掀起了一场手机革命。2010 年年初又推出 iPad，采用了和 iPhone 同样的操作系统与商业模式。

人们对苹果公司创新的评价是，苹果的创新不仅是硬件层面的，更重要的是将硬件、软件和服务融为一体，对价值进行了全新的定义，为客户提供了前所未有的便利，开创了一个全新的商业模式。

2012 年 8 月 20 日，苹果公司股价走高，收盘价高达 665.15 美元，总市值上升到 6 230 亿美元，打破了微软公司 1999 年创造的 6 205 亿美元的市值纪录，被各大媒体和市场分析人士誉为"有史以来全球最值钱的公司"。

苹果公司创造的奇迹，是技术创新与商业模式相互结合、相互促进的结果。该案例表明，技术创新服从企业商业模式创新，技术价值只有通过合适的商业模式才能被认知，并得到实现。新技术的迅速发展，并在社会经济发展中发挥越来越大的作用，在很大程度上就是由于它们借助了合适的商业模式。

苹果公司商业模式的特点是与技术的创新相结合。没有苹果的技术也就没有苹果的商业模式。基于技术的创新和商业模式的创新，并且永远领先一步，从而形成对产业链的话语权和掌控力。在预期 iPhone 可以为电信运营商带来大量用户和关注的前提下，AT&T 与苹果签署独家合作协议，对通过捆绑 iPhone 而新增的用户收入与苹果共享。这种模式第一次开创了终端厂家与运营商收入分成，并且分成比例高达 30%，颠覆了欧美盛行的"手机定制"模式，第一次上演终端厂商"定制"电信运营商。在与 AT&T 合作中，苹果占据了强势地位：机身无 AT&T 标志，软件设置完全由苹果决定，如 iPhone 的手机音乐就设置成支持 Wi-Fi 下载的 iTunes 模式，而非 AT&T 自己的音乐服务。

凭借技术优势构建商业模式，以商业模式引领与把握技术创新，苹果公司在这方面为所有企业提供了一个很好的样板。

如今乔布斯已经离世，但苹果公司似乎还走在乔布斯当年所开创和设计的道路上，面临新的挑战。苹果公司应该如何续写辉煌？

第 2 章 商业模式

2.1 商业模式的特征

商业模式是企业价值创造活动的主要组成及其相互关系的整体逻辑分析框架。研究商业模式理论的学者 A. Osterwalder, Y. Pigneur 与 C. L. Tucci 等人(2005)对商业模式给出的定义是:

商业模式是一种包含了一系列要素及其关系的概念性工具,用以阐明某个特定实体的商业逻辑。它描述了公司所能为客户提供的价值以及公司的内部结构、合作伙伴网络和关系资本等用以实现(创造、推销和交付)这一价值并产生可持续盈利收入的要素。

商业模式研究的核心是企业价值创造。在互联经济条件下,新需求、新方式等新价值源泉不断出现,企业在考虑如何利用这些新价值源泉时,常常面对并不存在的产业,所以设计价值链、外部供应商、顾客、合作伙伴等成为主要问题。

R. Amit 与 C. Zott(2001)指出,商业模式的分析对象应当是企业所在的网络,是与企业经营有直接关系的系统,即从企业原材料供应为起点、到消费者完成消费为终点所涉及的所有相关者组成的系统,而不是单独的企业。商业模式是由各个参与者的价值主张所构成的价值网络,各个参与者共同为最终消费者做出贡献,同时在这个过程中满足每个参与者的价值要求。企业所在网络的整体配合协调能力决定了网络整体以及个体的绩效。对供应商、互补产品提供商、渠道商以及消费者等价值活动的分析与再组合,是发现潜在价值源泉、设计各参与者价值主张、优化外部价值网络的重要活动,这就是商业模式创新。

企业的价值创造活动由众多企业以及消费者共同完成这一基本特征,决定了商业模式的分析框架必须包含一系列要素及其关系。这些要素包括价值主张、消费者目标群体、成本结构和收入模型等。

A. Osterwalder 等人提出了一个包含以下 9 个要素的参考模型(A. Osterwalder 等人,2004),详见表 2.1。

- 价值主张(value proposition);
- 消费者目标群体(target customer segments);
- 分销渠道(distribution channels);
- 客户关系(customer relationships);
- 价值配置(value configurations);
- 核心能力(core capabilities);
- 合作伙伴网络(partner network);

- 成本结构(cost structure);
- 收入模型(revenue model)。

表 2.1　A. Osterwalder 的商业模式基本框架

主要方面	构成模块	描述
产品	价值主张	价值主张是企业的所有产品与服务的概览,它们对顾客提供了价值
顾客界面	目标顾客	目标顾客是企业试图向之提供价值的那部分顾客群体
顾客界面	销售渠道	销售渠道是企业与顾客接触的途径
顾客界面	顾客关系	顾客关系描述了企业与顾客之间形成的联系
基础管理	价值配置	价值配置描述企业为了向顾客提供价值而必需的活动与资源的安排结构
基础管理	能力	能力是指执行向顾客提供价值所必需的活动的能力
基础管理	伙伴关系	伙伴关系是指为了向顾客提供价值而由两个或者多个企业自愿达成的合作协议
财务	成本结构	成本结构是实现所有商业模块而产生的支出
财务	收入模型	收入模型描述了企业通过一系列利润流获取收益的方式

A. Osterwalder 与 Y. Pigneur 在《商业模式新生代》一书中,对商业模式的 9 个要素或组成部分做出了更明确的描述,为了能用这些要素或组成部分描述、分析、设计商业模式,他们引入了一种可视化的工具——商业模式画布(business model canvas)以及一系列的工具与方法(包括客户洞察、创意构思、可视思考、原型制作、故事讲述、情境推测),并且与企业战略、流程再造等联系和整合起来。文字与图解结合,使得所引入的方法与工具具有可操作性,深受实践者与咨询公司的好评。

H. Chesbrough 等人对商业模式的分析也基于类似的思路,只不过关于组成商业模式的要素数目有所不同,详见表 2.2。

表 2.2　H. Chesbrough 一般性企业的商业模式构成

商业模式构成要素	定义
价值主张	基于技术的产品或服务为顾客创造的价值
目标市场	技术对其有价值的顾客,以及使用该技术的用途
内部价值链	企业价值链结构,用于创造和传递企业的产出,决定支持企业在价值链定位的互补资产
价值网络	描述企业在供应商和客户连接成的网络中的位置,包括识别潜在的互补型企业和竞争型企业
成本和目标利润(收入产生机制)	在既定的价值主张和价值链的情况下,确定企业的收入产生机制,估计产出的成本结构和目标利润
竞争战略	形成可以获得竞争优势的竞争战略

还有的学者认为,商业模式包含更多的要素,例如,有人提出 24 个要素,包括价值提供、经济模式、顾客关系、伙伴关系、内部结构、相关活动、目标市场、资源、能力、产品、收入来源等。但并不是商业模式模型中包含的要素越多就越好,因为过多的关注"要素"容易忽视商业模式本身的整体性。

商业模式是一个完整的体系，要求企业必须把自己的生产运营与供应商、配套厂商协同，也就是协调内外部资源共同创造价值，并把价值传递到目标客户。P. Timmers认为，商业模式是一个完整的产品、服务和信息流体系，包括每一个参与者及其起到的作用，以及每一个参与者的潜在利益和相应的收益来源和方式。企业的商业模式体现为一定的内部组织结构及其与外部组织的关联方式，也就是企业在市场中与用户、供应商、其他合作伙伴的关系，尤其是彼此间的物流、信息流和资金流。

完整的体系表现为某些要素具有核心地位。M. Rappa把价值链视为商业模式的核心，他指出："商业模式就其最基本的意义而言，是指做生意的方法，是一个公司赖以生存的模式——一种能够为企业带来收益的模式。商业模式规定了公司在价值链中的位置，并指导其如何赚钱。"迈克尔·波特（M. Porter）针对企业创造价值的活动提出价值链的框架模型，就是为了把企业的价值创造分解成一系列具有关联性的环节，通过对各环节在企业价值创造中的地位与作用的评价，找出关键环节。这对制定企业的竞争策略具有重要意义。

注重商业模式的整体性还表现为突出商业模式中的关键要素。例如，M. Johnson与C. Christensen等人在《商业模式创新》一书中把商业模式概括为客户价值、企业资源和能力与盈利方式三个要素。

如何来划分商业模式的要素与关系，实际上取决于分析者的目的与视角。由于分析者的目的与视角不同，所以人们对商业模式似乎没有统一的定义。尽管有这些不同，仍然可以找到共同点，即它们都反映商业模式中的基本要素。本书注意到，无论对商业模式做何种定义，一定包含着企业的价值主张、目标客户，以及如何把企业的价值主张传递到目标客户。

2.2 商业模式的基本要素

从企业创造价值的角度来看，价值主张、目标客户与价值链是商业模式的基本要素。企业创造价值至少同时要满足如下三个条件，或包含三个要素，详见表2.3。

- 企业必须有自己的产品与服务；
- 这些产品与服务要能够卖出去，即能满足顾客的需求；
- 企业必须建立一定的生产与销售体系。

表 2.3　商业模式三要素

基本要素	描述
价值主张	企业可以提供怎样的产品与服务
目标客户	企业把产品与服务提供给谁
价值链	从企业生产出这些产品与服务到客户手中的所有环节，亦即如何把企业的价值主张传递到目标客户

第一个条件是企业的"价值主张"问题，第二个条件是企业的"目标客户"问题，第三个条件是涉及生产与销售多个环节的企业"价值链"问题。

很显然，商业模式作为企业生存与发展的方式，还需要保证企业能从生产与销售这些产品中能够盈利,支持自身的生存与发展。如果能满足这一条,才能叫可盈利的商业模式。关于怎样的商业模式才能盈利的问题,我们留待以后讨论。

本书把商业模式视为三个基本要素组成的概念框架,如图2.1所示。

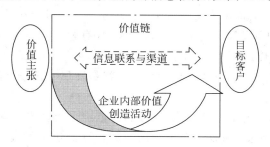

图2.1 商业模式概念框架示意图

企业商业模式的差别首先从价值主张与目标客户开始。例如,日本佳能公司小型复印机业务,其价值主张就不同于美国施乐公司。当时施乐公司仅向大公司与政府机构等提供大批量高速复印机出租业务,通过收取复印费用、复印纸、墨盒等业务盈利,日本佳能公司看到小公司以及个人也需要复印业务,但是大型高速复印机并不适合他们的小批量、随意化以及消费量不足的需求特征,于是佳能公司研制小型、慢速、低价复印机,通过"卖"而不是"租"的方式占领了这个潜在市场。

在商业模式框架中有两个基本问题或过程:一是价值主张与目标客户的匹配;二是企业如何创造价值并把价值传递给目标客户。前者主要是信息联系,通过信息渠道来解决,后者主要是企业内部的价值创造活动。

1. 企业价值主张与目标客户的匹配是商业模式成功的关键

许多企业通过提供免费试用,借以发现与培养自己的客户。一家互联网企业瞄准这一点,同时注意到许多消费者也都乐意接受免费试用品,于是就创办了专门提供免费试用品的试用网。用户在网站进行注册,即可免费领取厂商提供的试用品。用户在试用了某个产品或服务后,提交试用心得,供厂商获取市场和客户数据。试用网提供给用户的,不仅仅是产品试用,还有服务试用、有奖互动活动等。试用网在短短的一年里,就迅速积累了300多万名忠实会员,并且以每日5 000个新增会员的速度增长,其中80%的会员为活跃用户,即80%的试客每月都会参与各种试用活动。这些试客大多是20~35岁、月收入3 000元以上的高学历人士,他们是现代商业和消费文化潮流的引领者、群体中的意见领袖,是国内较有消费能力、消费较活跃的群体。

2. 价值链:从企业的价值到目标客户的传递

迈克尔·波特的价值链理论揭示了企业内部价值创造活动的关键问题:什么活动创造价值?这些价值活动是如何组合起来的?企业采用什么样的活动以及这些活动如何协调,决定了企业能够多大程度上生产价值主张所需要的产品与服务,决定了企业的绩效。美国西南航空公司是低成本商业模式的典范,而能够实现低成本战略的基础是独特的内部价值链,这包括:仅提供有限服务,例如,不提供午餐、不预订座位、不提供行李转机服务、有限的旅行社服务等;选择中等规模城市之间短途点到点航线,不与其他航空公司联合班机、选择唯一型号的波音737飞机、自动售票机等；高效率的地勤服务，这得益于灵活的劳工政策、高水平的员工持股、高薪资；高频率稳定的班次、15分钟周转时间等。上述所有活动都直接或间接降低了企业成本，从而实现了低价、快速、便捷等公司价值主张。

波特的价值链考虑了企业价值创造中的"实物"活动，可以称为实物价值链。企业价值主张与目标客户的匹配，以及企业价值的传递，都有赖于信息与通信技术的支持，依赖于信息的收集、处理与传递，这是基于信息的价值链，被称为虚拟价值链。两个价值链都参与企业价值的制造与传递。互联经济的意义，就是发现了虚拟价值链的意义，突出虚拟价值链的作用。

在传统经济条件下，由于信息交流的困难，大范围采集客户数据并对其进行分析的成本甚高，企业几乎难以承受，所以针对个别用户的需要提供个性化服务，在一般情况下是不可行的。但在互联经济条件下，企业与目标客户的通信与交流变得便捷，企业可以为自己的价值主张与目标客户进行"精准定位"，可以借助互联网实施"精准营销"。企业不仅可以直接了解消费者的需求偏好，还可以广泛采集客户数据，更有效、更准确地挖掘顾客的潜在需求，使企业产品创新与客户需求联系起来，制定并实施针对性的营销策略，提供个性化的服务。

在互联经济中，消费者的行为也发生了重大变化。消费者可以通过上网浏览自己感兴趣的产品，借助视频可以获得某种体验，还可以根据体验比较全球范围内不同企业所提供产品的优劣，最后把自己的体验在网友中传播与分享，从而形成网络与社区。借助网络与社区，消费者可以分享交流而不必实际亲历，同时借助网络还可以亲自从事实验，甚至开发新产品，使之在网络与社区中流传与扩散。在这种情况下，企业如果不改变思维方式，管理者只着重成本，只关注产品和流程的品质、速度、效率，就不再能保证成功。因此，如何体现个性化服务，体现以消费者为中心，企业将面临种种考验。这也决定了企业商业模式创新是最重要的创新，同时也是最困难的创新。

毫无疑问，信息与通信技术的应用，使得企业价值主张与目标客户的价值交互作用变得更快捷、方便，针对性更强和更加有效。企业新的价值主张可以很快地得到客户的响应，同时客户的新需求信息与知识，也通过有效的信息与知识渠道传递到企业。因此，互联网技术为企业价值主张的变更与目标客户的匹配提供了方便，同时也通过信息与知识的管理改变着企业传递价值的方式。

腾讯公司董事会主席、首席执行官马化腾提出，通过线上整合所有需求，要把对用户需求的满足放在更高的地位，而把用户的不满、建议作为推动组织重组、流程梳理、运营政策制定的重要的甚至唯一的动力源。这其实是腾讯商业模式的基本特征，也是腾讯成功的关键。腾讯致力于将公司的所有资源整合成一个平台，通过线上来整合所有的需求，给用户一个非常直观的、能够通过网络获得服务的体验。

实物价值链与虚拟价值链的结合成为现代企业基本的商业模式。满足个性化需求意味着企业从单纯针对产品的创新，转向针对消费者的创新；经营方式从以企业为中心转向以消费者为中心；企业从关心自己的产品，到关心提供的服务与消费者体验；从置身消费者社区之外，到参与其中，与消费者共建社区，与消费者共创价值。这是企业商业逻辑的根本变化，正是这种变化体现了商业模式创新的最本质的特征。

3. 企业价值与客户价值两极相通

企业价值是企业在为客户提供价值的过程中所带来的自身价值。企业价值与客户价值两者相伴共生,有人将此比作太极中的阴阳两极,如图 2.2 所示。企业价值与客户价值这两极的相生相克,推动着企业商业模式创新。

我们给出的商业模式定义虽然简单,但可以用于分析企业创造价值中的基本问题,包括以下几点:

- 指出了企业的价值源泉是什么,这种价值源泉体现为对目标市场的需求分析,表现为企业产品或服务设计。
- 指出了企业创造价值的方式,从而体现商业模式的价值创造原则。
- 包含着在价值源泉的基础上对内外部价值网络的设计与实现,把企业内部价值链作为企业商业模式的重要组成部分,从而可以解释企业的成本结构与利润结构。

图 2.2　企业价值与客户价值关系图

在后续章节的分析中,我们对商业模式的定义将不断给予修正与丰富。商业模式是企业创造价值的模式,因此商业模式应能揭示企业的主要价值源泉是什么;揭示核心的价值创造活动是什么,包括核心活动是什么,核心资源是什么;还可揭示企业的价值活动的结构,包括内部的价值链的组织模式和外部价值网络的组织模式。

【案例 2.1】

"哎呀呀"连锁店商业模式:小饰品也可做出大生意(复旦大学 MBA　赵修友)

叶国富的"哎呀呀"小饰品连锁店基本以经营 10 元小饰品为主,从起步至 2009 年,5 年中几乎每年以成倍数量增长,创造了营销奇迹。2005 年拥有 100 家加盟店;2006 年拥有 400 家加盟店,每天出货 50 多万元;2007 年店铺近千家,零售总额达 5.6 亿元;2008 年,店铺数量达 1 500 多家,业绩增长 79%,营业额达到 8 亿元;2009 年,店铺达 2 000 多家,营业额突破 12 亿元。目前,该店正朝着"全球饰品冠军"的目标奋进。

小饰品营销店,我们在任何地方均能看到,也常逛逛,"哎呀呀"为何在短短的几年时间里创造了奇迹? 同是卖小饰品的,差异为什么如此之大? 关键还在于商业模式的创新并有效运作产生的结果。

企业商业模式主要归为以下三个方面:

(1) 价值主张:提供怎样的产品及服务;

(2) 目标客户:产品及服务的对象;

(3) 价值链:如何把企业的产品与服务送达客户(包含着价值的实现)。

企业的商业模式有不同的侧重点:运营型商业模式重点解决企业与环境的互动关系,主要定位企业在价值链中的位置和分析盈利模式。策略型商业模式包括业务、渠道和组织模式,重点是价值链的问题。

"哎呀呀"商业模式的特点是:

(1) 价值主张:主要销售饰品,通过增加买手(追求时尚、喜欢打扮的"80 后"女孩)的方式，推荐全球最新流行的饰品。产品的流行性好，并附加了领先潮流的元素（隐含附加值及服务）。

（2）目标客户：追求时尚、喜欢打扮的"80后"女孩，是"哎呀呀"的核心目标消费群体。

（3）价值链：它是商务模式中的核心问题，包含企业在产业价值链中的定位及内部价值链问题。将实物价值链和虚拟价值链整合形成优秀的平行链环，是"哎呀呀"迅速成功的原动力。

"哎呀呀"的成功主要归为以下几个方面：

（1）以感叹词"哎呀呀"来形象表明不可思议和惊讶，使得大家非常容易记住加盟店的特点，并引起注意，使企业形象符合企业的价值主张。

（2）快速形成规模的优质营销网络，如图2.3所示。

图 2.3　优质营销网络的发展阶段

优质营销网络的发展分为以下几个阶段：

- 直营店：树立榜样，建立良好的示范和试验环境。
- 吸引加盟：同时通过不同阶段、不同代言人方式产生广告效应，吸引大家的注意，吸引加盟商加盟。以在百度和3721上买断饰品广告，实施网络终端拦截，即能找到"哎呀呀"饰品加盟店；先后以女明星应采儿、李湘、阿Sa及电视直入广告模式加大宣传力度。
- 整顿加盟：对加盟店实施严格的选址及装修要求，不合格者不让开，直到符合要求为止。
- 推进加盟效率：通过不断调整装修风格，增添经营范围，提高业绩并淘汰不思进取者，使得加盟店的效率不断提升。

（3）实现优质的物流。在零售行业，物流的效率和物损是不可避免的，"哎呀呀"创新的采用1%损耗补贴加盟商的模式，减少扯皮，并吸引加盟商同时减少了往返时间，节约了资源。

（4）提高商品质量，推陈出新，吸引客户经常光顾，提高资金周转率。饰品行业的平均资金周转率是45天，通过采用上述模式，资金周转率缩短到10天。

（5）加强培训和实行军事化管理和罚款文化。加盟店相关管理人员必须参加培训，并采用严格的管理模式使得加盟商严格按照统一要求和模式操作。对于供应商和加盟商均采用严格的罚款制度，使得效率得到保证，并适当奖励。通过精心调教，整个体系形成纪律严明、令行禁止的快速反应"部队"。

可见，商业模式的创新，三要素有不同的作用。企业的价值主张和目标客户决定了企业在产业价值链的定位（包括与其他供应商和合作者分享），此案例，明确了两个方面的内容，重点抓住价值链的要素，真正实现了小饰品成就大生意。

【案例 2.2】

孵化器的商业模式(复旦大学博士生　梁云志)

企业孵化器主要是为新创企业提供房屋、物业、公共配套设施等资源和相关的服务,以帮助新建企业克服初创期和成长中的困难。

科技部组织全国孵化器专家编写的《科技孵器管理》一书中将国内孵化器根据功能、孵化器法人治理结构及孵化服务目标分为七大类:综合性科技企业孵化器、专业技术孵化器、软件孵化器、大学孵化器、国际企业孵化器(IBI)、海外留学人员孵化器和国有企业孵化器。在实践中,运用得较多的分类有两种:一是综合性孵化器和专业孵化器;二是民营孵化器和非民营孵化器。国家科技部火炬中心将孵化器分为四种类型,分别定义如下:

(1) 高新技术创业服务中心——是科技企业孵化器的主要形式之一,它以初创的科技型中小企业为服务对象,为入驻企业提供研发、中试生产、经营场地和办公方面的共享设施,提供政策、管理、法律、财务、融资、市场推广和培训等方面的服务,以降低企业的创业风险和创业成本,提高企业的成活率和成功率,为社会培养成功的科技企业和企业家。

(2) 国家留学人员创业园——作为科技企业孵化器的组织部分,是经科技部、教育部、人事部和国家外专局共同批准认定的、以服务留学回国人员创业为主的公益型科技服务机构。创业园通过各部门的政策鼓励与扶植,为留学人员回国创业开辟"绿色通道",引进学有成就的海外留学生回国创业。

(3) 国际企业孵化器——是经科技部批准设立的涉外科技服务机构,包括:服务于境外技术研发机构、科技型企业及创业者在我国境内开展创新创业活动;为我国高新技术企业开拓国际市场、寻求境外合作伙伴、实现跨国经营与发展,提供全面支持与保障。

(4) 国家大学科技园——是经国家科技部、教育部共同批准认定的科技创业服务机构。国家大学科技园作为科技企业孵化器的组织部分,是区域经济发展和行业技术进步的主要创新源泉之一,是大学实现社会服务功能和产学研结合的重要平台。

从商业模式的角度来看,各种孵化器的差别,主要体现在价值主张、目标客户(入驻企业)与价值链(为入驻企业提供的服务)方面。图 2.4 描绘了科技企业孵化器的一般运营模式。

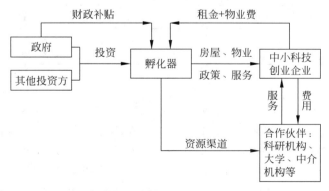

图 2.4　科技企业孵化器的一般运营模式

1. 价值主张

孵化器是帮助初创企业发展的工具,它为初创企业提供各种服务,如拓展市场、建立管理团队和获取资金,还有各种专业服务。孵化器提供的服务与孵化器发展阶段、成立的目的、资源和能力有着很大的关系,早期的孵化器主要提供廉价的房屋和物业,随着孵化器的发展和创业企业需求的增加,有些孵化器逐渐向企业提供政策咨询或管理咨询服务,有些孵化器被创业资本作为一种投资创业企业的模式。

孵化器提供的服务可分为三类:硬件服务(办公场所、物业、专有设备)、软性服务(科技政策咨询、管理咨询、技术咨询)和资本服务(投资咨询、种子资金)。孵化器服务能力的提高,意味着孵化器从硬件服务为主转向软性服务为主,再从软性服务为主转到资本服务为主。硬件服务加软性服务定义为以提供有形服务为主的孵化器;资本服务加软性服务定义为以提供无形服务为主的孵化器。孵化器提供服务有从提供有形服务为主逐步过渡到提供无形服务为主的趋势。价值主张分析具体见表2.4。

表2.4 孵化器价值主张分析表

服务类型	硬件服务	软性服务	资本服务
服务内容	办公场所、物业	管理咨询等	资金、投资咨询
价值主张1	有形服务:以第1类服务为主,加科技咨询服务		
价值主张2	无形服务:以第3类服务为主		

2. 目标客户

孵化器根据自身的地理位置、资源情况建立企业入驻条件,并对申请入驻的企业进行筛选。不符合孵化条件的企业要淘汰,符合毕业条件的企业要让其毕业。客户定位涉及孵化器如何组织资源提供何种服务,在孵化器的商业模式中占着很重要的位置。衡量孵化器定位的指标是孵化器是否建立入驻条件和毕业条件,入驻条件是否有明确要求,如行业要求;毕业条件是否有明确的期限要求或营业额要求等。孵化器在实际执行中越严格遵守其制定的入驻条件和毕业条件,则其客户定位就越明确;反之就是模糊的。客户定位分析具体见表2.5。

表2.5 孵化器客户定位分析

入驻条件	有/无
毕业条件	有/无
客户定位	明确/模糊

3. 价值链

价值链指企业如何利用内外部资源,通过产品或服务为客户服务的过程。孵化器通过其自身或其网络关系给创业者或创业企业提供资源或服务,是为初创企业提供技巧、知识和商业咨询的网络。为孵化企业提供服务是一个系统的过程,不但需要孵化器与孵化企业共同参与,同时还有大学、科研机构、咨询公司、会计师事务所等中介机构,而孵化器是这些资源的整合者。孵化器为创业企业提供的价值越大,或提供的服务越多,提供的服务越高级,需要的网络资源也就越多,价值链就会越复杂。价值链的具体分析见表2.6。

表 2.6　孵化器价值链描述

网　络　组　成	参与情况	参与情况	参与情况
孵化器	√	√	√
创业企业	√	√	√
政府机构		√	√
中介机构(科技代理、会计、律师、咨询)		√	√
大学或研究所		√	√
投资公司及资本市场			√
价值链的走向	简单	中等	复杂

2.3　商业模式的评价

商业模式创新成为企业创新的主要趋势，在我国已成为社会的共识。其表现为：

全国各地有各种形式的创业大赛，这些大赛实质上是商业模式设计大赛。全国性的大赛有"挑战杯"大学生创业大赛、全国大学生创业大赛、中国科技创业计划大赛、中国(深圳)创新创业大赛等。地方性的创业大赛更是不胜枚举，甚至许多科技园、学校甚至学院还有各种创业大赛。这些大赛，在普及商业知识、推动创业方面发挥了重要的作用。

此外，一些明星企业成为我国商业模式的典范，商业模式创新能为全社会关注，也与各种类型的最佳商业模式评选分不开。由媒体、学界、投资公司与咨询公司联合主办的中国最佳商业模式评选，大约从 2004 年与 2005 年开始。虽然组织者每年只组织一次，但是因为组织者不同，所以最佳商业模式的评选每年都有多次，吸引了众多的企业参与。在我国，有影响的商业模式评选多由媒体牵头，如《21 世纪经济报道》、中国中央电视台(简称央视或 CCTV)、第一财经、商界媒体等。《21 世纪经济报道》希望通过建立完整的企业商业模式创新案例库和科学的评选体系，帮助企业一起反思，寻找创新路径。它所主办的中国最佳商业模式评选，旨在为企业树立创新的新标杆。

CCTV 等我国的主流媒体对商业模式创新给予了高度关注，通过成功举办"创业大赛"、"商业模式创新大赛"等系列活动，使商业模式创新成为众多中小型企业关注的焦点，特别成为创业者关注的焦点。

对企业商业模式的评价，不仅仅是对它的组成要素的评价，主要还是为了进一步理解企业如何盈利。无论如何分解，商业模式毕竟是一个整体。人们对商业模式的评价，首先是对这个整体的评价。

对整体的评价涉及用什么标准与什么视角，标准与视角不同，评价结果自然就不一样。

从社会资源效率角度看，历史上最成功的商业模式，是用最便宜的材料成本，卖出最高的商品价值。在直到欧洲 18 世纪工业革命前的过去漫长岁月里，我们的老祖宗是世界上最成功的贸易者，因为我国对外出口的是茶与瓷器，而茶几乎就是取之不尽、用之不竭的资源。不同的茶叶经过制作烹炒，不但成为世界上最流行的饮料，有的价格甚至比黄金贵。陶瓷，源于泥土，古人通过掌握的烧造秘诀，制作精良的陶瓷，在世界范围内形成垄断经营之势,以至于中世纪的欧洲宫廷都以用中国陶瓷为巨大的荣耀。我们的祖先就用这样的方式,在过去的漫长岁月里成为世界上最强大的经济体。

商业模式是投资者考量的重要方面。从投资的视角来看,评价一个企业的商业模式,就是看所投资的企业是否有投资价值,即投资所能获取的回报。投资回报并不取决于企业创造的价值,而是取决于企业自身的市场价值,它体现人们对企业未来盈利能力的判断。

从企业自身的角度来看,商业模式整体的评价似乎只有一个标准,就是看它是否可以持续盈利。如何判断企业能否持续盈利是一个很难的问题,但是至少可以从两方面着手:一是财务指标,它主要描述企业以往的表现,以往的表现是判断现在与将来的重要线索;二是企业的成长空间指标。在这一点,企业与投资者具有一致性。

如果让投资公司、公众与企业家共同评价一些企业的商业模式,希望尽可能有一致的意见,就需要提出一套兼顾三种立场的评价体系与指标,并最好按照一定比例组成评价小组。由《中国商业评论》主办、国内外权威的商学院或咨询公司担任轮值主席单位的最佳商业模式评选,在其2005—2006年度评选中所公布的评价指标体系及其指标体系如下,见表2.7。

表2.7 《中国商业评论》商业模式评价指标体系

A	创新性	(20)
B	盈利性	(15)
C	客户价值	(15)
D	风险控制	(15)
E	后续发展	(15)
F	整体协调	(15)
G	行业领先	(5)
模式得分=A+B+C+D+E+F+G		

指标说明:企业价值主要取决于企业在目前和将来创造利润的能力。所以创造利润,特别是持续创造利润的能力也是我们评价一个商业模式的重要指标。

《21世纪商业评论》从创刊以来就一直特别关注商业模式的评价,该刊对商业模式做如下定义:为实现客户价值最大化,把能使企业运行的内外各要素整合起来,形成一个完整的、高效率的、具有独特核心竞争力的运行系统,并通过最优实现形式满足客户需求、实现客户价值,同时使系统达成持续盈利目标的整体解决方案。

该刊主导的商业模式评选标准包括以下几点:

- 独特的客户价值主张:指在一个既定价格上企业向其客户或消费者提供服务或产品时所需要完成的任务。
- 独擅的资源与能力:支持客户价值主张和盈利模式的具体经营模式。
- 独享的盈利模式:企业用以为股东实现经济价值的过程。

其具体的评估指标与体系如下:

表 2.8 《21 世纪商业评论》商业模式评价指标体系

	要 素	描 述	权重
产品	价值主张	公司通过其产品或服务所能向消费者提供的价值。价值主张确认了公司对消费者的实用意义。	15
顾客界面	消费者目标群体	公司所瞄准的消费者群体。这些群体具有某些共性,从而使公司能够(针对这些共性)创造价值。定义消费者群体的过程也被称为市场细分。	5
	客户关系	同其消费者之间所建立的联系。	5
	分销渠道	公司用来接触消费者的各种途径。这里阐述了公司如何开拓市场,它涉及公司的市场和分销策略。	5
管理架构	价值配置	资源和活动的配置。	10
	核心能力	公司执行其商业模式所需要的能力和资格。	20
	合作伙伴网络	公司同其他公司之间为有效地提供价值并实现其商业化而形成的合作关系网络,亦即公司的商业联盟范围。	10
财务表现	成本结构	所使用的工具和方法的货币描述。	10
	收入模型	公司通过各种收入流来创造财富的途径。	20

商界传媒所主办的每年一度的商业模式评选,评审团颇为强大,包括学术机构:长江商学院、北大国际 MBA 管理学院、南开大学国际商学院、南京大学商学院、中国台湾中山大学企业管理系、北京科技大学管理学院、美国纽约理工大学商学院;咨询机构:北大纵横咨询集团、博思艾伦咨询公司、北京锡恩咨询公司、科尔尼(中国)管理咨询公司、罗兰·贝格国际管理咨询公司、新生代市场监测机构、上海联纵智达咨询公司、史宾沙管理咨询公司、IBM(中国)研究院、新加坡中圣国际管理咨询公司;投资公司:红杉投资、汉能投资、IDG、美林证券、高盛(亚洲)、瑞银信贷、易凯资本、颐合财经。其评审指标体系及分值如下:

创新性(20):同行业规模企业所没有采取的模式,或者是没有先例的模式;

盈利性(15):盈利水平要持续增长,不以牺牲利润求业务快速发展,不低于行业盈利水平;

客户价值(15):与同行或以前相比,为客户提供了更高性价比的产品或服务;

风险控制(15):能否经受住资本市场恶化引发的财务危机、需求减少引发的库存压力等宏观危机;

业务增长性(5):小企业要求倍数增长,大企业要求超行业水平增长;

行业促进(10):促进了行业的整体发展,而不是简单争夺了市场份额;

稳定性(5):具有一定的核心竞争力,形成一定的壁垒,不易被简单复制,并且不会对企业带来大的财务、法律、政策等风险;

整体协调性(10):模式要与企业的经营管理系统进行有机整合;

未来发展性(5):具有良好的发展前景,能够持续保持较好的发展速度。

由此可知,商业模式评价就是给商业模式的要素与功能一些量化指标,商业模式评价的要素包括评价主体、评价指标体系与评价方法。在商业模式评价的三要素中,最容易找到共同点的是评价指标体系。评价体系中存在着以下基本的共同点。

第一,对商业模式整体表现的评价。整体表现评价有两个基本指标:一是企业的现有盈利能力;二是企业成长性指标。

两个指标具有一定的互补性,前者主要体现在财务的表现上,后者体现企业运行的状态。财务指标可以较好地反映公司所取得的成就,并能反映对企业价值的一般性驱动因素。人们基于财务指标所提出的价值管理理念中,包含着对隐藏在企业价值背后驱动因素的挖掘,从而有助于将财务指标与企业经营联系起来。但财务指标毕竟只是一种"滞后指标"。从企业市场价值最大化的目标出发,人们首先关注的是企业的业务增长与发展潜力。C. K. Prahalad 等人认为,一个公司若要创造未来,就必须同时能够"改造"整个产业,以创造未来产业或改变现有产业结构、以对自己有利为出发点来制定企业战略,这是企业战略的最高层次。

第二,对企业商业模式中基本要素的评价。对于企业的价值主张,主要考虑其创新性;对于目标客户,主要考虑企业能给客户带来的客户价值;对于价值链,主要考虑稳定性、合作伙伴、协调能力、风险控制、价值配置等。

因此,在上述评价指标共同性分析的基础上,可以提出一个综合评价商业模式的评价体系,它包括以下几个方面,如图 2.5 所示。

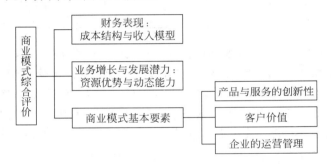

图 2.5 商业模式综合评价体系

(1) 对企业盈利能力的评价

财务表现为:成本结构与收入模型。

(2) 对企业业务增长与发展潜力的评价

资源优势与动态能力。

(3) 对商业模式基本要素的评价

- 产品与服务的创新性:主要涉及对价值主张的评价;
- 客户价值:满足客户的需求,主要涉及行业与社会影响;
- 企业的运营管理:风险控制与价值配置的稳定性,主要涉及对价值链的评价。

【案例 2.3】

孵化器商业模式评价与比较分析(复旦大学博士生 梁云志)

(一) 孵化器商业模式整体表现指标

1. 财务表现

孵化器有很大的公益性,只有流入现金流大于流出现金流,孵化器才能正常经营。国内孵化器的现金流构成比较简单且稳定,一般是孵化器成立时的一次性房产投入和日常运营中的人员投入、办公运营费,而如何拓展稳定的现金流来源是孵化器特别关注的问题。根据流入现金流的大小可判断现金流能力,根据现金流来源的种类可判断现金流的强或弱。未来现金流能力的高低可用现金流在三类服务种类中所产生的比例来衡量,提供资本服务的现金流所占比例越高,其现金流能力越高,反之则越低。对现金流的分析见表2.9。

表2.9　孵化器现金流模型描述

目前现金流	低	中	高
现金流来源	硬件服务	软性服务	资本服务
收入能力	低	中	高

2. 动态能力

动态能力的两个决定因素是组织结构和人力资源管理。在衡量孵化器动态能力时,主要考虑两个因素:孵化器的制度,如进驻规定、毕业规定和孵化流程等;孵化器团队建设完善程度,如团队规模(企业数/服务团队人数)、团队的学习能力(受教育程度)。孵化器的制度越完善,并能在实际运作执行、修正,则其动态能力越强;其孵化服务人员的学习能力越强,其动态能力就越强,孵化器对内外资源整合能力也就越强。动态能力的具体分析见表2.10。

表2.10　孵化器动态能力描述

制度	进驻规定	无—有	有—执行	执行—修正
	毕业规定	无—有	有—执行	执行—修正
	孵化流程	无—有	有—执行	执行—修正
团队建设	企业数/服务团队人数	高	中	低
	受教育程度	低	中	高
动态能力		弱	中	强

(二) 杨浦创业与多媒体创业案例

杨浦创业于1997年8月成立,由上海市创业中心和区科委共同出资,成为上海第一家在高校附近建立的科技企业孵化器。杨浦创业凭着靠近复旦大学的地理优势,与复旦大学合作大学生创业项目和创业中心,同时提供全方位的创业孵化服务,吸引了以复旦大学、同济大学为首的杨浦区高校优质创业项目入驻。最近3年,杨浦创业对科技地产的有效运作,公司营利能力强,保证了对孵化服务的投入,已逐渐成为上海市乃至全国知名孵化器,孵化效果显著。该孵化器2006年制定的战略明确指出要成为一个主要孵化功能齐全、专业化和特色化显著、拥有自我品牌、可持续发展、不断创新和追求卓越的孵化器产业集团,其基本情况见表2.11。

多媒体创业于2003年6月成立,由区科委、上海市创业中心和风险投资公司共同出资,在上海市开创了"风险投资"与"园区及孵化基地建设"相结合的模式。孵化器坚持"简单高效"的服务理念和"以人为本"的管理理念,组建了一支经验丰富的专业管理团队来帮助入驻企业引入战略合作伙伴,并最终帮助企业走向成功。多媒体通过快速培育企业成长获取稳定且丰厚的政府采购服务收入,同时为其风险投资股东筛选有价值的投资对象。

该孵化器宗旨是成为创业者和投资者的乐园,其基本情况见表 2.11。

表 2.11 研究对象基本情况

研究内容	杨浦创业	多媒体创业
组织形式	企业法人	企业法人
股东情况	国有企业背景	政府+风险投资
团队情况	带有事业单位背景的社会招聘	职业经理人团队
孵化器性质	综合孵化器	专业+创业投资孵化器
孵化企业数/个	90	232
解决就业人数/人	1 531	2 900
园区收入/万元	9 646	102 162

注:表中数据来自内部资料、访谈和公司网站资料整理,上海市火炬中心统计资料。

1. 财务表现

杨浦创业收入主要来源于房租收入、政府采购创业孵化服务(根据孵化器实现的税收按一定比例返还),其成本主要是孵化人员支出及房屋维护或贷款利息。多媒体创业是通过平价转租为孵化企业提供场所服务,其收入只有政府采购服务,两个孵化器最近 3 年赢利情况详见表 2.12。

表 2.12 2007 年孵化器赢利情况一览表

	杨浦创业			多媒体创业		
	2005 年	2006 年	2007 年	2005 年	2006 年	2007 年
孵化器收入/万元	1 049	1 974	2 946	682	943	2 676
孵化器成本/万元	944	1 716	2 190	763	948	2 676
孵化器赢利/万元	105	258	756	−81	−5	0

注:数据来源于上海市火炬中心统计数据。

2. 动态能力

两个孵化器动态能力情况见表 2.13。2006 年年底,杨浦创业中心对公司组织架构重新调整,并通过员工成长档案加大对员工的培育,来打造一个全新的杨浦创业。多媒体创业负责人最为骄傲的事情之一就是拥有一支高素质的、专业化的服务团队,其团队成员多数来自会计师事务所、律师事务所、专业咨询机构。

表 2.13 研究对象动态能力一览表

	杨浦创业	多媒体创业
部门设置	综合办公室 企业发展部 财务部 投融资部 招商部 物业公司	综合管理部 战略咨询部 投资部 项目规建部
团队规模/人	14	23
大专以上/人	11	21

注:部门数据来源于公司网站和企业内部资料;团队规模和大专以上数据来源于 2007 年上海市火炬中心统计数据。

3. 价值主张

孵化器为孵化企业提供场地、物业、代理记账、工商登记、科技政策咨询和企业咨询等服务,但每个孵化器的主要孵化服务都各有特点。杨浦创业总经理提倡为创业企业提供尽可能多的增值服务,公司 ISO 9000 质量管理体系专门设有创新基金申报流程、融资流程、大学生创业基金申请等八大服务流程。公司宣传册和网站对外宣传杨浦创业主要是通过十大平台为孵化企业提供综合性管理咨询服务。多媒体创业主张为企业提供高端的投资咨询服务,其总经理认为其孵化服务的最大特色就是为孵化企业提供成功的投融资服务,并且通过投融资服务带动各种管理咨询服务。多媒体创业从投资人的角度出发,为孵化企业提供从基础的企业入驻到高端的管理咨询、财务顾问共九大类一站式服务,并制订了专门的服务手册。

研究对象的价值主张详见表 2.14。

表 2.14　研究对象的价值主张

	杨浦创业	多媒体创业
主要服务一	场地租赁	投资服务
主要服务二	创新基金申报	高端管理咨询
主要服务三	大学生创业	
主要服务四	贷款服务	
特色	场地+综合孵化	投资孵化+管理咨询

注:表由内部资料、访谈和公司网站资料整理而成。

4. 客户定位

杨浦创业的网站和服务手册明确其孵化对象是电子与信息技术、生物医药、新材料及应用技术等 9 类科技型企业,杨浦创业发展部经理强调招商部在招商时着重招商和招租,对引进企业的科技含量要求并不严格。这一现象与表 2.15 中孵化对象占用孵化场所面积比例偏低是一致的。多媒体创业对入驻企业定位清晰,其入驻条件是从事多媒体行业相关的科技企业;企业负责人应熟悉企业产品的研究和开发,具有较强的经营管理能力;拟入驻企业愿意接受孵化器的管理。多媒体工作人员表示,出于为孵化企业提供服务的目的,园区内大概只有近 10 家服务类型的公司,不到入驻企业总数的 5%。

表 2.15　研究对象定位情况一览表

	角度	杨浦创业	多媒体创业
目标客户	服务定位	综合孵化器	专业技术孵化器
	孵化对象	电子等9类行业为主	从事多媒体行业
执行方法	单独入驻条件	有,一定行业特征	有,专一行业和创业者要求
	单独毕业条件	无	无
执行结果	孵化对象占用孵化场所面积比例/%	81	98

注:孵化对象占用孵化场所面积比例数据来自 2007 年上海市火炬中心统计数据。

5. 价值链

孵化器是为初创企业提供技巧、知识和商业咨询的网络。为孵化企业提供服务是一个系统的过程，不但需要孵化器与孵化企业共同参与，同时还有政府部门、大学、科研机构、咨询公司、会计师事务所等中介机构的广泛参加，而孵化器是这些资源的整合者。杨浦创业将复旦大学作为其最重要的合作伙伴之一，总经理在多次部门经理及全体员工会议上要求公司工作要围绕复旦创业做文章。多媒体创业在其网站上明确投资机构和创业者是其合作伙伴，其负责人多次强调孵化器的活动围绕着投资者和创业者开展，投资者和创业者是服务对象。两家孵化器的价值链情况见表2.16。

表 2.16 研究对象价值链情况

		杨浦创业	多媒体创业
主要参与者	成员1	政府部门	投资机构
	成员2	复旦大学	创业者
	成员3	物业公司	
	成员4	农工商银行	
价值活动	活动1	创新基金申报	投资年会
	活动2	大学生创业	一站式咨询服务
	活动3	物业服务	
	活动4	贷款服务	

注：表由内部资料、访谈和公司网站资料整理而成。

（三）比较分析

1. 孵化器的服务系统

同为孵化器，两者都是通过整合社会资源为创业企业提供孵化服务。杨浦创业孵化器是以复旦大学作为技术和人才的提供及储备方；中国农业银行为企业提供贷款；火炬中心为企业提供无偿资助；各级政府为企业提供各种优惠政策；而杨浦创业则是系统组织者和经营者。杨浦创业商业模式如图2.6所示。多媒体孵化器服务于多媒体企业创业，投资机构作为创业资本的提供方，上海市多媒体公共服务平台为企业提供技术支持，政府提供政策，多媒体创业是系统组织者和经营者。多媒体创业商业模式如图2.7所示。

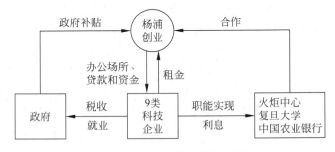

图 2.6 杨浦创业商业模式图

杨浦创业从中国农业银行获得2 000万元循环贷款额度，从2005年起到2007年年底，共为30多家企业发放8 000多万元贷款，由于中小企业很难直接从银行融资，企业非常欢迎此类服务。管理团队认为，创业投资公司、创业者和政府是孵化器最重要的合作伙伴。杨浦创业总经理提倡为创业企业提供尽可能多的增值服务，一直探索与各种社会中介如管理咨询公司的合作,但尚未找到双方共赢的合作模式,所以到目前为止这些机构仅停留在松散的合作关系上。

多媒体创业总经理认为,其最重要的能力是挑选到真正具备成长能力的创业企业,并为创业企业找到合适的投资者,如其培育的分众传媒27个月成功上市,Soft Bank、鼎晖投资、TDF基金投资分众传媒都获取巨额回报。孵化器能否有效为目标企业提供有效的服务,关键在于能为其价值主张找到合适的合作伙伴,为创业企业提供创造价值的服务,同时价值链上的合作伙伴都能受惠于为孵化企业提供服务这一商业活动。

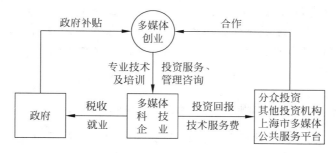

图2.7 多媒体创业商业模式图

2. 孵化服务与价值

杨浦创业和多媒体创业的商业模式分析表明,为创业企业提供办公场所或物业服务已经不是孵化器的核心职责,甚至已经不是孵化器的直接服务内容。创业企业更需要的是无形服务。而在各种无形服务中,科技政策服务是孵化器重要且最基本的服务,它能为企业带来税收优惠,减少企业现金流的支出,这样的服务是企业所需要的。杨浦创业通过内部培训和引进专业人员,重新制定战略规划和实施组织重组,要求实现八大服务流程和十大公共平台为企业提供综合孵化服务,其中为企业提供的主要创造价值活动包括申报基金服务、大学生创业服务、贷款担保服务。杨浦创业为企业提供的申报基金服务、大学生创业服务、贷款担保服务能为企业带来发展所需的资金。作为上海市火炬中心与科技部中小科技企业创新基金初创期项目受理点之一,杨浦创业历年创新基金申报取得较好成绩,如2007年获得上海市立项14家,国家立项8家,资助金额783万元资金。

多媒体创业每年5月份左右都会为创业企业和投资机构举办对接投资会,邀请全球主要创业投资机构参加,每一年都有投资者与创业者达成多项投资意向。资金缺乏是中小科技型企业发展的关键瓶颈之一,融资服务是孵化器带给企业的重要价值。多媒体创业能够为创业企业提供种子资金、成长资金和资本市场对接的系统投资服务,为创业企业引入与其发展阶段与规模相匹配的资金。

多媒体创业与杨浦创业商业模式最大的差别在于其客户定位和价值主张的不同。多媒体创业认为,孵化器肩负孵化企业平台管理和为创业企业投资者提供高收益的双重任务,好的孵化项目会为投资机构带来高额回报,提高投资机构的资金募集能力,而新募集的资金投资于新的企业,推动企业快速成长,形成良性循环。多媒体网站认为,创业投资公司和创业者是最重要的客户,同时也是最重要的合作伙伴。该孵化器负责人认为,孵化器能吸引创业者入驻,最重要的原因之一是多媒体有能力让创业者与全球一流的创业投资机构进行沟通。多媒体创业由创业投资团队经营,团队成员来自国内知名的会计师事务所、律师事务所、管理咨询公司,服务能力强,平均每位员工服务10.1家孵化企业,远高于上海市孵化器人均服务数4.2家。

杨浦创业的申报基金服务、大学生创业服务、贷款担保服务虽然能给企业带来现金流,但这些资金数量比较少,不能解决中小企业在快速发展阶段所需要的资金,同时这些资金带给企业的增值服务有限,对企业形成合理的治理结构和规模经营作用较低。杨浦创业也认识到创业投资服务能力直接影响孵化器对企业的服务能力,正寻找政府和社会资源,成立了一个投资初创期企业的天使基金,解决园区企业成长资金的问题。

杨浦创业中心和多媒体创业目前都形成了持续发展的商业模式。从整体来看,多媒体创业采用专业孵化器和创业投资相结合的商业模式表现更为优异。

【案例2.4】

团购(复旦大学MBA 陈敏)

团购,顾名思义就是团体购买或集团购买,因为一次购买的量较大,因而能得到比正常情况下更加优惠的价格。所以,只要市场上存在足够数量对价格敏感的消费者群体,团购模式就有其生命力。

团购的商品一般具有较高的品牌知名度、占有较大的市场份额、服务体系完善、售后服务好、产品质量稳定、经得起时间检验、能提供完整的企业和产品信息等特点。据调查,目前团购的主要产品包括装修建材、家居用品、汽车、房产、家电、培训、电脑、数码、生活用品等。

团购最早在北京、上海、深圳等城市兴起,目前已经迅速在全国各大城市蔓延开来,成为众多消费者追捧的一种现代、时尚的购物方式,因为它有效地防止了不成熟市场的暴利、个人消费的盲目、抵制了大众消费的"泡沫",让消费者实实在在享受到"又好又省钱"。

团购之所以能够带来上述好处的原因为:一是参加团购能够有效降低消费者的交易成本,在保证质量和服务的前提下,获得合理的低价格。团购实质形同于批发,相当于以批发价格购得团购数量的产品。通过团购,可以将被动的分散购买变成主动的大宗购买,所以购买同样质量的产品,能够享受更低的价格和更优质的服务。二是能够彻底转变传统消费行为中因市场不透明和信息不对称而导致的消费者弱势地位。通过参加团购能够更好地了解产品的规格、性能、合理价格区间,可以参考团购组织者和其他购买者对产品客观公正的评价,在购买和服务过程中占据主动地位,真正买到质量好、服务好、价格合理、称心如意的产品,达到省时、省心、省力、省钱的目的。

团购参与的人数越多越能够获得更低廉的价格和更好的服务,传统形式的组织方式受到信息面窄、效率低等各方面的限制,导致无法组织人数较多的团购活动。互联网的大面积普及,通过网络发起、组织团购活动不再是难事。加上通过网络能进行全面的信息展示、规范的团购流程、形式多样的互动等,因此团购就成为现代化的生活方式,专业性的团购网站也就应运而生。专业性的团购网站是消费者向商家团购的桥梁,它给买家带来了实惠,给企业带来订单,网站也从中获得了可观的收益。

互联网及现代信息技术的发展和普及,已经能够很容易地大规模组织起分散在不同角落、互不相识的消费者对一定品牌的某种产品进行集体采购了,从而有效地克服了团购模式难以持续操作的障碍。正是基于这样的认识,一些企业将电子商务和团购模式结合起来,开始利用互联网发展团购电子商务新模式。

(一)我爱我家的团购电子商务模式

上海鸿洋电子商务有限公司的我爱我家——上海家庭装饰网(www.525j.com.cn)是上海市装饰装修行业协会的官方网站,也是上海市首家专业的装饰行业门户网站,以及专业的建材销售网站。我爱我家2004年年初开始进行网上建材销售。2005年我爱我家开始采用团购电子商务模式销售家装建材产品,具体步骤如下:

第一步,团购召集和团购邀请。我爱我家的团购活动定期举行。先以网站会员及其需求为基础,确定参加团购的供应商并向其发出邀请,形成某次团购的供应商及其品牌和产品的团购方案。然后在网上公布团购方案和活动时间,并通过电子邮件向会员发出团购召集通知,有兴趣的会员就可以报名参加了。

第二步,团购实施。团购活动日,参加团购的供应商会到我爱我家的展厅布置样品展示,提供咨询服务;而参加团购的会员则到展厅看样,如果满意,则向我爱我家下订单并付款,同时获得相应积分。

第三步,订单执行。对团购活动中接到的订单,我爱我家在整理后,会按订单要求向相应的供应商发出配送货通知。按事先的约定,有些产品由供应商直接对客户配送货,而有些产品则由供应商先将货送给我爱我家,然后,我爱我家再将货送给客户。最后,团购供应商根据配送货清单与我爱我家结算货款。

(二)无忧团购网的团购电子商务模式

无忧团购(www.51tuangou.com)是上海篱笆信息科技有限公司开办的一家装修建材团购网站。从2003年1月诞生,到2005年6月,签约供应商已有四五百家,其会员已达到20多万人的规模,团购业务已从最初的家装建材发展到电器和婚庆服务等。其团购步骤如下:

第一步,团购召集。无忧团购借以发动团购的基础是其网站的广大会员,在长期的网上互动中,他们已经构成了一个以家装建材、居家用品、电器和婚庆等方面的信息获取、经验交流为主题的虚拟社区。在此基础上,无忧团购通过网站向其会员发出团购召集通知,而会员则可在网上报名参加团购活动。

第二步,团购实施。团购开始后,参加团购的会员自行到供应商门店看样,如果满意,就可以使用会员卡在门店下订单、付款,而购买信息就会通过设在门店的刷卡终端反馈到无忧团购网,同时团购会员获得相应积分。

第三步,订单执行。供应商负责按所接订单要求送货和对客户提供售后服务,并按照协议向无忧团购支付佣金。无忧团购则根据会员的购买信息监督供应商按约定履行自己对客户的各项责任和义务。

另外,为了保证这一模式的顺利运转,在督促供应商诚信履行订单义务和责任,保护会员权益方面,无忧团购会向每家签约供应商收取一定金额的保证金,当供应商有违约行为时,就用这笔保证金对客户先行赔付;而为了刺激会员参加团购,网站会为会员建立购买记录并计算积分,积分可以随时兑换成一定价值的实物,这些供兑换的奖品都是网站精心挑选出来的、每一个家庭都需要的家居用品。

（三）两种团购电子商务模式的比较

利用网站聚集用户是团购电子商务模式的核心。我爱我家和无忧团购网两个案例都是以网站为基础的团购电子商务模式。网站通过向广大消费者传递家装和建材知识、宣传团购理念，通过在线论坛让用户交换家装经验、知识或求教有关家装难题，或发表对某些建材品牌和供应商的评价等。而要获得这些信息和服务、参加论坛，用户只需登录其网站做一个简单的注册就可以了，如果用户对其团购感兴趣，想要参加无忧团购组织的团购活动，则只要提供一些个人信息就可方便地向公司申请团购卡。从而积聚了大量的潜在消费者群和庞大的购买力。凭借这一点，使团购价格和交易条件比市场上的正常情况具有明显的优势，让其会员能得到实惠，使自己赢得商机，同时也帮助供应商扩大市场份额、节省市场开拓的费用。因此，这是一种"三赢"的模式。

两种模式代表了电子商务应用的两种典型情况。

我爱我家是一种全过程的团购交易活动组织方式，自行完成从客户召集、样品展示、交易手续办理、支付、部分产品的存货和配送货以及退换货的整个销售业务活动过程，赚取的是交易差价，供应商只对客户提供咨询服务，而不与客户发生交易关系。为了充分利用互联网的优势，我爱我家还努力地把上述业务活动尽可能地放到网上进行，如网上订单、网上商城、网上支付和网上订单查询等。所以，我爱我家可以被看成是一种自营建材销售的一体化、全过程电子商务模式，不仅关注于信息流，也关注于资金流和物流。

无忧团购的电子商务模式则是一个典型的信息中介模式，其全部业务活动就是利用自己的专业网站聚集用户，发动团购，而样品展示、交易手续办理、支付、配送货以及退换货这些目前制约电子商务发展的难题则完全由签约供应商承担，赚取的是交易佣金。相当于用网站承包了签约供应商的市场推广、开拓和与客户沟通的工作，而把交易中的资金流、物流和逆物流（因客户退换货而引起的物流）外包给了相应的签约供应商。从而，以无忧团购网为核心形成了一个虚拟企业网络。可以认为，无忧团购是一种关注于信息流的团购电子商务模式。

两种模式在未来都有生命力，很难说孰优孰劣。不过，在追求成长性的过程中，无忧团购的信息中介模式可能获得的机会是在现有业务之外发展出一个专业的建材和居家用品交易中介平台，从而在模式上类似于ebay。而我爱我家则在完善和增强自己的现有模式和品牌号召力基础上，随着消费者网上购物习惯的形成和更多供应商向电子商务的转型，利用电子商务构建出一个庞大的专业性建材和居家用品销售网络，在模式上向亚马逊看齐。当然，由于他们的模式分别处于电子商务应用的两个极端，所以，也有可能在不断地调整中创生出某种新型的电子商务模式。

2.4　怎样造就成功的商业模式

最佳的商业模式评选是对市场选择与竞争结果的"模写"。而真正成功的商业模式不是"评"出来的，应该是在市场竞争的环境中脱颖而出的。

那么，如何创建能够在市场中取得成功的商业模式呢？这里有不同的理论与视角。

1. 专业化视角

2004年,IBM公司在全球做了一次包括中国企业在内的CEO调查,调查内容为:什么是企业成功的要素? 其中,有450名被访者给出了相似的答案,即成功的商业模式需具备以下三个属性:

- 差异化:强有力的差异化价值主张是实现增长和盈利的关键;
- 快速反应:企业组织必须能够感知客户和市场变化并迅速反应;
- 高效率:用灵活的方式调整成本结构和业务流程,以保持高生产率和低风险。

新经济环境的变化与企业的发展,要求企业必须重新设计商业模式,能够兼顾差异化、快速反应和高效率。但是企业很难使自己的商业模式同时做到这三点,兼顾这三点的一个解决方案是使企业专业化。

专业化意味着企业专注于最擅长的业务,而这最擅长的业务又是产业价值链上的关键环节,可以更好地控制成本与盈利。专业化意味着面对细分的市场,可以更容易地感知客户与市场的变化,有利于控制风险和获得市场收益。

专业化有可能使企业规模变小,但船小好掉头,企业更容易适应变化的环境。但企业也可以通过外部专业化做强做大。所谓外部专业化是指内部集成、战略合作和行业网络化,通过这种途径,企业还有可能在全球范围内独行天下。有关这方面的成功案例是怡亚通公司。

【案例2.5】

怡亚通(复旦大学MBA 贾强)

怡亚通是一家极富创新性、专业化的供应链管理服务公司,主要从事为全球企业提供其核心业务(产品研发、制作和销售)之外的服务,包括采购执行外包、销售执行外包直至整个供应链的外包等,帮助全球客户和合作伙伴专注他们自身的核心业务,提升核心竞争力。怡亚通的商业模式融合了物流金融、采购及分销执行、保税物流和进出口通关等业务,是我国新型的供应链服务提供商。

公司的业务主要是国际物流中的供应链一站式管理。在帮助大客户服务的过程中,怡亚通利用客户的信誉,建立了自己在海关和银行的信誉,进而得到政府的荣誉和优惠。公司定位于国际快速反应物流的供应链管理,着重通关、仓储(保税物流和VMI)、配送,并不断延伸,提供一站式供应链服务。在和500强企业的合作中,怡亚通提高了服务水平,学习和应用了最新的理念。而公司的客户以IT企业为主,在IT产品价格节节下滑的残酷竞争环境中,又锻炼了快速反应的供应链管理能力。

怡亚通公司的全方位一站式供应链服务模式图如图2.8所示。

怡亚通公司收入主要是提供供应链管理业务所取得的服务费收入,即分销执行业务与采购执行业务,二者收入占比分别为56.28%和43.72%。随着公司的发展,怡亚通逐步由以采购为主延展到以分销执行为主,目前主要服务于IT、电子产品和医疗器械等高科技行业公司,正向零售、家电、医药、汽车等行业延伸,还在不断地拓展市场。

怡亚通公司70%的产品是IT产品,货值大、价格变动快,要求通关迅速。2006年公司总的业务量达182亿元,而光是深圳海关的业务量就达到92亿元,占了一半以上,如果加上上海、北京、大连等地的通关业务量,可以估算出怡亚通公司大部分的业务都涉及通关。

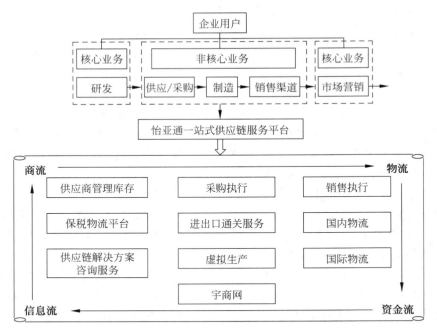

图 2.8　怡亚通公司的一站式供应链服务模式

2. 独特性视角

另一种观点是考虑如何在多变的环境中保持独特优势。埃森哲咨询公司提出，成功的商业模式应当难以复制，至少应具有以下三个特点。

- 成功的商业模式要能提供独特价值。独特的价值表现为产品和服务独特性的组合，可以向客户提供额外的价值，使得客户能用更低的价格获得同样的利益，或者用同样的价格获得更多的利益。
- 胜人一筹而又难以模仿的盈利模式。好的商业模式是很难被人模仿的。企业通过确立自己与众不同的商业模式，如对客户的悉心照顾、无与伦比的实施能力等，来建立利润屏障，提高进入门槛，从而保证利润来源不受侵犯。
- 成功的商业模式把盈利模式建立在对客户行为准确理解的基础上。

我国管理咨询专家栗学思认可这一说法，他指出，成功的商业模式必须能够突出一个企业不同于其他企业的独特性。这种独特性表现在它怎样界定产品或服务以满足目标客户需求，界定目标客户及其需求和偏好，界定价值传递和沟通渠道，界定竞争者以建立战略控制能力和保护价值不会很快流失。

但对于成功的商业模式是否具有可复制性，存在两种截然不同的观点：一种观点认为，成功的商业模式是不可复制的，国外成功的商业模式简单复制到中国并不一定会取得成功，譬如收费的 ebay 在中国就被不收费的淘宝打败，宣布退出中国的贝塔斯曼书友会在欧洲也是一个非常成功的模式。一种是相反的观点，即成功的商业模式是可复制的，把国外成功的商业模式翻版到中国也并非一定不能成功。例如，经济型连锁酒店国外有现成的模式，如家酒店集团把它拷贝过来照样做得风生水起，而百度跟着 Google 的脚步，最终成为国内最大、最成功的搜索引擎网站。

关于商业模式是否可被复制与模仿的争论,说明独特性只是商业模式成功的必要条件,而不是充分条件。

同样的说法当然也适用于专业化,专业化是商业模式成功的必要条件,而不是成功的充分条件。

【案例2.6】

孵化器的专业化+独特性(复旦大学博士生 梁云志)

从孵化器的客户定位和价值主张这两个要素出发,我们可以把孵化器划分为四种典型的商业模式:简单模式、价值链陷阱模式、专一模式以及资本模式,如图2.9所示。

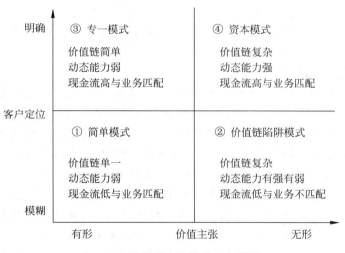

图2.9 孵化器商业模式四象限图

1. 简单模式

简单模式中客户定位模糊,即使有入驻条款或毕业条款,也仅是笼统地要求高新技术行业或有知识产权的企业,在实践中不便执行或本来就没有打算严格执行,实际执行的是,只要企业愿意进驻就同意其进入,所以入驻的企业有各种行业、各种发展阶段。孵化器提供的服务以房屋租赁和物业为主,带有一些简单的科技政策咨询服务及政府关系服务,如工商税务关系协调。简单模式因定位模糊、企业种类多、共性少,很难提供精细的创业孵化服务,必然导致没有必要组建高成本的职业化团队,也没有必要去建设复杂的制度。由于孵化服务收入有限,所以稳定的房租收入和物业费成为其主要收入来源,其现金流模式与服务能力基本能匹配。

国内孵化器初期发展阶段,以政府出资为主,加上事业单位性质,基本上都属于这一模式。

简单模式的孵化器商业逻辑图如图2.10所示。

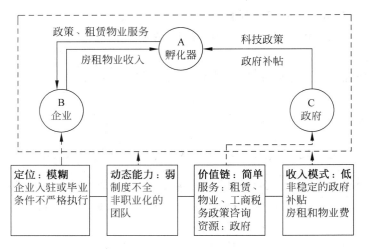

图 2.10 简单模式的孵化器商业逻辑图

2. 价值链陷阱模式

价值链陷阱模式的孵化器对企业定位模糊,但又要为企业提供高质量的个性化的创业孵化服务,因而需要有一支高素质的职业队伍,同时还要维护很强的网络关系如会计师事务所、律师事务所和各种各样的管理咨询等,必然导致孵化器成本大幅上升。从收入模式来看,这部分服务成本却没有客户支付。解决这个问题的方法,主要是通过创业孵化服务的品牌,加大招商力度,招到税收大户的企业,获取更多政府的补贴,从而造成孵化器越来越关注大企业,而不是初创企业,这与孵化器成立的最根本的目的是相违背的,也是目前很多孵化器变成经济开发区的原因。价值链陷阱模式不能解决价值链与现金流模式相匹配的问题,原因之一是孵化器相对低的收入很难长期维持高成本的支出;原因之二是此类孵化器无法建立团队的有效激励模式,无法留住团队人员。因此,价值链陷阱模式看起来非常风光,但实质上其发展不具有可持续性,是值得警惕的一种模式。该模式的孵化器商业逻辑图如图 2.11 所示。

3. 专一模式

专一模式的特征是孵化器定位明确,专门服务于特定的创业企业。由于在孵企业具有相同的行业特征,孵化器比较容易给企业开展针对性的咨询服务。专一模式可寻找有闲置技术服务能力的科研机构,低成本地为创业企业提供所需的专业技术服务。专一模式注重特定的技术服务,但弱点在于给初创企业提供的创业孵化服务内容比较少,网络资源也相对不足。目前国内很多专业孵化器处于该模式的初级阶段。专一模式的孵化器商业逻辑图如图 2.12 所示。

4. 资本模式

资本模式的显著特点是孵化器与在孵企业存在直接或间接的股权关系,创业企业的成功,也意味着孵化器的成功。孵化器的定位明确,专门投资和服务于有潜力的创业企业,等企业发展到一定阶段,再将其股权出售获取收益。孵化器与外界的联系紧密,特别是与相应的行业研究机构和资本市场有着密切的联系。通过与投资机构合作给创业企业

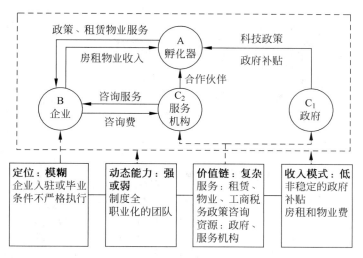

图 2.11 价值链陷阱模式的孵化器商业逻辑图

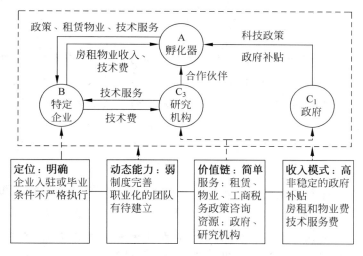

图 2.12 专一模式的孵化器商业逻辑图

提供全程的专业技术加管理咨询服务,整个孵化器有着明确的制度和服务流程,服务团队由各种专业的职业人士组成,从研究机构的项目到孵化器孵化、成长,再到资本市场的进一步发展,形成良性发展。孵化器在给创业企业提供优质的创业孵化服务和种子资金的同时,相应地也给研究项目的产业化带来资金,带动相应的科技中介服务机构、咨询服务机构等业务,其社会效益和经济效益是明显的。资本模式的孵化器商业逻辑图如图 2.13 所示。

从上述对孵化器四种模式的分析中可知,简单模式的孵化器服务内容简单,服务能力低,将会在孵化器行业中处于不利地位。孵化器行业发展初期成立的孵化器,主要是简单模式。

为了提高自身的竞争力,某些简单模式的孵化器采取增加孵化服务内容的途径来吸

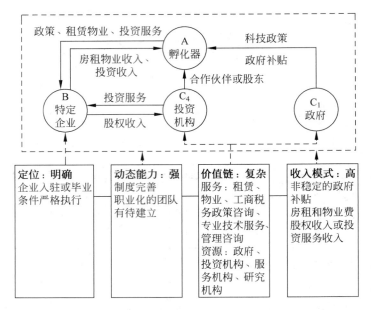

图 2.13　资本模式的孵化器商业逻辑图

引更多的创业企业,但这容易向价值链陷阱模式方向发展,从而陷入收支不平衡状态。价值链陷阱模式的孵化器,其服务能力和资源渠道能力都很强,能为创业企业提供丰富的创业服务,但却没办法解决其自身的收入模式问题。价值链陷阱模式的孵化器往往是孵化器发展到一段时间后,由简单模式向创业企业提供更多的服务转变时造成的。收支出现危机且动态能力较弱的孵化器会退回简单模式,状况好且动态能力强的孵化器能抓住机遇发展到资本模式。

专一模式的孵化器能给特定行业的企业提供特色服务,其收入能力相对简单模式有了提高,但为创业企业提高除技术以外的服务能力较弱。孵化器认识到服务特定行业能更高效地为创业企业提供满意的孵化服务,但却没有资金与能力为企业提供融资服务,往往就成为专一模式孵化器。该模式因其明显的行业特征,比较容易与创业投资合作,所以发展到资本模式相对容易。

资本模式的孵化器能最大程度地整合内外部资源为创业企业提供最有价值的服务,并在向创业企业提供增值服务的同时,自身也能获得充足的现金流并盈利,所以具有发展的可持续性。

因此,从商业模式分析和孵化器可持续发展的角度来看,简单模式、价值链陷阱模式和专一模式都有动力发展到资本模式。这种途径共有 5 种:简单模式→价值链陷阱模式→资本模式;简单模式→专一模式→资本模式;简单模式→资本模式;价值链陷阱模式→资本模式;专一模式→资本模式。

孵化器商业模式演化四象限图如图 2.14 所示。

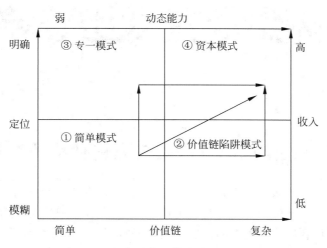

图 2.14 孵化器商业模式演化四象限图

第 3 章 商业模式竞争

3.1 企业的竞争表现为商业模式竞争

一个行业中如果有多个厂商,就一定有竞争。能在竞争中胜出的,一定是因为有某种优势。如果一个企业能保持持续的竞争优势,那一定是该企业的运行机制以及决定这一机制的商业模式具有优势。更多的情况是,企业的竞争,就是不同商业模式的竞争。

彼得·德鲁克(P. F. Drucker)说,当今企业之间的竞争,不是产品或服务之间的竞争,而是商业模式之间的竞争。

商业模式的竞争一般有以下几种不同的情况:

1. 错位竞争

企业之间各有自己的价值主张与目标客户。上一章我们曾把孵化器的商业模式归结为四种:简单模式、价值链陷阱模式、专一模式与资本模式。这些模式各有自己的客户定位与服务内容。在我国,孵化器已成为一个行业与市场,四种模式就在这一市场上竞争。

撇开相同商业模式之间的竞争(主要表现为价格竞争)不说,错位竞争的商业模式在价值主张与目标客户定位方面总有所不同,但又有所重叠。重叠越严重,竞争就越激烈。在零售业,商业模式中的竞争异常激烈。百货商店与专业商店,专业商店与大卖场,大卖场中国美、苏宁与永乐,大卖场与网上大卖场,网上大卖场之间等,竞争之激烈,使零售业成为一个硝烟弥漫的战场。

2. 破坏性创新

破坏性创新是指一企业通过颠覆性的新商业模式向原有的商业模式发起进攻,以求取而代之。

20 世纪 80 年代后期,我国食用油是散装油市场,新加坡嘉里粮油预见到我国小包装食用油的巨大市场前景和发展潜力,于 1989 年投入巨资在深圳赤湾成立了南海油脂工业(赤湾)有限公司,开创小包装食用油。1993 年国家取消平价油政策后散装油价格一度超过小包装油,嘉里粮油放弃了上调油价的大好时机,一举让我国消费者接受了小包装食用油并迅速引爆市场。在此后不到 10 年的时间里,嘉里粮油先后建立了深圳、上海、天津和青岛四大粮油生产基地以及十几个生产加工点,覆盖全国市场。2003 年,嘉里粮油小包装油突破 100 万吨,销售额高达 130 亿元,以"金龙鱼"为代表的品牌家族产品占据我国高达 38% 以上的市场份额。

这是一个新商业模式完全替代原来的商业模式的案例。还有许多是破坏性创新冲击了原有的商业模式,但未能完全替代,其结果形成破坏者与在位者之间的错位竞争。例如,在图书发行市场上,网上书店对传统书店是一种破坏性创新,它把网上的交易活动与网下的图书配送结合起来,实现快速搜寻购书选项、快速订购、快速送货,为读者提供令人满意的服务。但传统书店通过不断的调整商业模式最后还是守住了自己的一席之地。

在发展迅速的电子游戏市场上,首先爆发了单机游戏与网络游戏的竞争。单机游戏和网络游戏的主要区别是互动的方式和程度不同。最早的电子游戏都是单机游戏,人们利用购买与下载的软件,自主地体验不同类型的游戏,但由于缺少实时性和互动性而使得市场呈现下滑的趋势。网络游戏是"玩家"上网玩游戏,通过服务器控制的服务程序、脚本、内容,玩家可以在虚拟世界中实现真实的人物(玩家)之间的互动和交流。用户体验对于游戏的发展起到了关键的作用,从单机游戏到网络游戏,意味着从一个人玩到大家一起玩。现在单机游戏与网络游戏的竞争尚未偃旗息鼓,网络游戏之间围绕着收费模式的竞争愈演愈烈,而新的商业模式还在不断涌现和被探索。

3. 超越竞争,创造全新的市场

最好的竞争方式是避开竞争,独创一片蓝天。创造全新的商业模式需要更高的智慧,它要求发现潜在的需求,填补市场空白。

【案例 3.1】

畅 翔 网

我国第一家为企事业、政府机构等单位提供差旅服务、差旅管理及差旅信贷全流程的专业差旅服务供应商畅翔网,主要为企业提供酒店及机票预订等服务,是一种 B2B 模式。畅翔网改变了传统差旅管理的理念,提供了一种全新的模式。其价值主张是打通支付和采购的诸多瓶颈,使得出差人员不再直接接触现金和发票,实现差旅费用的透明化管理,从而创造了一个新的市场,即"企业差旅管理"服务市场。

畅翔网一方面拥有大量签约企业,另一方面签订了大量的酒店。签约企业通过畅翔网获得差旅服务。主要过程为:企业在畅翔网上设置员工的差旅信息,如时间、地点等,同时设定差旅级别——坐经济舱还是头等舱,住五星级酒店还是经济酒店;事情办完,出差者只需在酒店前台签字即可;月底,畅翔网和企业统一结算费用,并一次提供所有发票。

2008 年,《福布斯》第一期报道了改变中国差旅管理模式的畅翔网与及创始人林东和。继阿里巴巴的马云之后,林东和是第二位登上《福布斯》杂志的浙江企业家。

3.2 错位竞争:传统书店与网络书店

1. 网络书店的特点

商业模式优胜劣汰,就看哪一种商业模式能带来更大的顾客价值。商业模式之争,实际上是顾客价值之争。顾客价值是商业模式竞争的核心。

在图书发行市场上,传统书店曾占据主导地位,其商业模式的核心问题是信息传送、物流和资金流等环节。但电子商务在图书发行市场一出现,传统书店与网上书店的竞争就拉开了序幕,目前谁胜谁负尚未分晓,竞争还在继续。

网上书店以亚马逊公司为楷模。亚马逊是最早的以电子商务作为商业模式的企业。网上书店商业模式的基本特征是网络销售,或称虚拟商场。没有店铺,没有店员面对读者的微笑,但读者通过互联网浏览网站,就可以方便地选购图书,然后就是网上书店收款与配送。这种商业模式以综合书目数据库和方便的图书检索系统为读者全面、快捷的图书选择与购买提供了极大的方便。其综合书目数据库能够做到"只要是已出版的书,我们这儿都有";其图书检索系统包括作者、书名、出版社、主题指南浏览等多个界面。此外还有许多有特色的服务。

相比传统书店,网上书店给顾客带来了极大的便利性。想买书,就先上网查询,看看推荐语、目录、简介甚至精彩片段。网上订购后,接下来就是书店送货上门。人们足不出户,就能买到需要的书。网上结算方式多种多样,包括货到付款、银行卡划账、虚拟账户支付、第三方支付等。高质量个性化门到门服务,是网上书店的服务宗旨,而且送货又快。例如,卓越网能在客户指定的收货时间段30分钟之内就把书送到。

不仅如此,读者从网上书店买到的书比起传统书店一般可便宜三到四成。网上书店能做到这样,是因为它没有门店,不需要橱窗展示,没有售货员,甚至没有仓库。当当网与卓越网都能以惊人的低价销售图书、音像、软件等产品。

书变成了电子产品,储存变得简单,所以网上商店比传统书店图书品种齐全。例如,卓越网有30万个有效图书品种,是大型图书商城的1.5倍。为了更加适合消费者在专业领域的需求,还推出专业书店:外文学习书店、计算机书店、文学书店、艺术书店。

网上书店带来的网络营销是营销方式的重要变化。网上书店能够直接获得读者的基本信息,包括年龄、地域、性别、阅读爱好等,这对于了解和把握读者市场,主动针对读者进行图书宣传和营销极为重要。网上书店在线售书、推出各类专题的同时,还不定期地邀请文化界知名人士在线与网友聊天,在线解答网友的问题,为读者、出版社、作者建立了一条沟通的桥梁。BBS则成为网友交流读书心得、发布信息以及反映问题的人气场所。

2. 传统书店的特点

传统书店由于场地与人工等成本,根本不敢与网上书店打价格战,在图书品种方面也无法与网上书店比拟,但是它能够提出另外的客户价值。传统书店最大的优势是有场地,人们可以在现场直接接触到书,身临其境,可获得网上书店不能有的体验。传统书店所能提供的良好环境、服务和阅读氛围,相当于一个公共图书馆,能给所有人提供一个放松的空间,逛书店可以成为很多人生活中的一部分。现在生活节奏快,人们总是处于工作状态中,一方面需要不断补充知识,给自己充电;另一方面又需要找个地方放松一下,传统书店正好提供了一个这样的空间。还有人认为,置身于大量的书籍中就会产生对书籍、知识的敬畏感,意识到自身的不足,产生强烈的进一步学习新知识的欲望,从而不断买书学习。

面对网上书店的竞争,传统书店也在如何提供更多的客户价值上下功夫。例如,在书店的黄金位置辟出免费阅读区,同时在书店各个地方摆放坐椅,甚至还有把书店做成文化中心,增开咖啡厅、音像室、演讲台、阅读区等,加入文化休闲之旅的体验,为读者提供享受高品质文化生活的平台,而不是一个简单买卖交易的场所。

【案例3.2】

西西弗书店的经营模式①

贵阳西西弗书店提出把书店经营成一种生活模式。西西弗最先成立于遵义,1993年由几个年轻人创办,以后发展成为具有10家连锁店的大型书店,以图书零售、批发为主,兼营文具、音像、咖啡,同时提供图书行业管理咨询服务。

西西弗书店的座右铭感动过无数购书人:"背包太重,存吧/站着太累,坐吧/买了太贵,抄吧/手弄脏了,洗吧/您有意见,提吧。"

书店成立以来,一直以"参与构成本地精神生活"为理念,以"用心去做,关怀心灵,通过阅读丰富人们的心灵"为宗旨,致力成为文化理想的主张者和行动者。该店负责人说:"西西弗不仅仅是一个书店,还是读者在喧嚣与烦躁的背后一个心灵的港湾,我们为购书者提供书的同时,也为他们提供阅读空间,让他们在读书的现场感中闻到书香,获得快乐。也就是说,我们在卖书的同时,还给读者提供阅读、交流和其他文化活动场所。我们更注重书店的社会功能。这就是西西弗不怕竞争,能够有非常忠诚的读者的深层次原因。"

3. 传统书店与网上书店的竞争

传统书店与网上书店的竞争,实际上是围绕着客户价值而展开的。企业之争,是商业模式的竞争;而商业模式之争,其实质是客户价值之争。

围绕客户价值,企业之间的竞争是多方位的。浙江、江苏等省的新华书店采取的手段是向网上书店学习。浙江省新华书店成立了全国连锁的博库书城,实行门店销售与网络销售互动。门店销售和网络销售面对的是不同的客户群,彼此不可取代,网购销售不是地面销售的简单转移,而是挖掘潜在客户,增加交易频率,获取潜在需求。

与此同时,网上书店之间的竞争也愈演愈烈。中国最大的网上书店是卓越与当当,两者之间的竞争最为激烈。双方的目标客户并不相同。当当网顾客多是有一定年龄的白领、金领,消费能力更强;而卓越网的顾客则为"精品"和"小资"。

当当网成立于1999年,经营理念是大而全,以种类多取胜。当当每年营业收入快速增长,2007年中国网民1200万人,其中约10%都是当当网顾客。当当网经营20万种书,上万张CD/VCD,还有游戏软件与上网卡,是我国经营商品品种最多的网上零售商店。当当网坚持低价,开发了智能比价系统,对网上竞争对手价格扫描,发现更低就自动调整,最终使自己价格比对手更低。当当网也想出了很多招数发挥网络平台的优势。对用户追踪销售,发送订阅信息,一个月可发800万封电子邮件给顾客。2006年,当当网开始业务拓展,从原有图书音像业务,向家具百货扩展,百货中家居用品成重点,成为一个以图书为主的全品种电子商务B2C平台。

2000年成立的卓越网坚持"精品"战略,不求种类与数量的优势。卓越被亚马逊收购,开始阶段坚持"精选产品,减少品种"。2006年10月开始调整,推出母婴频道,收购搜狐商城,并与中国移动合作推出二码购物,新平台界面与亚马逊一致,由原来的"少而精"

---

① 案例来源:金黔在线—贵州商报,http://www.gog.com.cn。

走向"大而精"。卓越改版后可在线浏览 4 万本图书的部分内容,根据购物者购物习惯推荐最佳购物组合,一站式快捷结账,个性化商品推荐功能,另外还销售冷门商品。如此实施,不到三年的时间,卓越网上的产品种类已增长 32 倍。

当当网是国内所有大出版社的最大客户,可从出版社得到最低的进货价。在同一些大出版社的交易中,当当甚至比卓越多拿近 10 个返点。卓越则停止与大出版社合作,转而通过新华书店渠道进货,使原本不低的成本有所增加。但卓越已转换为亚马逊的 IT 解决方案,提出与当当拼供应链:如何使一本书从供应商最快到网站,再最后到消费者手里。当当在与卓越赛跑时,也坚持"快"的理念,利用第三方物流,与全国 66 个城市的 100 多家民营快递公司结盟,所以当当被称为"单车上的物流"。

4. 网上书店面临的竞争

除了相互竞争以及与传统书店的竞争,当当网与卓越网还要共同面对来自以下两个方面的竞争:

一是其他网上书店,特别是一些专业书店的竞争。从表面来看,随着两大网上书店巨头进入专业图书经营领域,一些专业网上书店面临着在夹缝中生存的困境,但其未来发展未必如此堪忧。如专业网店——中国互动出版网,它通过读者和作者互动,甚至把微软和 IBM 公司一块加进来,对读者进行增值服务。这在大而全的网站是难于实现的,而专业的网络书店正好可以弥补全品网上书店的劣势,有其自身的生存之道。另外,手持阅读器的现象越来越多以及手机阅读热潮的来临,使网上书店面临的竞争形势也变得严峻。要想一直在市场竞争中占有一席之地,网上书店必将进一步改进其经营模式与盈利模式,为读者提供更便捷、高效、丰富的服务。网上书店的发展,必然会对市场做出细分,不同类型的网上书店将为读者提供差异化的增值服务,建立固定的销售联系,实现店面销售能力多元化。

二是网上百货店的竞争。亚马逊从卖图书、卖音像产品、卖软件游戏,到最后卖百货、卖食品,人们甚至可以在亚马逊买到活鱼。当当网与卓越网走的也是这条路,两者也从经营图书到经营百货,商业模式日益趋同。这样一来,它们共同最强大的对手就是阿里巴巴了。阿里巴巴认为,以亚马逊为代表的传统 B2C 模式在于压低生产商的价格,进而在采购价与销售价之间赚取差价。而阿里巴巴集团依托亚洲最大的网上购物平台淘宝网推出全新的 B2C 业务,融合了 B2B 及 C2C 模式的淘宝 B2C 新模式,不存在物流、配送、支付等瓶颈,可以最大限度地压缩中间环节成本,帮助商家直接充当卖方角色,把商家直接推到与消费者面对面的前台,帮助厂商赚钱,帮助消费者省钱。

3.3 颠覆主流商业模式

在竞争中,如果小人物向大人物挑战,弱小企业向大企业叫板,非主流向主流进攻,一般会被人认为不自量力。但是在商业模式竞争中,这样的事情经常会发生。网络书店刚刚起步之时,也是非常弱小及非主流的,但是后来它们都成为传统书店无法比拟的大商店,非主流变成为主流。

从历史上看,每一个产业都有其固定的商业模式,一些主要的企业具有类似的商业模式,它们是产业中的主流企业,这种商业模式几乎是"产业"的同一语。但是随着企业商业模式创新成为主流,产业中固定的商业模式逐渐消失,在某些行业,商业模式的变更似乎更像流行色。一些主流的商业模式不断被新的商业模式颠覆。

这种颠覆是新旧两种商业模式竞争的结果,它表现为主流企业与非主流企业的博弈过程。主流企业在明处,非主流企业在暗处;主流企业处在被动的被攻击的地位,非主流企业可以利用变化抓住主流企业的弱点给予有时是致命的一击。结果,非主流以弱胜强,以小搏大,非主流成为新的主流。哈佛商学院的 C. Christensen 发现,这一现象在硬盘业、零售业、机械挖掘工业、钢铁业、计算机业、打印机、会计软件、摩托车业、胰岛素工业等都出现了,所以他称之为"商业世界运作的方式"。

我国从国外引进许多技术,在引进这些技术的同时,也带来了新的商业模式。在新的商业模式面前,我国企业经过对引进技术的吸收消化,通过改变与调整自己的商业模式,从仿制到创新,在许多领域可与洋品牌分庭抗礼,甚至能够胜出。

博弈的两方中,进攻的一方是弱者,是非主流;防守的一方是在位的大企业,是主流企业。人们可以从不同视角来看待这种博弈。C. Christensen 从主流企业的角度看问题,把这种颠覆性的变化称为破坏性创新。在他看来,主流企业面临两种创新:一种是延续性创新,按照原有的价值主张,沿着主流市场上主流客户的需求持续不断地创新,以迎合主流客户的需求;另一种是提出新的价值主张,瞄准新的目标客户。他发现一些主流企业走向失败,并不是管理不好,也不是不重视创新,相反,它们在延续性创新中做得很好,但恰恰是"良好的管理使它们走向失败"。这些公司的失败,主要是因为过于专注它们认为该做的事情,如服务于最有利可图的顾客,聚焦边际利润最诱人的产品项目,而当破坏性创新来临(它使市场上现有产品更为便宜、更为方便,它直接锁定低端消费者或者产生全然一新的消费群体)的时候,猝不及防,一下子坠入深渊。

从破坏者的角度看,进攻者是以弱胜强,以小搏大。主流市场上的大企业有很强的市场地位,深厚的技术积累,弱小企业按照原有的市场规则打败它们几乎是不可能的,所以弱小企业要发展自己,并希望能够取而代之,途径只有两个:一是作为跟随者;另一选择是不在同一跑道上追赶,而选择新的"起跑线"。在新的"起跑线"上,新的"赛跑"还没有真正开始,市场上的一些主流企业甚至没有意识到这里还有竞赛。但是,正是这种选择,小企业可获得超越大企业的机会。如果把前一种选择看作在同一跑道上,跟随者只能通过"加速"或"冲刺"超越对手的话,那么后一种选择则是"另辟蹊径,捷足先登"。

问题是弱小企业如何找到这样的机会。

答案应是找到主流商业模式的弱点。主流商业模式的弱点有时是随着技术与市场的变化而表现出来的,弱小企业如何能洞察这些变化,提出新的价值主张,根据市场的变化瞄准新的客户,就有可能实现对主流商业模式的颠覆。

每一次重要的技术变革,都会引起一些重要产业中企业的大洗牌。晶体管的出现几乎击溃了所有的电子管生产厂商,石英钟技术的发展冲击了瑞士钟表业,互联网使得传统零售商和其他行业从业人员必须面对新规则的挑战。生物技术的巨大进步改造了传统医药化工公司,迫使它们重组、建立新联盟、发展新战略。数码照相对传统照相的替代,闪存技术取代传统软盘,都发生在很短的时间里。

C. Christensen 起初是从技术的变化来看问题的,认为失败的公司,主要是因为对破坏性技术的出现没有预见,或者无动于衷,直至危机来临,但为时已晚。因此,技术突变,领先的公司在所属行业中常常会失去领导地位。

但是,在主流商业模式占领的主流市场上,弱小企业也能找到破坏性创新的机会。

从基于客户需求的价值链的角度来看,在主流企业满足主流客户的需求时,尚有人们没有被满足的新的需求,或者说主流市场上尚有"缝隙"。正是这些没有被满足的需求与市场缝隙,为非主流企业成为主流企业提供了机会。

从表 3.1 中可看出,针对"尚未满足的顾客",企业可以提出新的价值主张,开发新的技术与产品,使产品在功能、质量等方面明显超出已有产品,瞄准高端客户。这被称为高端破坏性(high-end disruption)创新,或"创造新细分市场的破坏性"(new-market disruption)创新。

表 3.1 顾客的划分

顾客群	尚未满足的顾客	主流顾客	过度满足的顾客
识别	对当前产品、服务不满足,愿付高价改进	随大流	当前产品与服务已足够,不愿再付高价获得更好的产品与服务
创新类型	高端破坏	替代性创新	低端破坏

针对"过度满足的顾客",企业的价值主张与高端破坏不同,不一定使用新的技术,但在成本与价格方面具有优势,瞄准与拥有低端客户。这被称为低端市场的破坏性(low-end disruption)创新。

破坏性创新需要一定的技术与市场条件。它可以依靠先进的技术,也可以依靠"不太好的技术"。依靠先进技术容易理解,例如,网上书店依靠互联网技术,网络游戏依靠先进的网络技术等。所谓依靠"不太好的技术",这主要是因为破坏性创新主要表现为商业模式创新。

"不太好"的技术引起破坏性创新,主要是这些技术与产品虽然有较低的性能与质量,但因为价格低廉能够获得大部分顾客的青睐,因而可以赢得市场。例如,小灵通是一种落后的技术,与 GSM 和 CDMA 相比,没有什么市场竞争能力。UT 斯达康做小灵通业务伊始,无论在政策上还是业内都难有叫好声,发展一度受阻。我国通信市场有两大特征:①人口众多,通信需求旺盛,但购买力受制于经济能力;②中国 80% 以上的人口有 80% 以上的时间基本在本地活动。基于这两点,UT 斯达康一开始就认为"中国百姓需要一个在一定范围内可以使用、用得起的便携通信工具",将无线技术嫁接在固话网上的小灵通业务正是基于这种需求发展起来的。

上网笔记本对 PC 行业具有颠覆性。上网本的出现并受到追捧,主要是受两个因素的驱动:一是 PC 的上游器件的功能日益强大,即使是简化的功能也可以充分满足众多消费者的需要;另外一个是互联网的发展,使得用户需要的大部分的计算和存储能力都转移到了中心服务器。计算机本身的功能日益强大,而用户的需要却在减少,这和在计算机发展的早期,计算机功能相对于用户需求一直处于未满足状态是两种完全不同的市场形态。

但上网本能够给行业带来颠覆性,是因为现有的 PC 主流厂商的经营模式和组织架构都还是以针对高速增长的 PC 行业来设置的,如果这些厂商大力推广上网本,就会对原有的业务结构带来破坏。上网本从低端切入,除了便携、便宜等优点外,跟主流 PC 相比在性能上还有不小的差距。但这无碍于它的流行,拥有更强大功能的上网本会不断地进化,关键是它开辟了一个新的进化通道,这个通道将不断侵蚀原有的商业格局。

破坏性创新是主流企业与非主流企业的博弈过程。非主流企业面对市场机会提出不同于主流企业的价值主张,关注主流市场边缘或缝隙中的客户,然后不断蚕食、侵蚀主流市场,以待有朝一日颠覆主流市场,取代主流企业。

主流企业一开始往往忽视非主流企业的行为,它们或者视而不见,或者看不起、看不懂。当博弈中非主流企业变得不可被忽视时,主流企业很难快速作出反应,形成新的能力。

围绕着客户价值的商业模式竞争可能有不同的结果:第一种是新商业模式完胜,原来的主流商业模式被颠覆,新商业模式成为新的主流;第二种是新商业模式占领一定的市场份额,与原来的主流模式各舞一方,继续竞争;第三种是新商业模式未能胜出,无法撼动主流商业模式,或者非主流企业未能在早期阶段发展出破坏性的商业模式,或是未能发展出独特的能力,使得主流企业选择吸纳收编破坏性创新。

主流企业应对破坏性创新策略可归结为以下几点(详见表 3.2):

- 让出市场:主流企业在非主流企业的破坏性创新面前改变其产品组合或目标顾客,例如,停止低端产品线或不再供给旧版本产品,是明显的逃离或让出的行为。
- 吸纳收编:收购并试图整合从事破坏性创新的企业。
- 以牙还牙,针锋相对:主流企业发展和非主流相似的产品或服务,例如,针对既有的低端顾客推出新产品。
- 同时从事新旧两种业务:主流企业宣布破坏性创新者的市场也是自己的战略重点,并且面对这一市场推出新的产品与服务。

表 3.2 主流企业在位者的策略表

策 略	含 义
退出市场	放弃被侵入的业务,调整业务范围或方向
收购兼并	收购并试图整合从事破坏性创新的企业
以创新回击创新	瞄准新进入者的目标市场与目标客户,推出核心产品的修正版本
平衡战略	不放弃传统业务的同时接受创新,从事新旧两种业务

【案例 3.3】

电器设备市场与正泰集团(复旦大学 MBA)

一直以来,电气设备市场上低压成套柜领域竞争激烈,而中压成套领域的主流企业是 ABB(ABB Group)与西门子。ABB 是由两个历史达 100 多年的国际性企业——瑞典的阿西亚公司(ASEA)和瑞士的布朗·勃法瑞公司(BBC Brown Boveri)在 1988 年合并而来的。20 世纪 80 年代,以 ABB 为代表的西方电气企业进驻中国,它们带来先进技术和雄厚资本,国有电器元件及电气成套厂家全线溃退。与此同时,部分民营资本纷纷从最不具技术壁垒的微型控制元件开始创业,另一批民营企业则开始给外企"伴舞",成为它们的国产化供应商。

在国内市场20年后,ABB的元件早已各柜型通用,其标准配置方案也不再是秘密。谁能以最低的价格、最快的速度拿到元件,加上最高效的组装,谁就是市场的胜者。标准化的产品大大造福了ABB的元件销售,也培养了自己的竞争对手。当技术足够成熟的时候,就是破坏性创新的时机了。

从20世纪90年代开始,一些积累了初步技术实力和资本的民营企业进入电气成套领域,选择了技术壁垒稍低的低电压等级设备作为突破点,仿制ABB的MNS柜(ABB旗下的一个注册商标)是它们的首选策略。仿制的MNS比原装货要粗糙许多。但是,因为它们满足了部分低端需求,在这个生机勃勃的电气行业立稳了脚跟。

这样开启的破坏性创新的序幕没有引起ABB们的注意,可能在它们看来这不值得一提,还不会危及它们的市场地位。

1984年成立的正泰集团最初只生产热继电器。在随后的10多年时间里,正泰的产品线逐渐扩大——熔断器、交流接触器、断路器慢慢纳入它的产品范围,在低压元器件领域占据一席了。这时主流企业坐不住了。低压元件做得最强的施耐德3次投资邀约、24次专利侵权诉讼欲阻止正泰电器元件进入欧洲市场,但却挡不住正泰的脚步。

1998年,正泰进入成套设备领域,开始生产低压开关柜。此后,它的成套产品线不断扩大,低压柜、配电变压器、中压柜、电力变压器乃至GIS柜。

ABB也开始感受到了来自"正泰"们的威胁,它开始在低压柜领域试图防守。它不断加大国产化力度以降低成本,10年间,ABB低压柜主流产品的平均价格降幅达50%,同时,它也不忘以"MNS"商标侵权将诸多国内仿制者告上公堂,但并不能阻挡新进入者的破坏脚步。

我国企业针对洋品牌的破坏一般是从低端破坏开始,在低端市场立足后,就会开始改善产品,慢慢向上层顾客群发展。技术进步的速度常常比顾客吸收利用的速度快,因此,先前不够好的技术最终会不断地得到改善,以满足要求较高的顾客群。

继低压柜沦入竞争主战场之后数年,正泰开始在成套柜市场一路向上,由低电压等级设备逐步向较高电压等级的设备市场渗透。眼看着低压成套柜已上演的渗透与混战剧情,在中压成套领域重新上演,并进而转向利润率较高的高压设备领域。2004年,正泰电力设计安装工程公司成立,此时它的产品线已基本覆盖电气设备的全领域,加入电气工程市场的竞争顺理成章。2006年,正泰太阳能科技有限公司成立,新能源市场就此成为正泰的新目标。

在正泰与其他我国民营企业步步进逼、节节胜利的时候,ABB们开始收缩自己的防线。2007年,ABB卖掉了旗下的工程公司ABB鲁玛斯公司,为了更专注于"核心业务"。

正泰集团在不断攻城略地的同时,对占领的市场不断拓展。从2005年开始,正泰每年申请的专利数量就超过了施耐德,它们现在一年申请100多件专利,基本为实用新型专利。拥有这些专利在手,正泰一方面遏制了对手利用专利展开的圈地运动,另一方面给自己留下拓展的空间。2007年9月,正泰集团诉施耐德的一项实用新型专利侵权案一审胜诉,民营企业第一次在跨国企业面前做了一回成功的原告。

破坏性创新的脚步不会停止,那么 ABB 应对的策略如何选择?在 ABB 宽阔的产品线里,其高层管理者会更愿意选择在这竞争越来越激烈、利润水平越来越低的产品线里加大投入呢,还是集中精力在那些更引人注目的新兴产品呢?

【案例 3.4】

网络游戏案例

我国网络游戏商业模式从"免费"模式开始,承袭了互联网的"免费"传统。由于当时的计算机硬件和软件尚无统一的技术标准,因此早期网络游戏的平台、操作系统和语言各不相同。它们大多为试验品,运行在高等院校的大型主机上。游戏是非持续性的,机器重启后游戏的相关信息即会丢失,无法模拟一个持续发展的世界;同时游戏只能在同一服务器/终端机系统内部执行,无法跨系统运行。

1978 年后,一些专业的游戏开发商和发行商开始涉足网络游戏,与运营商合作推出了第一批具有普及意义的网络游戏。玩家所扮演的角色可以成年累月地在同一世界内不断发展。游戏也可以跨系统运行,只要玩家拥有计算机和调制解调器,且硬件兼容,就能连入当时的任何一款网络游戏。只要游戏足够好玩,就有玩家愿意支付高昂的费用来玩网络游戏。

网络游戏一旦收费,关于如何收费就成为网络游戏商业模式的核心问题。网络游戏商业模式的创新,一直是围绕着收费方式展开的。

2001 年上市的万王之王开始采用包月卡的方式收费,每个账号每月 19 元。包月收费方式对于长时间在线的玩家来说比较合算,所以吸引了固定的玩家群体,但对于不会长时间在线的大部分网络游戏玩家则不合算,因此导致部分玩家客户的流失。另外,对于网络游戏运营商来说,包月收费模式下收入的增加主要依靠网络游戏玩家数目的增加来实现,无法通过其他方式获利。

2002 年上市的网络游戏《石器时代》开始了按游戏时长收费的商业模式,游戏设计者需要考虑通过对游戏内容的安排来增加玩家的在线时长。盛大公司代理的"传奇"凭借其按时长收费在 2003 年成为中国网络游戏业界的霸主。这样的变革影响着每一个游戏设计者对游戏内容的设计,促进了网络游戏行业的发展与成长。

在收费模式中,谁上网的时间越长,装备越高级。在游戏中,有钱但没有时间的玩家很多,于是就催生了大量的代练公司和装备交易,让那些有时间的玩家帮别人代练,或者把自己练出的有好装备的账号卖给别人。在这种商业模式中游戏开发商并不能从中得到更多的收益。

2005 年巨人网络《征途》上市,采用了游戏免费的模式,即玩家可以免费上网玩游戏,但要获得"过瘾"的装备,必须掏钱购买。在这种模式中,谁上的时间长不再重要,重要的是谁花钱买的装备更好,才能在游戏世界里"吃得开",有地位。史玉柱从一开始就把游戏的玩家定位为两类人:一类是有钱人,他们有钱,为了一件在游戏业界里有面子的装备,根本不在意价格是几千元还是几万元;另一类人没钱但有时间,一听说不用买卡就能打游戏,自然都往《征途》里钻。这就是免费模式的精髓——"让没钱的人免费玩,让有钱人开心玩,赚有钱人的钱"。

商业模式创新

"按道具收费"商业模式推动着网络游戏运营商不断对游戏升级,增加虚拟物品的数量,将游戏中的各个数值属性与玩家付费直接挂钩,推动了网络游戏产业的进一步增长。在《征途》的带动下,我国的"网游"已全部转向免费模式,市场规模年增长率均超过70%,而市场上的免费游戏大概占据了65%左右的市场份额。免费网游只不过是盈利模式的改变。这种模式,消费者的消费心理属于非理性行为,消费往往带有很大随机性因素,它对网游公司的好处是从一定程度上保证了相对固定的玩家群。

当然,免费商业模式也有局限与不足。愿意出钱的玩家可以在游戏中购买大量的虚拟物品优化虚拟角色,进行玩家自身的升级,而不愿意出钱的玩家只能通过自身的游戏技能与在线时间换取游戏的升级。所以存在着花钱玩家与不花钱玩家的不平等与不公平。同时,对于玩家来说,游戏运营商是"官方",道具完全由"官方"垄断。

《征途》的商业模式注定是有争议性的,因为只要有钱买顶级设备,就可以在游戏中纵横驰骋,而没钱的人则只能任人宰割了。很多人觉得《征途》损坏了整个行业,因为"网游"本身就是一个敏感的行业,有一些社会问题,而史玉柱的模式让这个行业的形象变得更加负面,他使用原来脑白金广告的方式和团队在设计与经营《征途》,而脑白金、黄金搭档广告形式等本来就是饱受争议的。

但是《征途》的商业模式事实上获得了巨大的成功,它所引发的争议大多是道德层面的。《征途》游戏由于内容在"暴力度"、"社会道德度"等方面问题曾被中国青少年网络协会综合评定为"危险级的游戏"。"权力和金钱"的游戏精神对社会有负面影响。现实社会里,"权力和金钱"是许多人生命的主旋律。玩家们在游戏中选择"权力和金钱",从争夺、创造权力和金钱的过程中获得游戏所提供的乐趣。作为一个考虑持续发展的网游商业模式,应当以积极的姿态来面对这些负面的影响。

游戏公司应该把网络游戏当作一个完整的社会生活方式去看待和经营,赋予自己责任感和使命感。当成百上千万的玩家们把网络游戏当作自己的另外一种生活方式,就提供给了游戏公司作为虚拟世界的政府管理数百万人喜怒哀乐的机会,第一次使一个公司有机会把自己的价值观、行为准则和文化理念在众人中传播,感受着真实组织权威和成就感。善用这种权力,来传播健康、积极的价值观和行为准则,应该成为游戏企业最基本的社会责任。

由《征途2》开创的"第三代网游公平游戏模式"力图改变遭受不公平待遇的弱势玩家的生存状况。在"公平模式"中,玩家不需要直接向运营商购买游戏时间或游戏道具,游戏币和道具在玩家中可以自由流通。玩家既可以选择购买游戏币,在游戏中向其他玩家购买道具;也可以选择在游戏中直接玩,游戏中获得的道具可以出售给他人。花钱玩家要想得到道具,只能从"辛勤劳动的"不花钱玩家手中获得。有人认为"公平模式"很接近真实的社会,不花钱玩家成为"财富"的创造者,成为游戏社会发展的原动力。让不花钱玩家得到更多值钱的道具,卖给花钱玩家,游戏公司才能得到更大的收益。

巨人网络副总裁《征途2》制作人纪学锋宣称:"我们不只是关注用户的口袋,关注用户的感受,我们还希望通过这些调整能够更关注游戏里面的民生,能够关注所有玩家在游戏里面的幸福指数,在我们游戏里面玩得比其他游戏更开心一点。"他认为,"点卡模式"相当于封建社会的人丁税,"道具模式"是封建社会的专卖制度,而"公平模式"在虚拟世界里营造了没有官方专卖,没有垄断的社会。"官方"的主要责任是维护整个社会物品需求与供给的平衡,同时创造一个"官方"、花钱玩家、不花钱玩家能够和谐共处的游戏世界。

游戏公司最主要的任务是建设活跃的交易市场,提供一个公平交易的环境。相对于道具收费模式,公司赢利似乎"薄"了,据说开创《征途2》的巨人放弃了95%的利润。但是它如何盈利呢?有人认为,在虚拟世界里,其"货币"的地位也将完全相当于现实世界中货币的地位。游戏"货币"是每一个游戏玩家都需要的商品,如果谁能垄断游戏"货币"的发行,谁就拥有无法限量的赚取超级利润的手段。随着玩家的增多,则"生产"行为也随之增长,玩家们的总"财富"也在不断累积,游戏内的购买力也在不断提升,也就会发生通货膨胀。但这种通货膨胀是良性的,因为对于游戏公司来说,还没有恶意推动玩家游戏"资产"通货膨胀来赚取利润的冲动。当网络游戏已经成为一种生活方式,网络游戏的社会性被认识到之后,极少数公司就开始参考现实社会超级银行家们赚钱的方法,主动介入游戏"货币"的制造过程,开始动用通货膨胀这一金融武器"盘剥"玩家了。有人认为这才是《征途》游戏赚钱的最高境界。

3.4 超越竞争:创建新市场

以上所讨论的商业模式创新的共同特征,都发生在已存在的行业与市场。企业针对已存在的商业模式做出新的改进,从根本上说,都是希望商业模式创新在现有的市场上获得竞争优势。

对于已经存在的市场,迈克尔·波特(M. Porter)认为有五种结构性因素的相互作用影响着企业的盈利潜力,这五种因素也被称为"五种力"。

- 潜在进入者的威胁;
- 供应商的讨价还价能力;
- 顾客讨价还价的权利;
- 替代产品的威胁;
- 行业内部竞争的激烈程度。

从"五种力"出发,迈克尔·波特建议的企业竞争策略,是通过技术创新与管理创新做到低成本、产品差异与细分市场。

市场细分意味着避开主流市场,以市场上特定的客户群作为目标客户。市场细分的前提是在成熟的主流市场中存在着未被满足的消费者,而市场竞争的加剧促使企业将自己的价值主张与客户群中的这一部分联系起来。例如,服装市场竞争较激烈,但通过市场细分发现,竞争激烈的主要是青少年服装市场和儿童服装市场,而不是老年服装市场。于是有些服装企业把老年服装市场作为目标市场,生产出各式各样适合老年顾客的服装,结果获得了较高的收益。

主流市场中的"缝隙"或"空档"其实都是企业的市场机会。联想集团从一开始就寻求市场缝隙,避开强劲对手,通过跟踪模仿和自主创新,以后逐步发展成为具有世界先进水平的高科技企业。联想创业之初正值各种各样的汉字输入方法如雨后春笋般纷纷出土,联想棋高一筹,为多种多样的输入方法开发出一种通用的汉字环境,使任何一种输入方法一旦挂在联想式汉字系统之下,就具有"联想"的功能。由于它是一个开放式的系统,为各种各样的输入方法插上了翅膀,汉字处理能力极强,兼容性好,支持直接写屏,从而一举占领市场。

1988年进军海外市场时,联想又一次寻找市场缝隙,精心选择了电脑主机板从而叩开了国际市场大门。电脑主机板在电脑制造业中是一个市场需求量大但利润不高的产品,要求制造企业具有相当的技术能力,同时又属于薄利的劳动密集型产品,是发达国家不愿搞而发展国家又搞不起的产品。联想集中我国一流的人才投向卡板制造,"一手托两头",一头是叩开国际市场大门,赢得更大的发展空间;另一头是生产制造的核心技术掌握在自己手里,为以后推出联想电脑和占领电脑市场打下了坚实的基础。

立足于竞争的商业模式创新,最大的问题一方面是容易导致企业商业模式的趋同,正如我们所提到的卓越网与当当网的趋同。当企业立足于竞争,实施商业模式创新时,很少考虑企业竞争相互间的影响。在现有市场内通过扩大市场份额获得增长,与同一行业中其他企业的目标必然是相互冲突的。对市场进行细分之后,最有利可图的细分市场又往往成为竞争的焦点,加剧了企业之间的竞争。为了赢得竞争,企业花费不少资源去了解竞争对手的活动,通过基准比较(benchmarking)等方法模仿竞争对手的成功做法,企图超越竞争对手,以致同行企业之间的相似性越来越大,竞争越来越激烈,每个企业的效益都越来越低。迈克尔·波特也注意到这种现象,他在《什么是战略》一文中指出:"竞争企业在质量提高上、周转周期上、供给渠道上相互模仿,战略趋同与竞争导致众多公司挤在同一条道上赛跑,结果是谁也不能取胜。"

另一方面,所有的市场都是人们创造出来的,对于尚不存在的市场,"五种力"都不存在。所以对于创造新市场的创新,迈克尔·波特教授的理论就失去用武之地。

日本索尼公司创办人盛田昭夫在《日本制造》一书中写道,"我不销售产品,我创造市场"。从晶体管收音机、随身听、家用摄像机到3.5英寸磁盘、Playstation游戏机,索尼公司以消费价值卓越的产品创造了一个又一个的新市场和新行业。

从历史的角度来看,创造新市场是更根本的创新。世界上所有存在的东西都经历过从无到有的过程。飞机、火车、汽车、电视、各种电器等代表近代科技成果的产品都是人类历史近一百多年才出现的,它们构成现代科技文明、物质文明与精神文明的一部分。如果没有这一切,我们很难设想今天的社会、经济以及人们的生活方式会是怎样的。人们不仅创造新的技术与产品,而且围绕着满足人们对这些产品的需求,发展了全新的商业模式和新的产业。18世纪的蒸汽机,19世纪产生的铁路、炼钢、电子化以及电子通信,还有20世纪初的汽车、飞机、合成纤维和电视,当这些新的技术与产品在人类历史上出现的时候,从一开始就需要考虑前所未有的商业模式问题:谁来提供这些产品和配套的服务,谁是目标客户,从产品与服务的提供者到目标客户的价值链是什么。如果没有这一切,就没有一个个现代化的产业。

所有产业都经历了从无到有的过程。当一个产业刚刚出现的时候,人们在创造这个产业的同时,也创造了全新的商业模式,它包含新的价值主张,新的目标客户,并建立自己的企业价值链,同时它也是行业的价值链。这时候,创新的企业并没有竞争对手。企业建立这种新的商业模式,面对的只是尚不存在的市场以及客户的潜在需求。而企业要做的,是要创造新的市场。

市场的划分详见表3.3。

表 3.3 市场的划分表

市场类型	要素			
	"五种力"	竞争性	市场知识	目标客户
现存的市场	存在	竞争激烈	市场知识已经存在	明确,且确定
细分的市场	部分存在	竞争激烈或不存在竞争	市场知识部分存在	较明确,不确定性小
全新的市场	不存在	没有竞争	市场知识尚不存在	不明确,不确定性大,需要探索

可以区分两类不同的创新:一类是已存在的市场上的创新,称为连续性创新;另一类是面对尚不存在的市场创新,称为不连续性创新。不连续性创新不仅要创造新的产品与服务,而且要创造新的市场。

商品从无到有,也就经历了不连续性创新到连续性创新的过程。新的市场一旦建立,进一步的创新就是在已经建立的市场上的创新,即连续性创新。

那么企业家为什么选择不连续性创新呢?

首先,约瑟夫·熊彼特把创新视为企业家的本能。企业家的创新,包括连续性创新与不连续性创新。不连续性创新更需要发挥企业家的精神。

其次,不连续性创新的目的是避开竞争,发现新的市场。W. Chan Kim 与 Renée Mauborgne 认为存在两种"海洋"形成的市场天地:"红色海洋"和"蓝色海洋"。"红色海洋"代表已知的市场空间,存在着激烈的竞争。在"红色海洋"里,企业有公认的明确界限,有一套共通的竞争法则。每个企业都试图表现得比竞争对手做得更好,以面对现有的市场需求,控制更大的市场占有率。随着市场空间愈来愈拥挤,激烈的竞争使市场空间成为一片血腥的海洋。"蓝色海洋"则代表不存在竞争的新市场。为此企业的竞争战略即可区分为"红海"战略与"蓝海"战略,它们是迈克尔·波特的竞争战略的另一种说法。他们所推崇的"蓝海"战略也就是不连续创新的策略,即认为有尚未开发的市场空间、创造新的需求。在"蓝色海洋"里,竞争无关紧要,因为游戏规则还待确定。

不连续性创新虽然表现为创造全新的产品,但是主要的问题还是商业模式的问题。全新的市场一旦被创造出来,很快就会成为现存的市场甚至是主流市场,"蓝海"会演变成"红海"。所以,在不连续性创新面前,企业可能因为产品没有市场而失败,也可能有市场,但因商业模式不成功而仍然失败。

【案例3.5】

VCD 市场

中国的第一台VCD机,也是世界上第一台家用VCD机出自"万燕"。"万燕"让中国百姓认识了VCD,并开创了中国的VCD行业。

姜万勐大学毕业后分到安徽电视台搞技术工作,自嘲为"索尼的维修工"。但他不甘于现状,于1987年创办安徽现代电视技术研究所,1992年4月前往美国参加国际广播电视技术展览会,感受到从模拟技术转向数字技术的世界趋势,并给他带来了创新的机遇。

在这次展览会上,美国C—CUBE公司展出的一项不起眼的技术——MPEG解压缩技术引起姜万勐的注意。由于图像信息在存储时所占空间较大,不经过压缩就必须用比较大的光盘来存储,这就是LD大影碟迟迟走不进百姓家庭的主要原因。例如,12cm的CD盘存储量,只能存5分钟的图像,或74分钟的声音,不能满足人们一边看一边听的需求。姜万勐敏锐地感受到:MPEG技术意味着可以把图像和声音存储在一张比较小的光盘里,创造出一种物美价廉的视听产品。

C—CUBE公司的董事长孙燕生是美籍华商,两人一拍即合,决定共同将MPEG技术开发为电子消费产品。姜万勐当即投资7万美元,请C—CUBE公司做一种板卡。以后又投资了50万美元,一种新型影碟机终于诞生,这就是后来的VCD。获得实验室成果后,双方共同投资1700万美元成立万燕公司,各取姜万勐、孙燕生名字中的一个字。

当时世界上根本没有VCD这个概念。1993年年底,安徽现代电视技术研究所的VCD可行性报告中,非常准确地描绘了VCD的发展前景:这是在20世纪末消费类电子领域里,中国可能领先的唯一机会,而在此之前没有一个人创造出这种产品并形成产业。1993年中国市场上组合音响的销售量是142万台,录像机的销量是170余万台,LD影碟机是100万台,CD激光唱机是160余万台。当时LD光盘的价格为400~500元一张。姜万勐想:如此昂贵的东西在中国有如此大的市场,那么做出的光盘比录像带便宜,每年销售量应该会达到200万台左右。

"万燕"的第一代产品在1993年9月面世并通过了国家鉴定。"万燕"倾其所有财力,开创了一个市场,确立了独一无二的品牌,并形成了一套成型技术,成为VCD市场与行业的开创者。

"万燕"的第一代产品——1000台VCD几乎被国内外各家电公司买去做了样机,成为解剖对象。

"万燕"倾其所有财力,开创了一个市场,确立了独一无二的品牌,并形成了一套成型技术,独霸VCD天下。假如姜万勐再有一定财力作后续支撑,迅速扩大生产规模,降低单机成本,填补正在发育的市场空白,那么"万燕"将是中国响当当的VCD之王。但是,就在姜万勐发展时期,他的财源已经枯竭。

让姜万勐最痛苦的是,眼睁睁地瞧着自己打下的天下被别人一块块瓜分,他不仅无力回击,连自身也难保。到1996年最悲惨的事情发生了,这一年全国VCD销量600万台,而"万燕"已萎缩到无货可销。也就在这一年,"万燕"被同省的美菱集团重组,成为美菱万燕公司。姜万勐只有咽下万般苦水,一声叹息:"良机不再,错过机会了。"

就在"万燕"打天下却难以一统天下之际,中国VCD进入群雄并起的时期。"万燕"让中国百姓认识了VCD,但摘桃子的却是深谙市场秘诀的广东人。由于VCD整机组装对技术要求不高,其机械运动部件不多,只需将几块集成电路板用螺丝拧上,知道哪根线插在哪儿,这技术10分钟就能学会,人称:"一把螺丝刀就是一个组装厂"。

市场已经打开,广东又是散件水货的聚集地,VCD组装厂如雨后春笋般蓬勃于珠江三角洲。同时,在广东VCD元器件的配套系统也应运而生,专门有人提供线路板,专门有人提供机壳。不出方圆25km,生产整机所需的元器件均可配齐。

在广东,"床板工厂"遍布珠江三角洲,一个人一天可以组装10台、20台,一家老少一天就能装出几十台。市场火暴时,每台机器赚100元,一天就赚几千元钱。市场疲软时,一台只赚10元钱就出手。在广州VCD机批发一条街的厕所里,贴满VCD机的促销广告。

1995年,各路仿制的VCD机大举进军市场,广告也铺天盖地,仅砸向中央电视台的就年近10亿元。价格战持续升温,竞争成疯狂厮杀态势。

在这一时期,营销最成功并迅速崛起的是"爱多"。1997年,爱多公司总经理胡志标才28岁。他中学毕业后进入一家电子厂工作,1993年2月,胡志标在一本电子杂志上,首次了解到MPEG数字解压缩芯片技术。1995年4月,在"万燕"耗巨资推出第一代VCD产品后一年,并因此筋疲力尽之时,胡志标筹集了80万元资金,在中山市东升镇成立爱多公司。"爱多"取意于一句歌词"每天爱我多一点"。6个月后,胡志标利用进口散件,迅速生产出整机,省却大量研究开发和前期市场推广费用。胡志标强调:"爱多"不会去做前期的产品开发和市场推广工作,而是要站在别人的肩膀上再开发。

"爱多"最初起家时,也就几十个人,月产量一两千台。在鱼龙混杂中"爱多"能够脱颖而出取决于其营销战略。1995年11月,"爱多"广告跳进中央电视台。随后,又以420万元的价格请影视巨星成龙拍广告,后期制作又投入近百万元。1997年又以2.1亿元巨资夺取"中央电视台广告标王"。

1996年10月,靠卓有成效的营销而壮大的爱多公司先发制人,每台VCD机降至2 000元左右,拉开了中国VCD行业降价的序幕,1997年6月,"爱多"经过严密策划,推出"阳光行动"。经过"A计划"、"B计划"两轮降价,"爱多"VCD系列产品的价格累积降幅已迫近45%。

"爱多"的"阳光计划"的直接起因是:"爱多"一度产大于销,仓库里积压了20多万台成品,压占了2亿元的资金。"爱多"此举,不仅把积压产品销售一空,还在市场淡季达到了供不应求的火爆局面,扩大了自己的市场份额。后来,爱多公司走向多元化经营,因决策失误,资金周转困难,被迫停产。

VCD影碟机在中国上市不过3年,却迅速赢得广大消费者的喜爱。从1996年开始,国内VCD市场呈现"爆炸式"增长,销售量从1995年的60万台猛增至1996年超过600万台。1997年势头更猛,VCD的市场销售量达到1 000万台。

面对这个生机勃勃的市场,一些跨国公司迅速调整了自己的战略。东芝公司修改自己的软件,以生产适合中国国情的纠错能力强的VCD。飞利浦公司也研制出价格在1 000元左右的VCD,与国产机一争高低。韩国三星、大宇等公司也以新产品、低价格的VCD大举进攻中国市场,占领60%的市场份额。

1996年12月,日本松下公司的DVD先期登陆上海,观者如潮。时隔3个月,韩国三星公司也推出了自己的DVD,并做了大量的广告。

相对而言,我国虽是VCD生产大国,但不是强国,VCD的主要元件如解码芯片等全部依赖进口。至于要发展DVD,连光头、芯片等都要从外商手里购买,而我国厂商实际遇到的是外商对这一市场的联合封锁,其目的是要垄断中国市场。为此,我国VCD行业的我国 VCD 的案例表明,创造新市场可使企业获得先机,但并不能保证企业可以持续盈利。率先创新的企业能够持续盈利的条件或策略一般是申请专利保护。姜万勐想到用 MPEG 技术研制音像视听产品这一点,以及成功研制出的 VCD 机都是他的自主知识产权,理应申请专利保护,但他却没有这样做。当他看到"万燕"第一批 1 000 台 VCD 机几乎都被国内外家电公司买去解剖做样机时,只能痛心和无奈,最后公司走向衰落。

【案例 3.6】

九阳豆浆机

而成功地利用不连续性创新盈利的案例是九阳豆浆机。九阳公司着眼买方的价值主张,寻找到了大型企业忽视或不屑为之的市场缝隙,集中全部力量进入,提供产品与服务以满足市场群体的需要,并在占据大部分市场份额后以品牌与信誉保持持续盈利的能力。

从 1994 年发明了电机上置的全自动豆浆机开始,九阳股份有限公司(简称九阳)踏上了豆浆机最新技术研发的道路。之后,1996 年九阳又推出了外加豆技术;1999 年推出智能不黏技术;2000 年浓香技术和语音提示技术出炉;2000 年和 2002 年,分别推出文火熬煮技术和营养萃取技术,使豆浆的口味和营养释放更加充分,此后,还先后研发出导流器粉碎和拉法尔网技术,使豆浆机迈向了新的成熟阶段;2003 年,九阳第 8 次技术革新,推出了"无网豆浆机",丰富了产品系列;2008 年,从豆浆营养角度出发,推出了第 9 次技术革新的"五谷精磨器",令豆浆营养、口味再度得到质的飞跃。

九阳产品能长期受到市场好评,除了技术领先之外,还得益于其以"满足消费者需求为最终技术研发目的",不断利用新技术提高豆浆机性能和豆浆营养的初衷。例如,九阳应用了"五谷精磨"技术的豆浆机,因为使用更方便、打出的豆浆营养释放更充分从而得到市场好评。

五谷精磨器是豆浆机行业的最新技术,也是该项专利拥有者——九阳豆浆机的独享专利,它与无网简易技术最大的不同在于"豆浆不是切出来的,是磨出来的"。五谷精磨器的作用在于当刀片快速旋转时,形成强大吸力,把豆子吸进五谷精磨器小空间被高速旋转的精磨刀充分粉碎,豆浆从上面的孔中甩出,再吸进去细细研磨,如此循环反复上万次。因空间小,豆料与精磨刀接触次数大大提升。旋风精磨刀也与一般刀片不同,它比较钝,四叶刀片分上、中、下三层,每次接触豆子,都不是简单切割,而是旋转起来,每一粒豆子要经过三次碰撞粉碎,因此磨浆效果当然不一样。值得一提的是,虽然五谷精磨器豆浆机比无网简易型多了一个部件,但清洗却非常方便,不锈钢大孔状,用水一冲就干净了。

九阳在小家电领域实施了利基战略,幸运地创造了一个新行业而且成功了。用九阳公司董事长王旭宁的话说就是:"一不小心创造出一个行业"。在豆浆机这个行业,九阳"老大"位置坐得很稳。自 1994 年九阳公司成立,开始生产豆浆机以来,九阳豆浆机在市场上可谓一枝独秀,市场占有率一直很高。和松下幸之助当年发明电饭锅一样,九阳不在于它发明了一个新产品,而在于它将这个产品做成了一个产业。

"利基"(Niche)一词来源于法语。法国人信奉天主教,在建造房屋时,常常在外墙上凿出一个不大的神龛,以供放圣母玛丽亚。在英语里,它还有一个意思,是悬崖上的石缝,人们在登山时,常常要借助这些微小的缝隙作为支点,一点点向上攀登。后来人们就用"利基"来形容大市场中的缝隙市场。

利基市场是指有盈利空间的细分市场。利基战略是指寻找大型企业忽视的市场缝隙,集中全部力量进入,提供产品与服务以满足特定市场群体的需要,并在占据大部分市场份额后以品牌与信誉保持持续盈利。所谓利基企业(niche marketer),是指在所经营的产品领域占据相当大的市场份额的中小企业,包括那些努力在小市场建立非常强大市场地位的超级专家型公司,还有那些自己创建市场一般情况下不会有任何公司与之竞争的企业。一般地,利基企业是开创市场并占领市场的主要份额的企业,甚至是市场上的唯一的企业。

尝到了利基市场的甜头后,九阳公司的发展思路是继续寻找新的利基市场,各个突破。于是,在经过一番深思熟虑之后,九阳确立了成为"新鲜健康小家电第一品牌"的目标,并且从2001开始尝试电磁炉、搅拌机、紫砂煲等其他小家电品种。发掘消费者对厨房小家电的潜在需求,利用已有庞大的小家电营销网络,再辅以有针对性的营销策略,让九阳屡战屡胜。在九阳进入电磁炉领域短短三年时间里,已经站在该产品市场占有率第二的位置上。

在这个品牌多且杂,集中度不高,市场竞争不充分的小家电市场上,九阳公司依据利基思维而设计的成长战略,建设着一个又一个具有独特优势的市场根据地。

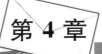

第4章 基于价值链的商业模式创新

4.1 价值链创新

企业盈利必须通过价值链来实现,围绕着价值链的创新应该是企业商业模式创新的关键。将企业内部的经营活动一一分解,所有显性的经营活动都代表了企业的价值创造,由此可从是否实现价值增值的角度去审视每一种经营活动的合理性。

价值链管理的出发点一向是通过如何降低成本来改进企业的价值创造。虽然成本的节约很重要,但远没有企业在产业价值链上的定位问题重要。

确定一个成本节约的目标,然后考虑如何实现这一目标,这是一种集中性的思维方式。人们要在某一阶段把一件事情做好,一定需要这样的思维方式,并且在行为方式上也需要这样。除此之外,人们还需要另一种思维方式,那就是发散性的思维方式。发散性思维要求人们不能仅看到眼前,还要看到未来;不能仅看到局部,还要看到全局。发散性思维要求人们打破原有的思维模式,不"一条道走到底",而要另辟蹊径。

将这种思维方式应用于价值链的管理,就是不能仅仅考虑成本的节约,更重要的是要考虑自身在产业价值链的定位问题。产业价值链的核心价值环节,是创造更大的价值的环节。企业必须识别和发现所在产业链的核心价值环节,找出适合自身的产业链环节的定位,将企业资源集中于此环节,培育核心能力与竞争优势,然后借助这种关键环节的竞争优势获得对其他环节协同的主动性和资源整合的杠杆效应。

迈克尔·波特曾经指出,价值链各个环节对于利润的贡献不一,企业应将自己摆放在最有利的市场地位,掌握关键资源与关键能力,以获得更多的利润。因此,一个好的商业模式,必须使企业掌握价值链中对于创造价值有重大贡献的关键流程与资源,并使企业本身所拥有的核心能力与价值链中最重要的环节紧密搭配,以保障利润的实现。

企业不能仅仅满足于已取得的行业内的竞争优势和领先地位,需要应对产业价值链上价值重心的不断转移和变化。一方面,产业价值链的分解为企业价值链的调整提供机遇;另一方面,企业也可以主动地变革内部价值链,实现商业模式的创新。

企业价值链创新的途径包括:

- 企业可以选择产业价值链的任一环节作为内部的价值链,但产业价值链各个环节上的赢利有高低之分,特别是赢利高的环节成为一定时期中的关键环节,因此企业商业模式创新的方向应是移向价值链的关键环节。
- 对价值链的控制能力决定企业价值创造的能力。传统上企业对价值链控制表现为将所有价值活动都控制在企业内部,现代企业可以利用价值链的关键环节,结合品牌与特许经营等手段实现对价值链的控制,表现为虚拟经营。

- 对价值链的控制除了可以借助在价值链中的关键地位,还可以通过技术标准等获得创造价值的新途径。

4.2 移向价值链的关键环节

关于产业价值链上价值分布的变动,有两种理论:一种是宏碁集团创办人施振荣先生在 1992 年为了"再造宏碁"中所指出的,在产业链中附加值更多地体现在研发和销售环节,处于中间环节的制造附加值最低,产业价值链上的价值分布符合"微笑曲线",如图 4.1 所示。微笑曲线分成左、中、右三段,左段为技术、专利;中段为组装、制造;右段为品牌、服务。而曲线代表的是获利,微笑曲线的中段位置为获利低位;左右两段位置则为获利高位。施振荣提出微笑曲线理论的用意是:要增加企业的盈利,不应满足企业在组装、制造上的定位,而应当往左端或右端位置迈进。

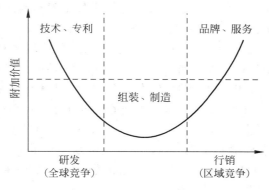

图 4.1 微笑曲线

另一种理论是 2004 年 C. Christesen,M. Raynor 与 M. Verlinden 等人在《哈佛商业评论》上发表的《滑向企业的利润源》(Skate to Where the Money Will Be)一文中所提出的,当产品还不够好时,采取整合性的组织架构是成功的关键。作为计算机行业早期整合程度最高的公司,IBM 公司曾经一统天下。而福特和通用汽车则是汽车制造业中整合程度最高的公司,在汽车性能还不够好的那个时代雄踞行业霸主的地位。还有 AT&T、美孚石油公司(StandardOil)、美国钢铁公司(U. S. Steel)、美国铝业公司(Alcoa)等。它们的产品正是基于那种专有的、相互依赖的价值链,整合型公司的体系结构在将技术水平往前推进时是必不可少的。而非整合型公司如果要在这种环境下竞争,通常都会遭遇失败。但随着产品功能从不够完善向超出客户需求转变,破坏性竞争者开始向市场进军,利润也就开始从终端产品整合型厂商滑向提供子系统的厂商。以 PC 业为例,当个人计算机对于主流用户来说已足够好时,利润就从客户手中流经组装商(IBM),停留在配件制造商那里,比如操作系统制造商(微软)、处理器制造商(英特尔),同时又有一部分先是到达存储芯片制造商和磁盘驱动器制造商处。但当芯片和驱动器对于组装商来说已足够好时,资金就会进一步顺着价值链流向 DRAM 设备制造商以及磁头和磁盘的供货商。

以上两种理论未必不一致。当产品不够好时,能够整体上生产出产品的公司才是成功的,所以才有 IBM 公司的一统天下。但是,当产品非常成熟,生产这种产品的技术与知识被更多的企业所掌握的时候,谁能更低廉地生产、更快地送到客户手中就成为关键,所以戴尔公司(Dell)能够出现并走向成功。当戴尔公司的经验可以被别的企业学习与效仿的时候,最能赚钱的就不是戴尔公司了。

在这种情况下,企业可以将自己不赚钱的环节外包出去。接受外包的企业就是 OEM(origin entrusted manufacture)。在 OEM 过程中,存在着合作的双方:品牌厂商和 OEM 供应商(OEM supplier)。品牌厂商利用自有品牌、销售渠道、核心技术和其他市场资源,将非自己擅长的生产环节交给别的企业去做,把有限的资源集中用于核心业务,以便提高自身的核心竞争力。这就表现为 C. Christesen 等人所指出的向利润源方向的移动。

这样也就出现了 OEM 企业处在价值链的低利润环节,而品牌企业处在高利润环节,这就是微笑曲线。OEM 使拥有核心技术与品牌的企业处于微笑曲线的两端,但却使 OEM 企业出于微笑曲线的中段的底部,在产业链中处于不利的地位。OEM 选择这样的"定位",也是不得已而为之。一些企业选择 OEM,是因为投入少、见效快,能稳定地获得一些订单,还有可能获得一些技术转让的好处和积累一些市场经验。贴牌生产方式不需要 OEM 供应商重新引进技术设备和进行技术改造,在短时间内产品就可导入市场销售,能很快给 OEM 供应商带来效益。贴牌生产使 OEM 供应商闲置的生产设备和生产能力得到了充分发挥,设备折旧得以实现,发挥自己在专业化生产方面的长项。对于本身没有销售渠道的创业公司,或从别的行业进入的企业,可以充分利用品牌厂商的销售渠道,从而准确地把握市场需求的变化动向。2005 年,我国从全球的 OEM 市场上获得 1 万~3 万亿美元的业务。我国 OEM 行业占据非常重要的地位,尤其是加入世界贸易组织之后,全球 1/3 的 OEM 转移到我国。

我国企业的 OEM 微利是建立在低廉的劳动力的基础上,基础十分脆弱。格兰仕公司为其他品牌做 OEM,利用的就是劳动生产率和成本优势。法国工人 6 小时工作制,格兰仕的机器 24 小时不停运转,法国人生产微波炉的一个核心部件的成本为 20 美元,法国的技术和设备搬到我国,格兰仕 5 美元一个替法国人做 OEM,每个赚取不到 1 美元,这种生产明显是建立在廉价的劳动力上的。随着我国劳动法的完善,工人保护意识的增强,类似格兰仕 24 小时不间断的工作方式迟早会被打破,OEM 的微利难以长期维持。

OEM 经营方式,在某些条件与情况下,不仅不能使 OEM 供应商获得持续的发展动力,反而因严重的依赖性而在形势变化时失去独立生存的能力。因为,OEM 经营方式使 OEM 供应商不能直接面对消费者,从而无法正确预测消费者的需求现状和变化趋势,这使得品牌厂商在其经营业绩好的时候可能对 OEM 供应商"卸磨杀驴";而在经营业绩坏的时候,又可能迅速转移或放弃 OEM 经营方式的阵地,即在遇到生产成本上升或利润下滑时将生产转移到其他国家或别的企业。这时,原先的 OEM 供应商将面临灭顶之灾。

OEM 经营方式是"替他人做嫁衣"。OEM 业务的利润远比零售的利润低。绝大部分利润归于品牌的拥有者,而不是产品的生产者。例如,我国出口服装的平均单价只为 3.2 美元,还不到国外一张电影票的价钱,但打上国外品牌的标志后,立即身价百倍。曾风靡一时的美国玩具"芭比娃娃",进入我国市场售价高达 329 元,但悲哀的是替其加工的国内某厂商每件仅得4元的加工费。

微笑曲线理论揭示了许多西方大企业的经营策略：抓住两头，负责设计和开发、控制销售"渠道"，把处于中间位置的加工制造任务交给别的企业，这就是OEM。

施振荣提出的微笑曲线理论，其用意是希望我国企业意识到自己在国际产业分工中的地位，利用时机移向价值链的关键环节。移向价值链的关键环节，就是移向微笑曲线的两端。

尚德太阳能创始人施正荣也谈道："做制造很难，方向上是要尽力往微笑曲线两端走。"但是如何往两端走，人们有不同的主张，可采取的策略包括以下三点。

- 向价值链的左端移动；
- 向价值链的右端移动；
- 左右兼顾。

我国很多台湾企业家花多年功夫往微笑曲线的两端走，结果反而吃了亏，微笑曲线变成了"苦笑曲线"。他们说："纯做制造的时候赚了很多钱，遵循微笑曲线朝品牌营销发展却反而赚不了钱。"还有一些企业花了20年时间在技术提升上，但都还没有进入大规模的"品牌营销阶段"，只是稍微往右端移动了一点。

但施振荣则认为，中国经济要迎头赶上，一定要践行微笑曲线，一些企业之所以没有成功，原因是"执行的时间、战略、步骤以及先后顺序，可能没有抓得很准"。他提出，制造厂商要跳出微笑曲线底部，可以从研发出市场上比较领先的商品开始。比如过去生产PC，核心技术和定价权都掌握在别人手里，软件是微软，硬件是英特尔，所以制造PC就没有机会。但是如果能找到类似上网本这样能带来市场重新洗牌的产品，并且再找到可以创造更多附加值的点，就有可能脱离微笑曲线底部。

按照施振荣先生的意思，如果就原来的产品、市场，脱离微笑曲线底部，再"占领"两端，那就意味着"占领"了整个产业链，"占领"了整个市场。但这是不可能的。所以唯一的希望是利用破坏性创新的机会。上网本能带来市场的重新洗牌，对处于价值链不利地位的企业，这是一个机会。如果能利用这类产品，投入资源研发，并注意品牌营销，就可能走出微笑曲线的底部。

尽管我国企业在许多产业技术方面相对落后，但如果利用破坏性创新的机会，选择合适的突破口，逐步挤占主流市场，就能实现向左端移、向价值链高端移的目标。

我国存在庞大的市场需求，即使在国际品牌占优势的情况下，我国企业也可以发现新的细分市场，建立起自身的经营能力和品牌，并为未来的国际化做好准备。建立品牌不仅可以实现向微笑曲线右端的移动，从而占领产业价值链的关键环节，还可以实现对整个价值链的控制。

【案例4.1】

创业板公司上海佳豪的商业模式创新

主要从事船舶设计以及海洋工程设计业务的上海佳豪，是一家在创业板首批上市的民营企业。成立于2001年10月29日，2009年9月25日创业板上市，资产规模从原来的1 625万元的注册规模变成市值为26.8亿元的公司（按2010年1月15日的收盘价每股

53.28元计算),现在已成为国内三家规模最大、实力最强的专业民用船舶与海洋工程设计企业之一。

船舶设计行业作为船舶工业产业链的最上游。对一些大中型船厂来说,船厂设计部门只能从事生产设计,而大部分专业船舶设计单位只提供开发设计、合同设计和详细设计。这中间可能存在不同单位沟通、技术配合的问题。在造船过程中,对于技术监理,还需要再找一个监理公司进行监理。很多中小船厂连"生产设计部"也没有,更不要说"工程监理部"。这些中小型船厂如果要造船,往往可能在前期设计、生产设计、技术监理方面多次寻找不同的服务提供商。

1. 上海佳豪的商业模式

价值主张:船舶和海洋设计中从"前期设计→生产设计→技术监理"的完整技术服务链;

目标顾客:中小型船厂或船主为主,兼顾大中型客户;

价值链:通过完整的技术服务链为买方提供便利,为上海佳豪创造价值。

上海佳豪以中小型船厂船主为主,提供从"开发设计"、"合同设计"、"详细设计"到"生产设计"再到"技术监理"的完整技术服务链,这是一个利润很可观的市场。至2008年,主营业务收入复合增长率为79%,净利润复合增长率为102%,占国内市场份额5.24%,2008年公司主营业务收入达11 482万元,净利润达3 783万元。

上海佳豪靠一定的技术积累、圈内的一些人脉资源和对承接项目的精耕细作、全心服务的精神,培养了一批忠实的客户,再加上最关键的先发优势,因此形成了一定的进入门槛、市场规模、技术团队规模和品牌口碑。

"佳豪模式"推出以后,模仿者越来越多,竞争也越来越激烈,对于上海佳豪来说,未来的路该怎么走呢?

这时候,上海佳豪创始人想到了创业板融资,对原来的商业模式进行更新:用资本市场上融到的资金来研发新技术,扩大公司规模从而与国有专业设计单位、大中型船厂和外资设计公司进行中高端客户的竞争,业务范围由以前的以中小船厂船主为主变为大中型客户与中小型客户并重。佳豪在完成了设计服务的垂直一体化后,正在产业的横向一体化上做尝试。

由于公司IPO受到了资本市场热烈追捧,公司计划募集资金1.2亿元,实际募集资金3.22亿元,超募2.02亿元,因此,比较雄厚的资金实力可以为上述业务范围转变打下坚实基础。

2. 上海佳豪的新商业模式

价值主张:船舶和海洋设计完整的技术服务链并开展其他业务方向(如机电设备的销售);

目标顾客:中小型客户和大中型客户并重;

价值链:通过完整的技术服务链为买方提供便利,并开展其他业务,为上海佳豪创造价值,增强公司的综合实力,进一步发展公司规模。

按照上海佳豪的发展轨迹,如果它能有效规避公司发展过程中的风险,公司的未来之路,应值得期待。

【案例4.2】

龙的集团

"龙的"这个品牌进入人们视线的时间并不长,但是在全国各地的家电连锁卖场,"龙的"已经成为国内精品小家电产品中唯一和飞利浦、松下等国际品牌同等定位、同等陈列的产品。

龙的集团前身新东方集团,曾经是美国惠而浦洗衣机、荷兰飞利浦小家电、日本松下小家电、德国好运达小家电、韩国LG洗衣机等国外知名品牌的中国总代理,年销售额近20亿元。

在代理经销产品的过程中,"龙的"掌门人张钜标发现,虽然国外品牌的小家电产品价格远远高于国内产品,但是消费者对其认可度仍然非常高。同样的产品,国际品牌的人性化设计更受消费者欢迎。

而其时,正值中国经济腾飞与居民收入同步增长时期,发轫于20世纪80年代末期的现代思想启蒙运动,也促使城镇居民现代消费意识开始觉醒,对于生活品质的追求,使家居生活精致化、时尚化成为趋势。在此情况下,精品家电需求呈现高速增长态势。

但是,当时的国外品牌,并不能完全洞察中国市场,很多国内市场急需的用品,都是一片空白。最典型的是一个老客户,以前特别喜欢用飞利浦的产品。有一次他来到新东方,想买一款电水壶,但当时飞利浦并不提供此种产品,新东方代理的很多国外知名品牌都没有。

当时,很多消费者提议新东方自己也制造一些产品。至此,张钜标已隐约看到一个庞大的新市场。张钜标考虑转型:顺应消费者的需求,建立自己的制造系统。

1999年,"龙的"自创品牌,而其选择的产品,既是飞利浦等国外知名品牌的市场盲点,也为国内消费者所普遍需求,其核心产品主要在电水壶、吸尘器、榨汁机等领域。

凭借国外知名品牌国内总代理的先天优势,"龙的"在长达14年的代理过程中,建立起了完善的销售渠道和网络,同时与各终端卖场维系了良好的关系。在"龙的"品牌创立之后,这些渠道资源发挥了巨大作用。而且,原代理商的角色使"龙的"更加熟悉代理商的心态和运作,也更能够站在代理商的角度考虑问题,所以得到了许多代理商的支持。

但是仅仅有代理商支持还是不够的,"龙的"深知消费者对产品的认可是企业生存的根基,而赢得消费者支持的前提就是洞察他们的内心需求。

在掌握了生产设计技术的基础上,"龙的"少量生产样品投入到终端,从消费者那里收取市场对产品的反馈,然后从中选取一两个重点,经过改良后批量生产投入渠道。

顾客、经销商、销售员的每一个环节都是企业需要重视的终端,因为他们对产品的意见会直接体现在销路上。为此,"龙的"建立了自己的信息反馈系统,通过网络可以将各个方面的产品意见快速反映到生产设计环节。

2006年,"龙的"一位营业员逗弄一位顾客带的小孩时,听说他喜欢青蛙,引发了这位营业员的联想,"吸尘器是清洁环境的,青蛙是清理害虫的,二者都清除有害的东西,而青蛙的外形更卡通更可爱,深受小朋友的欢迎,为什么不能将吸尘器的产品外观设计成青蛙呢?"

这样的意见反馈到了企业的生产部门,企业小量试制了一批卡通青蛙外观的吸尘器投放市场,没想到大受市场欢迎,成为当年吸尘器产品中最耀眼的明星。

市场的需求和变化,也推动着"龙的"渠道结构的变革。"龙的"通过各种方式加快国内市场的资源投入和建设,加强对代理商的指导,千方百计加强终端控制,使"龙的"在消费者心目中树起了终端大品牌的形象。目前,"龙的"在全国已建成20多个省级营销中心、打造了5个销售额在3 000万元以上的省级根据地、几千个终端卖场,组成了较为独立、完备的销售体系。

"龙的"在变化的市场中,衍生出新的发展路径,在掌控终端的同时,具备向产业链上端不断渗透的能力。

为了构造好精品家电产品线,"龙的"在新品开发中,既充分表现了"时尚、科技、精美、人性"的本质,又极大地满足了精品家电消费对象的需求。在外观设计上,"龙的"精品家电大方、流畅的线条,前卫又不失实用的造型,晶莹别透或纯度浓烈的颜色搭配,给人一种非常强烈的视觉享受,无论是电水壶还是吸尘器等,都显得更为时尚化、潮流化。哪怕定位于中低档产品,都会充分尊重消费者的心理感受,在造型、颜色、设计上赋予其独特魅力,让顾客的购买不是因为它便宜,而是它确能满足真正的需求。

庞大的市场需求,催生了庞大的制造能力。2005年,"龙的"投资5亿元在中山市小榄镇建立了中国最大的精品家电制造基地,电热水壶年生产力近2 000万台,电磁炉年生产能力近1 000万台,榨汁机、煮蛋器等其他精品家电年生产能力近6 000万台,实现了规模最大化和生产集中化。

在技术领域,"龙的"要求严格,目前,已获得了100多项行业技术专利。如"龙的"电水壶在短短几年中,仅外观专利就高达几十项;龙的集团问世的全球首台"杀菌"吸尘器,代表了世界吸尘器技术的顶尖水平。另外,龙的产品测试中心是国际知名认证机构ITS认可的现场实验室,一流的检测设备和测试工程师,保证了产品质量的安全、稳定、可靠,也取得了GS、CE、EMC、ETL、CB、3C等国际认证。

目前,"龙的"已是国内精品家电领袖品牌,据市场统计数据显示,"龙的"电水壶连续3年市场销量第一,电熨斗、榨汁机、电吹风等诸多产品也均进入了行业前三名。在精品小家电领域,"龙的"赫然已成为与国外品牌相抗衡的标志性企业。

(资料来源:王孟龙,罗建法.龙的集团:逆向打通价值链.博锐管理在线,2007-10-17.)

4.3 控制价值链:品牌与特许经营

商业模式应兼顾产业链上下游的盈利模式,只有产业链的上下游全部都盈利,才是一个产业成功的保证。成功的商业模式一个重要的特点,是不但要考虑自己盈利,还要考虑上下游的盈利。如果上下游企业都不能盈利,即使企业目前能够盈利,其盈利的时间也不会很长。

从18世纪现代工业企业诞生开始,企业都很注重加强对本身经营的各个环节的控制,控制方式主要依靠资本、生产资料的所有权与主导权,千方百计集成与自己产品相关的上下游生产要素。20世纪20年代,美国福特汽车公司将这种模式发挥到极致,不仅自己进行技术研发、生产、组装汽车,独立培训本公司的员工,而且还要自己生产钢铁、轮胎,甚至拥有自己的橡胶园、自己管理运营的铁路来运输生产的汽车。

这样的商业模式早就应该退出历史舞台,但是试图控制整条价值链,还是很多企业所向往的。一个伟大的商业企业在整条流通产业链上应居于主导地位,而不是被动的产业链分工的接受者。拥有较强的资源整合能力,在价值链上必然是强势和有发言权的。

现代企业控制价值的方式是应用新的规则。新商业模式就是新规则。从某种意义上说,商业模式创新就是在创造新规则,利用新的规则取得价值链上的控制地位。

1. 品牌

当今的企业经营已进入了品牌时代。越来越多的消费者倾向于购买有品牌的产品,品牌意识日益增强。在产品日益同质化的今天,产品的物理属性已相差无几,唯有品牌能给人以心理安慰与精神寄托,能够展现消费者的个性和身份。比如,同样是牛仔裤,穿万宝路牛仔裤表示有男子汉气概,而穿李维斯牛仔则表示自由、反叛、有个性。

品牌的功能在于减少消费者选择产品时所需要的分析商品的心力,选择知名品牌无疑是一种省时、可靠而又不冒险的决定。在物质生活日益丰富的今天,同类产品多达数十种或上百甚至上千种,消费者不可能逐一去了解,只有凭借过去的经验或别人的经验选择合适的品牌。

商业世界充斥着信任危机感。对于陌生的事物,消费者不会轻易去冒险,品牌会使人产生信任与安全感,使消费者购买商品的风险降到最低。对企业来说,最重要的不是"你怎么样",而是"消费者认为你怎么样"。为了吸引与留住顾客的心,企业应不放松对品牌的建设。

品牌有既定的游戏规则,任何品牌都会自觉遵守这些规则。对于竞争者,品牌是一种制约。在某些领域,市场形势已经尘埃落定,强势品牌业已形成,后来者的市场机会不多。而在没有形成强势品牌的领域,竞争者将面临大好的市场机会,受到的制约相对较少,如果选择了正确的细分市场,以自己的品牌进入,优势将显而易见。产品可以很快被竞争对手模仿、超越,而品牌却难以逾越,所以真正持久的竞争优势往往来自于强势品牌。可以说,谁树立了品牌,谁就掌握了未来市场竞争的主动权。在市场竞争中,无品牌或弱势品牌的企业将成为强势品牌企业的贴牌加工厂。只有拥有自己的品牌,才有竞争的基础和获胜的可能性。

2. 特许经营

品牌是一种无形资产。凭此无形资产,企业可与希望在经营中使用这种标记的个人或团体之间建立一种特许的经营关系。特许经营权是特许人给予其他个人或企业(称为受许可人)在特定区域和时期以事先约定的方式进行同业经营活动的权利。所谓特许人是指一个对于特有产品、设备、贸易专利或服务标志的经营系统拥有所有权的个人或企业。权利的转让许可通过特许经营合同才能实现。

特许经营权往往与企业的商标、商号、产品、专利和专有技术、经营模式等紧密相连。特许经营权是由特许者向被特许者提供专长、经验和经营之道,特许者要为受许者提供全方位的服务,包括选址、培训、提供产品、营销计划和帮助融资,传授经营理念,特别是经营模式。

特许经营权是传播和扩大企业商号、品牌的一条有效途径。特许经营权可以使企业的商号和品牌实现高速度的传播和推广,因为特许经营具有复印的作用,即一项投资(模范店、模范产品、品牌等)可以被反复地利用。利用一次就扩大一次规模,同时获得更多的利润,这样企业在不投入或少投入的情况下开拓了自己的空间、推广了自己的品牌。

特许经营权不仅有利于创立驰名品牌,而且还可以大大提高知名商标、商号、品牌等的无形价值。特许经营也被称为虚拟式经营。可口可乐公司通过特许经营的方式在全世界授权1 200多家工厂生产可口可乐系列饮料。全世界可口可乐的日均消费量达到了3亿多瓶,可口可乐的品牌价值达到了224亿美元,比起1891年可口可乐实行特许经营之前,其品牌价值增长了1 000倍。

【案例4.3】

美特斯邦威(复旦大学MBA 宿慧彦、戴明辉等)

创立于1995年的美特斯邦威集团公司以50万元起家,2008年实现营业收入44.73亿元,利润总额8.41亿元,创下了每2秒销售1件衣服的惊人神话,它用13年时间,成为我国最大的休闲服装品牌之一。

美特斯邦威依靠独特创新的商业模式——虚拟式经营模式,获得了快速的发展。

传统的服装企业经营模式,是把核心放在制造或加工环节,为全球各个地方提供众多物美价廉的产品。传统服装企业从产品的诞生到最终实现消费需要经历以下的6个阶段:市场需要识别—设计开发—生产—营销—渠道—消费者。如果沿用传统的经营方式,将有限的资金用于建立工厂或自己建立终端销售渠道,既无法实现大规模生产和销售,又影响了其他工作的顺利进行,品牌的创建更无从谈起。

美特斯邦威创建之初,缺乏资金、技术,更没有什么官方背景和垄断资源。但美特斯邦威从制造业延伸到零售连锁品牌,以自主设计和品牌经营为突破口,将生产外包,逐渐形成了独特的商业模式。

美特斯邦威不建立自己的生产线主要有两个原因:①不值得。服装业是一个典型的"微笑曲线","开始的设计"和"后面的销售"(或者说品牌管理)附加值比较高,而"中间的生产"附加值最低。根据分析,纺织产品利润的80%体现在品牌和流通环节,单纯的加工只能获利20%。美特斯邦威的商业模式创新核心就是把精力放在产业内利润较高的环节,增强对产业链的控制力。②没必要。服装业在珠三角、长三角区域已是一个产能过剩的行业,已存在很多优秀的生产厂家,利用它们产能的规模优势,互惠互利,何乐而不为。

尽管"生产外包"可以将资产变得更轻,也减少了生产计划的自由度,但由于质量难以控制,给销售环节也带来了一些摩擦的可能。于是美特斯邦威采用了外包式销售模式,将销售的风险转嫁给加盟商。美特斯邦威将生产等非核心业务通过定牌的方式外包给具有一定实力的加工厂,并掌握生产加工的主动权。公司先后将加工环节交由广东、上海、江苏等地的制造厂家,并和它们建立了长期的战略合作伙伴关系。这不仅为企业节约了生产基建投资和设备购置费用,而且充分发挥了其他加盟厂家的生产能力。同时,对原料供应和生产工厂进行严格的筛选,并在生产过程中进行随时跟踪控制,以确保产品的高品质。

为使生产更具可预测性,美特斯邦威对加盟店和销售子公司的"订货模式"根据服装类型的不同而有所区分。对于每年4个销售季节中相对固定的货品,采取"订货会模式",即在产品推出半年前召开的"订货会"上,向总部订货。总部提前10个月进行商品企划,提前8个月进行产品设计。对于市场对新款服饰的需求,美特斯邦威则采取"现货模式",即加盟店和子公司通过"网上信息管理系统"订货。总部提前2个月进行商品企划,提前1.5~2个月开始产品设计。美特斯邦威通过"远期订货",锁定了大部分"生产计划",对没有工厂的美特斯邦威来说,战略意义重大;同时存在的"现货模式",反应机制灵活,则弥补了"订货会模式"死板、反应迟钝的缺点。通过这一模式降低了经营风险,在公司资金实力有限的情况下,实现了轻资产模式下销售渠道的快速扩张。

在物流运输方面,美特斯邦威也采用虚拟外包方式。生产环节的面辅料和成衣从工厂到交货点的物流,由供应商负责;销售环节成衣自交货点到加盟店的配送,由加盟商负责;如果这两个环节选择由美特斯邦威负责,则委托给第三方物流企业负责。公司成衣货品的仓储由自建的配送中心(上海、温州和沈阳)和全国20个销售子公司仓库负责。

美特斯邦威的虚拟经营可归纳为"三虚三实"。所谓"三虚",就是虚拟生产、第三方物流、特许连锁经营。所谓"三实",就是实在的品牌经营、实在的产品设计、实在的供应链管理。

美特斯邦威的负责人周成建认为,服装在技术上没有什么核心竞争力,核心竞争力就是品牌。服装的最大附加值就是品牌,做好品牌经营和服装设计,才能使美特斯邦威成为在虚拟链条中处于核心地位的管理型企业。美特斯邦威的战略就是抓住服装业的核心竞争力,即品牌,然后通过品牌控制上下游。创立品牌,并通过品牌控制上下游,这就是商业模式的最高境界。

美特斯邦威的核心是国际化的设计。目前公司拥有一支130多人的自主研发团队,由法国资深设计师带领,负责美特斯邦威的所有设计工作。设计团队分两组,分别负责"都市"系列和"校园"系列服饰产品的设计,各组中又区分男装和女装设计小组。公司与法国、意大利、我国香港等地的知名设计师开展长期合作,并每年组织核心技术人员赴法国、日本和韩国等国际市场进行实地考察,以求更迅速地对国际时尚潮流做出反应。公司设计中心现具备每年3 000多款各类休闲服饰产品的设计能力,2007年,设计中心共按春、夏1、夏2、秋、冬1、冬2 6个产品季节设计各类休闲服饰2 541款,最终上市1 744款。

虚拟经营这种模式,要求美特斯邦威具备掌控整个产业链的能力,美特斯邦威必须成为整个产业链的链主,并须保证企业始终要处于产业链的中枢位置。因此,要实现这样的产业链控制的目标,美特斯邦威的商业模式变革核心是把精力放在产业内利润较高的环节,集中资源打造品牌核心竞争力,将自身经营重点全部集中于品牌建设、产品设计、渠道和供应链管理等方面。在这几个方面打造企业核心竞争力,由此实现对产业链上下游的掌控。

美特斯邦威的上游对应着310家成衣厂和近200家面辅料供应商,而下游有284家直营店和1 927家加盟店,就像一张复杂的大网。每件休闲服都有生命周期,一般不到20天。因此,加快服装流转率,让每件衣服在黄金生命期中售出,就成为增加企业赢利的关键点。如何协调信息流、物流和资金流,提高整张大网的响应能力,美特斯邦威的对策是借助现代管理工具。

美特斯邦威开发了供应链资源整合系统（MBSRP），用一条电子信息链，将各个环节、各项任务串联在一起。在产品设计周期，设计师可以调用门店销售数据，发现热门潮流；遇到奥运会等重大事件，公司策划发布新款服饰，门店可以通过供应链资源整合系统直接订货；在生产环节，可以直接掌控供应商的生产计划和进度；在公司发货前，MBSRP 系统必须确认加盟商已经全额支付货款……有了这条看不见的信息链，各方、各个环节就能有效地分工合作。据测算，美特斯邦威货品流转率缩短到 70 天，而同行的平均水平为 180 天。

4.4　控制价值链：技术标准许可

"三流企业卖苦力，二流企业卖产品，一流企业卖技术，超一流企业卖标准。"这句流行语十分贴切地描绘了当今企业的众生相。拥有专利及标准两大利器，在全球市场份额的争夺中才能拥有绝对的优势。

国际上有实力的大公司不但是国际标准的制定者，而且是把标准与申请的专利相结合，使得他人在用这个标准的同时，就不得不用其专利。美国高通公司的成功就证明了这一点。高通公司作为世界上成长最快的 CDMA 技术产业的先驱和主导厂商，在 CDMA 移动通信领域拥有国际标准，和所有 CDMA 无线通信标准相关的关键专利权达 1 400 多项。对于高通公司来说，产品的收益已退居其次，而专利收益使这家公司支配着 CDMA 领域的市场。它的 CDMA 标准被我国联通公司所采用，至今该公司已和我国 11 家电信设备制造商签署了商用 CDMA 用户端设备和基站设施许可协议，获得高通专利技术许可的中国电信设备制造商数量达到 17 家。专利与标准的比较详见表 4.1。

表 4.1　专利与标准的比较

	专　利	标　准
复杂程度	相对比较简单	相对非常复杂
产业层次	影响产品	影响产业
交易规则	通过商业秘密和合同法，以及知识产权保护	通过与标准结合，公共利益与私人利益纠合在一起，知识产权和各种协议保护
传播保护	技术可以学习和模仿	标准和知识产权受到法律的硬保护
竞争目的	通过技术实现产品竞争	通过标准控制产业的发展，直接出售知识产权
取代程度	技术容易寻找到替代	标准往往难以被挑战，一旦进入就被锁定
影响对象	企业的技术	国家创新体系

制定标准就如制定游戏规则。一旦标准得到一定的普及，标准的制定、推广就会形成一定形式的垄断，尤其是在市场准入方面，会排斥不符合此标准的产品，只将符合自己标准的产品奉为正宗，从而达到排斥异己和打击对手的目的。产业影响力就是掌握游戏规则程度的最直接的体现。将自己的知识产权包装到标准中，是企业标准战略的核心。标准制定者除了可以维护自身利益之外，还可以扩散技术的影响力，取得技术主导权与产业

链的支配权,最终实现利益最大化。例如,数字电视标准方面,欧洲制定了 DVB 标准,并推广到澳大利亚、新加坡、印度等国;美国则制定了 ATSC 标准,并推广到加拿大、韩国、阿根廷等国。韩国的数字电视采用美国的 ATSC 标准,按该标准提供的方案设计电视机接收机集成电路芯片,即使设计和生产的工作由自己完成,每套也要向美国缴纳 30~40 美元的专利技术费,因为标准中的技术方案是专利技术。如果我国也采用外国的数字电视技术标准,按中国市场 3 亿台数字电视计算,我国要缴纳 1 000 亿元的技术转让费。

通用的国际标准"技术"并不意味着顶尖技术,只不过是能成为标准规则和平台的技术。一种"技术"一旦变成某种标准,无论是法定标准或事实标准,都是企业左右市场游戏规则的力量。微软公司的窗口操作系统,存在许多的安全问题。其称霸的原因,主要是微软通过与英特尔的合作,控制了整个产业链,而不是凭其技术的优越性。

在现代科技产业中,标准的统一已成为一种趋势,即使多种标准存在于同一市场上,但往往通过标准组织的斡旋与协调,进行技术调整与兼容,促成标准统一。在原技术基础上存在着两种或两种以上的标准应用的情况下,市场上可能有几种标准并存。标准的纷争与统一涉及多种因素,但标准背后的利益分配是一个关键因素。标准的利润组成可分为制度利润与市场营销利润。前者为通过标准所带来的垄断权及市场的排他权,进行全球标准许可与授权;后者为标准制定者应推广标准的需求,进行产品的市场营销。

随着科技产品构造日益复杂、专利技术众多,标准化战略应运而生,传统的微笑曲线已难以解释现代科技产业的发展趋势。

人们发现,传统意义的微笑曲线只适合科技产品构造简单的企业,关键技术往往由一家企业或少数企业所掌握,因此掌握技术就相当于掌握标准的情况。

而传统微笑曲线与广义微笑曲线的区别如图 4.2 所示。

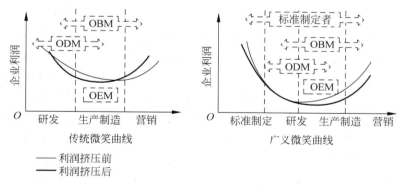

图 4.2　传统微笑曲线与广义微笑曲线比较表

现代科技产业链可分为四段,即标准制定、设计、生产制造以及销售四部分。因此广义上的微笑曲线与传统定义上的差别,在于标准制定将被视为产业链的一个部分,其所产生的利润为一个倾斜的微笑。换言之,产业利润将集中在标准制定部分,设计与销售的利润居次,制造处在末位,而且情况更糟。

我国温州有 500 多家生产打火机的企业,近几年占据了世界市场 70% 的份额。但欧盟成员国以产品的技术、安全等标准为由,提出了 2 欧元以下的打火机必须加装安全锁的规定。而打火机安全锁技术专利早已被国外抢先一步占领,如此一来,温州打火机业就不得不花大价钱购买他人专利,其产品也必然因成本的大幅提高而失去竞争优势,同时面临着退出欧洲市场的危险。

如果市场细分、竞争加剧,整个产业都受到利润挤压,在传统微笑曲线上各个环节都会受到不同程度的影响;而在广义的微笑曲线中,标准制定的部分却逆流而上,利润大幅增长,其主要原因在于标准的主流设计出现后,大量新兴企业涌入市场,使技术标准许可数量大幅增长,这些新兴企业面对竞争激烈的市场,将会在样式的设计、营销广告、生产技术及成本上大做文章,使市场出现各种细分,产生大量的针对不同消费群体的产品,从而使得OBM、ODM与OEM的利润都受到挤压。

在最具影响力的"DVD事件"中,因专利侵权,我国的DVD整机生产厂商每生产一台DVD就要付"6C联盟"4.5美元的专利许可费,DVD光盘支付每碟7.5美分的技术专利使用费,已赔付30亿元,还将陆续赔付200亿元。索尼、松下等9家DVD厂商曾宣布联合开发出具有专利技术标准的"蓝光"光盘,这意味着又一笔专利标准费用将摊向我国生产企业与消费者。

面对广义微笑曲线,企业要改变自己在价值链中的不利地位会更加困难,单纯地考虑价值链上"空间移动"的策略更难以奏效。企业唯一的出路是利用破坏性创新,抓住时机,实施或参与建立新专利标准的战略。我国TD-SCDMA国际标准的研制也许可以给我们提供一些重要启示。

【案例 4.4】

技术标准制定遵循的三大思维(复旦大学管理学院硕士生　何尚伟)

技术标准化可分成标准制定与标准实施两部分,前者指科技产业在新标准制定的各种战略,目的为标准全球许可化;后者指如何推广标准、应用标准和实施标准许可化战略。

技术标准制定过程遵循着技术专利化—专利标准化—标准许可化的思维。

在企业普遍实施专利战略或知识产权战略的情况下,企业研发的技术会成为一个个的专利。专利是发明创造的首创者所拥有的受保护的独享权益,技术专利不仅使企业的技术权益得到保护,还可以通过许可转让获得利益。技术专利可分为必要专利、普通专利与垃圾专利。最具备价值的以必要专利为首;普通专利居次,垃圾专利位末。通常实行专利壁垒,主要是针对必要专利。普通专利的防护手段以产生几个邻接专利为主,并不会实行专利壁垒。有人认为,垃圾专利会产生一种把一道厚实专利壁垒空隙填满的作用,以防止别人的专利突袭。

如图4.3所示,标准体系是由多项技术所组成的,更贴切的说法为标准体系是由多个必要专利所组成的。

在一些新法定标准的制定中,各国际标准组织都会召开会议确定新标准的技术需求及方向,从而收集各种必要专利,以建立一个全新的标准。标准

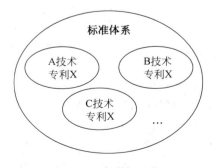

图 4.3　专利标准化

所采集的必要专利都来自不同企业或机构的技术专利。当然各方都会在国际标准组织确定新标准的技术需求及方向的时刻,通过结盟及动用政府资源,以期在标准中反映出自身的技术,体现自身利益的最大化。标准许可化如图4.4所示。

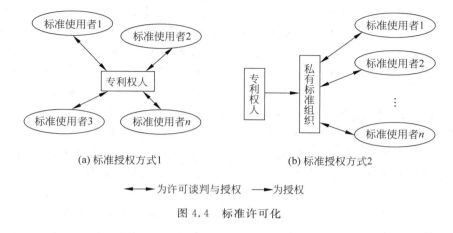

(a) 标准授权方式1　　　　(b) 标准授权方式2

⟷ 为许可谈判与授权　　→ 为授权

图 4.4　标准许可化

一旦国际标准确定,标准许可化就是标准制定者坐享成果的阶段。许可方式主要分为两种:一种是由专利权人与标准使用者直接进行许可谈判;另一种是由私有标准组织与标准使用者进行谈判。前一类,基本上是由国际标准组织,如ISO、ITU等组织所颁布的法定标准。这些标准组织的主要工作在于审理标准的制定及提供相关的专利信息,不管标准的技术许可。而后一类如6C、3C等私有化标准组织,这些组织是由掌握标准的专利权人所成立的,因此这些组织自然地成为专利权人的授权代理,处理一切许可事务。不管哪一种方式,都只是许可与授权的呈现。

一般情况下,进入此阶段,就意味着一切的标准之争都会烟消云散了。如果存在的国际标准体系不止一个,标准的推广将会掀起另一场"战争"。

【案例4.5】

3G 标准 TD-SCDMA

TD-SCDMA 是英文 Time Division-Synchronous Code Division Multiple Access(时分同步码分多址)的简称,我国提出的第三代移动通信标准(简称3G),也是国际电联(ITU)批准的三个3G标准中的一个,与欧洲 WCDMA、美国 CDMA 2000 并列为三大主流 3G 国际标准。

1. TD-SCDMA 标准的提出

提出 TD-SCDMA 标准并推动产业化的主要是大唐电信。大唐电信科技产业集团(以下简称大唐集团),是以电信科学技术研究院为母公司,下设两个上市公司,10个独资、合资、控股公司,8个研究所,1个工程设计院,分别位于北京、西安、上海和成都等地。2002年3月,为了加快 TD-SCDMA 的产业化进程,大唐移动通信设备有限公司(以下简称大唐移动)正式宣告挂牌成立。大唐移动公司的成立,标志着 TD-SCDMA 从系统到终端已全面进入产业化阶段,也表明了大唐移动作为一个企业的开始。

在 TD-SCDMA 的标准中包含了多项大唐集团的核心专利,尤其是构成 TD-SCDMA 基础的智能天线技术、同步 CDMA 技术以及接力切换技术等。TD-SCDMA 是当初 3G 标准提案征集时唯一明确基于智能天线技术设计的 3G 系统,ITU 已经明确智能天线技术是未来移动通信的发展方向。大唐在智能天线领域处于世界领先的地位,其知识产权既包括 TD-SCDMA 的概念性的设计思想,也包括符合这一标准的设计技术和实现方法。大唐已经开始进行 TD-SCDMA 核心技术的授权,并得到市场的认可,即便其他公司也拥有部分 TD-SCDMA 的技术专利,也并不会改变大唐 TD-SCDMA 主导者的核心地位。

在产业化的道路上,TD-SCDMA 稍落后于另外两个标准,但是由于采用了智能天线、软件定义的无线电、接力切换、联合检测等代表国际移动通信技术发展方向的前沿技术,TD-SCDMA 据有更高的频谱利用率,其系统容量大、建网成本低,上下行链路非对称数据传输的特点也代表了未来移动通信领域技术的演进方向;基于技术上的领先和独特的工作原理,TD-SCDMA 系统将极大地保护运营商利益并减少投资成本。

2. 支配与分享

标准得到认可是一回事,让标准真正商用并被市场接受是另一回事。在产业化和产品开发过程中会有各种困难,还有国与国的博弈,产业与产业的竞争,以及巨大的资金支持。

在整个过程中,政府都扮演了重要角色。TD-SCDMA 之所以得到政府的大力支持和国内外众多企业的推动,除了其可见的 24 万亿元的市场规模(专业机构推测:按照 1∶100 的产业链带动比例计算,在价值 1 万亿元的中国 3G 市场容量中,TD-SCDMA 的市场价值将达到 4 000 亿元,而 TD-SCDMA 系统和设备的国产化率将达到 60%)外,TD-SCDMA 还在横向和纵向两个方面,保持着强大的渗透力。横向方面,TD-SCDMA 基于突出的技术和运营优势,它不仅可以独立组网,实现全国覆盖,而且,由于 TDD(时分双工)的模式特点,它还可以在专网、数字集群等业务领域具有广阔的发展前景。纵向方面,由于 3C 技术的融合和"三网合一"趋势的加速,TD-SCDMA 的贡献就绝不限于移动通信产业,其对半导体、精密仪器制造、软件、芯片、原料、系统集成、电子元器件等领域的行业辐射力,将使中国历史上首次有机会以自己的国际标准为依托,以自主知识产权为纽带,打造一个不受制于任何外部力量的 TD-SCDMA 产业链。

为了加快 TD-SCDMA 的产业化进程,早日形成完整的产业链和多厂家供货环境,在政府的促动下,2002 年 10 月 30 日 TD-SCDMA 产业联盟在北京成立。2003 年年底,联盟成员扩大到 14 家;2006 年年初,联盟的企业已经扩展到 26 家,从系统到终端,从核心网到接入网,从芯片到软件,TD-SCDMA 的产业链和产业环境不断成熟与完善。同时,还有大量的国际、国内企业在争抢入围联盟的入场券。以后发展到目前的 48 家企业,覆盖了 TD-SCDMA 产业链从系统、芯片、终端到测试仪表的各个环节。

以 3G 标准的发展来看,主流的国际标准有三种。这三种标准中,无论是 WCDMA 还是 CDMA 2000 甚至 TD-SCDMA,都不存在只有一家企业拥有核心知识产权的情况。如 WCDMA 标准就有超过 100 家企业宣称拥有核心技术专利,并且这个数字还在不断增加。CDMA 2000 增强技术中就包括高通、摩托罗拉、北电网络、三星电子等多家公司,有的是联合提出技术方案。

一个企业不具备强大的研发实力和技术创新实力是很难参与到标准的制订过程中来

的。而要进行技术标准层面的技术研发和创新,企业将付出巨大的人力、物力和财力。现代技术的复杂性和风险性客观上使一家企业很难"包办"一项标准的所有技术,并且一家企业也很难支撑起一项标准的未来演进和发展。此外,由于市场竞争的关系,其他企业也很难接受由一家企业完全垄断像3G这样对于世界经济技术有重大影响的世界标准。

作为技术和资金密集型的通信产业,TD-SCDMA将全面带动中国软件、半导体、仪器仪表、芯片、电子元器件等一系列高附加值产业的群体突破。

TD-SCDMA产业联盟是一个由积极投身于TD-SCDMA事业,从事TD-SCDMA标准及产品的研究、开发、生产、制造、服务的企、事业单位自愿组成的社会团体。联盟宗旨是整合及协调产业资源,提升联盟内移动通信企业的研究开发、生产制造水平,促进TD-SCDMA通信产业的快速健康发展,实现TD-SCDMA在中国及全球通信市场的推广和应用。

TD-SCDMA产业联盟主要围绕TD-SCDMA技术进行标准的推进与完善以及产业的管理和协调,促进企业间资源共享和互惠互利,建议政府制定有利于TD-SCDMA发展的重大产业政策,提升联盟内通信企业的群体竞争力。

TD-SCDMA产业联盟内部贯彻统一的知识产权管理政策,技术信息和市场资讯高度共享,通过密切的沟通,合理的分工,推动TD-SCDMA产业快速健康发展。

3. TD-SCDMA产业链

从整体标准的技术核心看,3G标准主要集中在物理层和核心网,而在这两方面都有来自我国的大量自主创新。

从2003年下半年到2005年,TD-SCDMA在系统、终端、芯片等方面喜讯频传,2005年6月30日,TD-SCDMA产业化专项测试的最后一个测试任务如期完成,国家权威部门正式公布测试结果:"TD-SCDMA完全具备大规模独立组网能力",TD-SCDMA的技术性能和运营价值,经受住了国家权威部门的检验。

TD-SCDMA已经形成了一个由40多家国内外知名电信企业集体参与的3G大产业。从系统到终端,从核心网到接入网,从芯片到软件,TD-SCDMA的产业链和产业环境在不断成熟与完善。在TD-SCDMA系统设备方面,通过大唐与阿尔卡特、华为与西门子、中兴与爱立信、普天与诺基亚的多种合作模式实现了国内外企业在技术、规模生产以及营销服务等领域的优势互补,加速了产业化工作进程,提高了TD-SCDMA技术的商用成熟度。

在TD-SCDMA芯片方面,以天碁、凯明、展讯、ADI、重邮信科等为代表的芯片企业设计出了TD-SCDMA单模,TD-SCDMA/GSM双模多种商用芯片,并推出了各种终端解决方案。在芯片企业的支持下,大唐移动通信设备有限公司、华立集团股份有限公司、联想集团等终端企业已开发出了20多款TD-SCDMA终端。

此外,由于TD-SCDMA技术的高度开放和先进性,我国通信领域迅速在芯片、测试仪表、半导体、精密仪器等配套产业环节不断实现着历史性突破。

我国是全球最大的移动通信市场,也是世界上发展潜力最大的市场,是全球业界巨头的增长希望所在。对于诺基亚、爱立信、朗讯、北电等公司来讲,我国对TD-SCDMA的支持让它们必须重新定位。TD-SCDMA将拥有最多的用户,并成为全球最具应用价值的国际标准。

第 5 章 价值链概念的扩展

5.1 企业价值链与产业价值链

价值链是企业价值主张向目标客户传递的方式与途径,企业价值主张与目标客户的变化,常常要求价值链作出调整。不仅如此,价值链的调整还为企业商业模式创新的实现提供最后的支持与保证。正因为如此,所以价值链是一个不断扩展的概念。

透过价值链概念的扩展,我们可以更深刻地理解当今世界商业模式创新的趋势。

所谓价值链,是指从采购原材料开始,到制成中间产品以及最终产品,最后把产品送到消费者手中的一系列环节,表现为供应商、制造商、分销商和零售商直到最终用户连成一个整体。一个企业的业务,通常包含这个链条中的部分环节,称为企业价值链,而链条的整体称为产业价值链。企业选择哪些环节纳入内部,这就涉及企业的价值主张与目标客户定位。

产业价值链上的价值不是均匀分布的,所以每个企业都希望选择价值最大的环节,但这些环节只能属于那些最擅长、竞争力最强的企业,这被称为价值链上的竞争。但同一价值链上的企业更多的是合作。按照迈克尔·波特的逻辑,一个企业要赢得和维持竞争优势不仅取决于其内部价值链,而且还取决于产业价值链。因为每个企业都希望优化自己的核心业务,要优化核心业务,除了需要协调企业内部价值链的各环节,还要协调与其他企业的各种联系。

商业模式创新,可以表述成企业在产业价值链中的定位。企业价值链的定位除了决定于企业在产业价值链上的优势,还取决于企业在产业价值链变化时对机会的把握。

C. Christensen 认为,价值链重组为企业破坏性创新提供机会。他指出,随着产品功能从还不够完善向超出客户需求转变,利润也就开始从终端产品整合性厂商滑向提供子系统的厂商。作为计算机行业早期整合程度最高的公司,IBM 曾经一统天下,但当其将操作系统和微处理芯片业务外包之后,就陷入了长达 10 年的衰退期。

C. Christensen 等人的分析指出了产业价值链上的价值分布是随着技术生命周期、产品生命周期而发生变化的。这体现了产业价值链变化的时间概念。

Gereffi(2000)的全球价值链(global value chain,GVC)概念,则指出了产业价值链变化的地域概念。他提出,从产品设计、制造与使用,直到报废的全部生命周期中所有的创造价值的活动,原本聚集于某个特定的公司中,现在由于经济全球化与信息技术革命的推动,越来越分散于全球各地的公司中,表明世界制造业生产体系在全球出现了前所未有的垂直分离和重构,这被称为全球价值链分工。全球价值链分工使得不同生产环节由效率最高、成本最低的公司来完成。国际分工的深化,导致了大量的中间产品出现,并加快了经济全球化的进程。企业比较优势越来越体现为全球价值链上某一特定环节上。

在这种情况下,企业在全球价值链上的地位就是一个具有重要意义的问题。目前在全球价值链中起主导作用的企业大都是大型跨国公司,或者是掌握着关键技术和在 R&D 方面领先的企业。总体说来,我国企业在全球价值链的关键环节上不具备优势,如何改变这一局面,这是实施自主创新战略的一大课题。

但是,如果找准自己在全球价值链中的定位,我们不是没有机会。例如,当很多企业在全球价值链中都专注自己的核心业务,那些"非核心"的包括采购外包、销售外包直至整个供应链的外包等,就可成为新商业模式的价值主张与目标客户。比如怡亚通是一个专业化的供应链管理服务公司,它主要从事有关企业非核心业务之外的服务,帮助全球客户与合作伙伴专注其核心业务。怡亚通的价值主张是国际快速反应物流,着重通关、仓储(保税物流和 VMI)、配送,并不断延伸,提供一站式供应链服务。其商业模式融合了物流金融、采购及分销、保税物流和进出口通关等业务,是新型的供应链服务提供商。在和 500 强企业的合作中,怡亚通不断提高其服务水平。

5.2 从实物价值链到虚拟价值链

迈克尔·波特提出价值链的时候,还没有出现信息技术产业化的大发展,他所提出的价值链主要是基于"物流"概念,在他看来信息只是"辅助性"或"支持性"的因素,本身并不创造价值。这一概念遇到的最大挑战,是互联网在商业上的成功。电子商务的迅速发展,不再有人怀疑信息在企业价值创造中的作用了。为此价值链概念需要拓展。

新的价值链概念必须把信息作为价值创造的核心环节,否则就无法解释互联网的应用所引起的商业模式创新,也无法理解许多新的商业模式。

把信息作为价值链的核心环节,这就是虚拟价值链(virtual value chain)的概念,这一概念于 1995 年由 J. F. Rayport 和 J. J. Sviokla 提出。虚拟价值链包含信息收集(gather)、组织(organize)、选择(select)、综合(synthesize)、分配(distribute)等环节。与实物价值链不同,虚拟价值链其实不是"链"式的,它有许多潜在的输入输出点,每一个价值增值环节都可能会构成一种新的产品或服务。一旦企业发现可以利用的"盈利点",就可以提出价值主张,建立新的客户关系,发展新的业务。以信息作为创造价值关键环节的互联网广告网络通信、网络招聘、网络教育、网络旅游、信息内容服务等商业模式层出不穷,原因就在这里。

虚拟价值链揭示了企业竞争的新领域,也揭示了信息经济与网络经济赖以发展的基础。事实上,进入 21 世纪所出现的新商业模式,大部分都是建立在虚拟价值链的基础之上。

一个企业的商业模式可以主要依靠虚拟价值链,也可以同时具有虚拟价值链与实物价值链。这两种价值链传递价值的方式不同,传递的价值也不同(但可能相关)。管理好这两种价值链是现代企业商业模式的基本特征。

实物价值链与虚拟价值链的结合成为现代企业基本的商业模式。借助于虚拟价值链,有助于企业更有效地关注客户需求的信息以及对客户需求更快地作出反应,然后通过实物价值链加以实现。对于两种价值链的结合方式,企业通常采用两种形式:一种形式以实物价值链为主,辅以企业网站发展虚拟价值链;另一种形式是以虚拟价值链为主,其典型的模式是基于网站，配合物流与配送。一般来说，新办企业注重后一种方式，而传统的企业采用前一种方式。

实物价值链与虚拟价值链的结合形成价值矩阵(value matrix)，如图 5.1 所示，表现为在实体价值链中的每一个活动中，信息的收集、组织、选择、综合、分配等再制过程都会再创造新的价值。这意味着企业可以不断产生新的"盈利点"。我们在这里使用"盈利点"这一说法是因为企业可在这一点选择"收费"或"免费"。如果企业在新的"盈利点"上选择免费，则可增加企业的竞争力，最终也为企业创造价值。

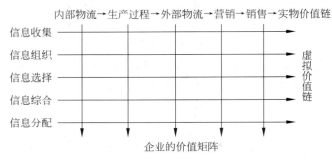

图 5.1　实物价值链与虚拟价值链

施安平博士认为，在两个价值链中，虚拟价值链的地位与作用主要表现为如下三个层面(如图 5.2 所示)。

- 第一层面：管理人员主要通过信息更有效地"看"物质世界的运作能力和运作效果，在这个阶段，企业采用各种信息技术系统收集企业各个价值链环节的信息，管理者以此信息来协调他们在物质价值链中的活动，以及为虚拟价值链打下基础的过程中的活动，更准确迅速地制订计划、实施计划和评估结果。
- 第二层面：企业在市场空间的活动可以创造出和市场场所的活动一样的价值，企业出现平行的两条价值链，既分开又相互联系地管理这两条价值链。
- 第三个层面：利用信息为顾客开发新的价值或服务，用新的方式和途径向顾客提供价值服务，建立"新的顾客关系"。

图 5.2　虚拟价值链的作用示意图

【案例 5.1】

Ava 公司的轻资产运营梦想（复旦大学 MBA　宋红坤）

（一）Ava 公司概述

Ava 通用控制技术有限公司（以下简称 Ava 公司）的前身为长三角地区的 Ava 数字

技术有限公司,主要从事工业自动控制系统的设计、生产、安装、总成和调试,2002年9月,为了增强企业经营的专注性,提高企业决策能力及可操作性,由Ava数字技术有限公司工控事业部独立注册成立。注册资金为150万元,私募一期3000万元。

　　Ava公司的定位是变频器、工业控制设备及系统的无线网络远程监控服务提供商,其自主知识产权的GPRS智能无线网关技术及相关设备,具有系统兼容性好、抗干扰性强、体积小巧便携,可实现对设备运行状态的远程监控及实时维护。

　　Ava公司的管理团队平均年龄为35岁,拥有15年行业经验,以及独立运营公司10年、省级代理的经验,并与当地高校拥有良好的合作关系,其专利技术GPRS智能无线网关即是依托当地高校获得。

（二）Ava公司的变频器综合解决方案运营项目

1. 变频器:现代工业维生素

　　变频器于20世纪60年代问世,到20世纪80年代在主要工业化国家已经得到广泛使用。变频器广泛用于交流电机的调速中。变频调速技术是现代电力传动技术重要发展的方向,随着电力电子技术的发展,交流变频技术从理论到实际逐渐走向成熟。变频器不仅调速平滑、范围大、效率高、启动电流小、运行平稳,而且节能效果明显。因此,交流变频调速已逐渐取代了过去的传统滑差调速、变极调速、直流调速等调速系统,越来越广泛地应用于冶金、纺织、印染、烟机生产线及楼宇、供水等领域。变频器的应用领域如图5.3所示。

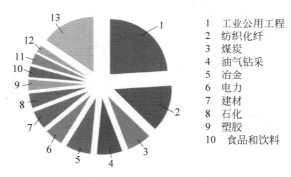

图5.3　变频器的应用领域

　　建设节约型社会是我国今后发展的一项重要内容。有效地利用能源、节约能源是建设节约型社会的具体体现。而电动机是公认的耗电大户,占整个国民经济用电量的6成以上,对它进行节能改造,潜力巨大。交流电机变频调速是当今节约电能,改善生产工艺流程,提高产品质量,以及改善运行环境的一种主要手段。

　　来自《中国电子机械网》的数据显示,2008—2012年间,变频器市场年销量在150万～500万台之间,详见表5.1。如果按照这样的增长率,到2017年,我国的变频器市场总量将达到1 482.39亿元,变频器的年销量将保持在2 100万台以上。

　　AVA管理团队认为,大力推广变频调速技术有助于建设节约型社会,因此可将交流电机节能改造和维护作为公司的业务重点,可从迅速增长的市场中获得巨大商业机会。

商业模式创新

表 5.1 2004—2012 年变频器销量统计表

项 目	年 份								
	2004	2005	2006	2007	2008	2009	2010	2011	2012
销售额/亿元	66.3	84.20	106.94	135.81	172.48	219.04	278.19	353.30	448.69
年增长率/%	27	27	27	27	27	27	27	27	27
平均单台售价/万元	1.37	1.30	1.24	1.17	1.12	1.06	1.01	0.96	0.91
价格浮动/%	5	5	5	5	5	5	5	5	5
销量/万台	48.40	64.70	86.50	115.63	154.58	206.66	276.27	369.32	493.73

2. 变频器的维护难题

变频调速系统以其优越于直流传动的特点，在很多场合中都被作为首选的传动方案，现代变频调速基本都采用 16 位或 32 位单片机作为控制核心，从而实现全数字化控制，调速性能与直流调速基本相近，但使用变频器时，其维护工作要比直流复杂，一旦发生故障，企业的普通电气人员就很难处理，只能依靠变频器厂家及代理商的专业维修人员，方能实现故障排除。变频器的维护难题如图 5.4 所示。

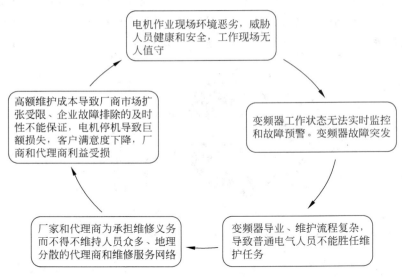

图 5.4 变频器的维护难题

对于变频器的常见故障，如果工作人员能在现场对一些常见故障情况作出判断和处理，就能大大提高工作效率，避免一些不必要的损失。而这对大部分变频器使用客户（企业、厂家、个人）来说，无论是在技术人员配置还是在维护资金支出方面，都将花费大量的时间和金钱。这也正是目前困扰变频器厂商、变频器代理商和变频器使用者亟待解决的实际问题。

3. Ava 的 GPRS 网关解决方案

Ava 公司依托现有的变频器专业服务经验和 GPRS 智能无线网关产品，自行设计开发变频器运行保障信息系统。依靠"GTW GPRS 无线智能网关"来实现数据的传送，并主要依托此技术实体优势做到理想的技术服务。

"GTW GPRS 无线智能网关"采用了先进的通信技术,在行业内处于绝对领先地位。

GTW GPRS 产品最突出的特点是"即插即用"。"即插即用"技术是微软公司的 Windows 操作系统对硬件具备良好的支持而产生的术语。GTW GPRS 产品采用低层透明协议,兼容目前市场存在的所有协议方式,并且解决了数据堆栈等待、数据纠错、双向寻址等技术难点。

传统 GPRS 技术需要用户配置一台接入公网或者移动专网的服务器,(如图 5.5 所示)在使用较多 GPRS 模块或者项目较大的情况下,这些投资可能并不算太大(一条专线接入公网每年的运行费用在 10 000~15 000 元)。但是对于小规模应用,如几个点的应用这个投资就相对非常大,这样大大限制了 GPRS 远程检测技术在这些领域的应用,不能满足工业设备的需求。

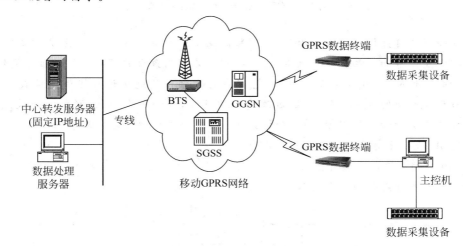

图 5.5　传统的 GPRS 系统网络组成

而该项目推广的 GTW GPRS 系统真正做到了"即插即用",不用连接复杂的网络设备和进行复杂的设置和调试,上电即可以运行,使用非常简单。工业设备中的智能(带通信功能)产品的数据可即时通过移动网络,进入因特网,即使远在千里之外的用户也能实现其信息的实时收取,如图 5.6 所示。

GTW GPRS 无线智能网关技术和以此为依托构建的变频器综合解决方案平台,较好地解决了变频器的远程监控和维护。降低了企业用户的维护难度,同时也降低了厂家服务网络的运营成本,为产业链增加了价值并蕴藏了产业链重组的能量。

(三) Ava 公司的轻资产运营模式

1. Ava 公司的产业梦想

Ava 雄心勃勃的管理团队并不满足于作为一个技术的提供者,在与外部战略投资者的沟通中,Ava 公司重新选择了自身的市场定位,并制订新的商业计划,为初具雏形的变频器解决方案平台作了细致的战略匹配,从而将传统的技术拥有者重新定值为基于 ICT [信息与通信技术(Information and Communications Technology,ICT)]新型互联网服务企业。

第 5 章　价值链概念的扩展

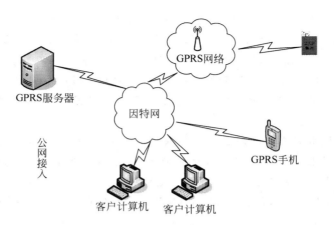

图 5.6　GTW GPRS 系统网络组成

Ava 公司将自身的使命定义为"保障变频器及工业设备的可靠运行,服务于高技术含量的工控智能设备和产品",规划未来 3~5 年内成为国内最大的变频器维护服务提供商,依靠最新的通信网络,建立专家数据库,为客户的变频器及电机设备提供遥控式全程保障。并希望在未来的 5~10 年内,通过改变维护范式,整合维修网点,形成规模效应;利用网络成本优势带动分销规模,整合分销渠道;最终通过自身对客户需求的深刻理解,实现产品定制,从而反向整合变频器生产厂商。

2. Ava 公司轻资产运营模式

Ava 的业务模式如图 5.7 所示。

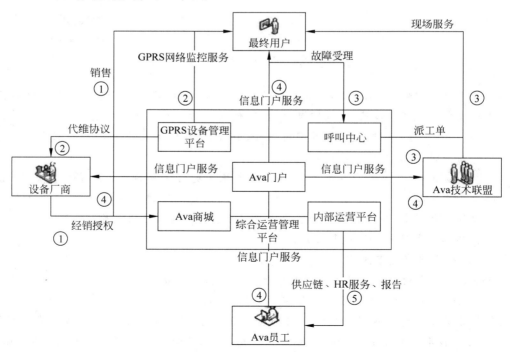

图 5.7　Ava 公司的业务模式

（1）Ava与变频器设备厂商签订捆绑销售协议，在厂商的设备上预置GPRS网关，并获得经销和代维受权；

（2）Ava通过线下和在线网络（Ava商城）向企业客户（最终用户）销售变频器设备，并提供GPRS网络监控服务；

（3）Ava招募各地变频器维修人员，通过呼叫中心，组成虚拟的Ava技术服务联盟，接受企业客户的故障处理申请，并安排人员现场维修；

（4）Ava建立一个集中信息管理门户（Ava门户）为厂商、最终用户和Ava技术联盟提供信息门户服务，实现端到端的电子商务支持；

（5）Ava员工通过内部运营平台（ERP）与信息门户集成，监控和管理相关业务流程，并与各方结算。

基于以上业务模式，Ava公司的盈利模式有以下几大类：

1）(1+1+1)服务

售后及技术服务：通过远程参数查询和修改的服务平台进行收费，此服务项目主要针对变频器厂商及承担变频器售后服务的厂商、代理商和用户；

用户监控服务：通过远程监控平台以及手机短信查询的平台进行收费，此项服务的主要对象针对GPRS变频器用户；

增值服务：通过网站供求信息平台、人才需求信息平台（主要提供技术资料、行业资讯、器件、项目及上门服务）进行收费，此项目服务的主要对象针对GPRS用户、厂商、代理商、OEM厂商和其他网站注册会员。

2）网站广告

项目成立后，将主要提供以下广告业务：GPRS监控界面上发布广告，工控网址页面发布黄金格子广告，各大页面的动静态图和文字广告，人物和企业的专访广告发布，短信群发广告。

3）电子商务收入

建立全国大型的变频器网上销售和快捷的服务体系，进行工控产品的整机和备品备件及GPRS网关的销售，获取商业利润。

基于既定的商业计划，在3 000万～6 000万元的投入下，未来3年内Ava公司将获得2亿～10亿元的营收回报。

（四）Ava公司技术和商业模式创新特点

Ava团队依托自身对行业的深入理解，并运用新技术创造性地解决了行业难题，为客户和上游厂商提供了增值服务，重新构造了商业生态圈。如有合理的资金计划和良好战略执行能力，成功是可以预期的。归纳起来，Ava公司在技术和商业模式上都做了重要的创新。

1. GPRS无线网关及设备管理平台

这一专利技术是Ava后续一切创新的基础，通过对无线通信网络和信息系统的结合运用，Ava公司利用ICT成功地实现了高效率、低成本的设备状态实时传回中央信息系统，并利用固化的专家信息库，提供设备运营状态检验服务，并将设备异常情况通过GPRS网络发布预警信息和运营报告至用户和厂商，完美地解决了变频器设备的维护难题。

GPRS无线网关及设备管理平台如图5.8所示。

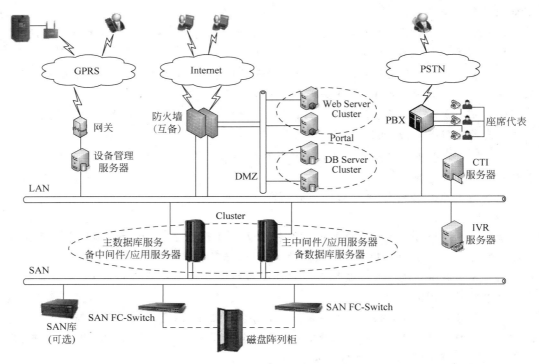

图5.8 GPRS无线网关及设备管理平台

2. 基于CTI的工控技术联盟

为解决现场故障受理的问题,Ava公司需要拥有一支分布广泛的专业维护队伍,为客户提供专业、及时、低成本的设备维修服务。为达到这一目标,Ava公司并没有选择传统的并购模式,在造就自身规模的同时也为自己树立了一批坚定的反对者,而是化竞争为合作,选择与各地的服务网络进行合作,构建一个全国性的虚拟服务网络。

基于CTI技术的呼叫中心则为统一调度、即席受理提供了可能,从而为Ava公司商业策略执行提供了坚实的技术保障。

3. 集成社区与商务的电子商务平台

为高效响应和协同百万级的企业客户和工控联盟队伍,Ava公司设计了行业信息门户网站服务,采用会员制管理,允许厂商、最终用户、工控技术联盟同一平台网站上与Ava交互。最终用户可以通过手机、PC访问本单位运行的设置状况、在线订购Ava服务包并进行在线支付;而设备厂商则可以访问平台网站获得各类故障的统计分析报告和零部件需求预测数据,从而提前安排生产或改进设计,而工控联盟则可能通过BBS、Blog、Vitkey等WEB 2.0社区应用进行同行交流,并与Ava协同;Ava的员工则通过与商务平台集成的ERP系统与外部利益相关者交互,为各类客户提供真正端到端的全程电子商务服务。

集成社区与商务的电子商务平台如图5.9所示。

Ava公司由技术创新开始,通过多种创新技术的综合运用,Ava完成了商业模式的重新构建,并在商业模式塑造的过程中,合理地安排了各利益相关方的利益,形成了一个闭

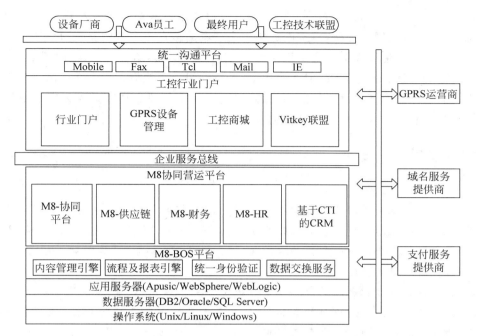

图 5.9 集成社区与商务的电子商务平台

环的商业生态链条。如能在战略投资者的协助下,审时度势,有效执行,轻资产运营的商业梦想将不仅仅是个梦想。

5.3 逆向价值链

  企业价值链是企业从生产到客户的一系列链式环节,客户价值链不仅仅是企业价值链的反演,因为客户价值链不是线性的。从客户的需求出发,可以选择不同企业的产品;当企业生产的时候,也可以选择不同的供应商。对企业价值链来说,客户的需求与购买是企业价值链的终点。但企业要想让目标客户购买自己的产品,就需要把客户的需求看作起点。把客户需求作为起点的商业模式称为逆向价值链商业模式。逆向价值链商业模式从审视目标客户开始,从客户的需求出发。

  客户价值链在商业模式中是更根本的价值链。

  上一章提到龙的集团,其商业模式就是逆向价值链模式的典型代表。由于长期作为国外品牌的代理经销商,龙的集团创始人洞察中国市场对家电的需求,特别抓住凸显消费者的个性需求与生活品质满足的小家电,自创品牌,从客户最终需求开始,不断向价值链上游延伸,直到打通整个价值链。

  中国家电企业,都是先造产品,再寻求渠道,即先工厂后市场,很多企业或者自建渠道,或者是依赖于大卖场。而龙的集团先控制终端,再进行制造,体现现代企业需求驱动、顾客驱动的模式。龙的集团独特的商业模式,引起了不少企业效仿。国美、苏宁受此启发,也开始建立平板工厂,并谋求生产手机,逆向打通价值链的模式,也许将成为未来的新的商业模式的主流。据《科学投资》调查，类似的模式已逐渐被不少中小创业者开始学习并演练，以淘宝网的网商为例，淘宝网近年来出现了诸多自主品牌的女装、化妆品店铺，这些网商通常都是先通过在淘宝网销售商品，建立起自己庞大的客户群，当时机成熟后，店主再将自己的设计、研发的产品或通过代工、或自己组建小规模工厂生产。由于多年对自己客户的需求已经有了更深入精准的了解，因此当自主品牌商品逐渐成为店铺销售的主流后，店主也顺利得以转型，并能赚得更多的财富。

【案例5.2】

"萝卜哥"的商业模式

因萝卜滞销，免费向郑州市民赠送萝卜而一炮走红的"萝卜哥"韩红刚，2011年带着34吨家乡蔬菜创下了3天售完数吨萝卜的奇迹。一年后，"萝卜哥"又带着30吨"1元萝卜"参加在上海光大会展中心举办的农博会。这一次，"萝卜哥"退居幕后，帮他站台卖萝卜的，换成一群在读的大学生。

原来，上海工程技术大学的大三学生黄琛培去年曾去"萝卜哥"的展位当志愿者，看到河南滞销萝卜，在上海成了价廉物美的"香饽饽"，于是他萌发了创业想法。在学校老师的指导下，黄琛培的"卖菜计划"今年获得市教委"创新创业实践活动"1.2万元资助，已在上海工程技术大学注册公司。

黄琛培说，他的目标是要剔除所有不必要的流通环节，打通从河南"田间"到上海"专柜"的渠道，通过直销，为上海市民提供优质低价的农产品，也为河南的农民提供稳定的销售渠道。

通过做志愿者时和"萝卜哥"建立的联系，黄琛培找到稳定货源，又着手联系展会、运输等环节。"大学生有知识，也有干劲，通过不断积累经验，这件事肯定能做成。"在展会上，黄琛培还组织同学印制了调查问卷表，了解"河南菜"在上海市民心中的口碑，以及不同菜品的受欢迎程度。黄琛培表示，如果进展顺利，他将进入上海菜场、社区开设专柜，专门销售河南的特色农产品。

有了黄琛培等大学生的支持，河南"萝卜哥"韩红刚不用再为销路发愁，只需专心种植和采购质量可靠的农产品。目前，他已在河南注册了公司，并担任了省"三农"协会的副会长。

一年后，"萝卜哥"又来了，黄琛培不再是"萝卜哥"的助手，而是他的合作伙伴，负责为其推销河南的滞销萝卜，化身为"萝卜弟"，将在上海光大农展会销售30吨萝卜。由黄琛培成立的"上海萝卜哥生态农产品有限公司"全权代理销售。未来5年，他将在上海设1 000个"萝卜哥"生态农产品专柜，实现河南蔬菜产地源头和上海销售终端对接，还将通过网络销售有机高端农产品，形成"河南农业按需种，上海市民放心吃"的网络产销对接新模式。

"河南当地农委也会协助我们与上海市农委协调，做好这项'萝卜哥'专柜进上海菜场的工作。"据黄琛培介绍，目前他的这个创业项目已经得到了另外3位大学同学的资金入股支持。

5.4 从价值链到价值网

实物价值链、支持互联网业务的虚拟价值链,面临的主要问题是降低成本、发现客户新的需求,以及开展针对性的营销,主要围绕着企业与顾客的关系。但是低成本制造、快速配送等,需要企业、供应商、配套厂商通力合作,以便提供定制解决方案。这里不仅有最终的客户,企业与企业在协作中也产生交易。每一个企业都有自己的价值链,这些价值链与客户价值链在若干环节上相交,成为网状结构,这就是价值网。

从协作网络的兴起受到启发,美智(Mercer)管理顾问公司的 A. Slywotzky 在其著文《利润区》中提出,由于顾客需求的增加、互联网的冲击以及市场竞争日趋激烈,企业应改变经营事业的设计,将传统的供应链转变为一种价值网。A. Slywotzky 指出,价值创造过程不能看成是从原材料到最终产品的一个单向链式过程,而应该是一个以顾客为核心的价值创造体系,即价值网络。David Bovet 在《价值网》一书中也指出,价值网是一种新的业务模式,将顾客日益提高的苛刻要求与灵活有效、低成本的制造相连接,采用数字信息快速配送产品避开代价高昂的分销,将合作的提供商连接在一起交付定制解决方案。

这意味着,企业要实现自己的价值主张,需要在一定的技术支持下通过商业模式的创新与客户、供应商、合作单位甚至竞争对手等利益相关者联系起来,共同构建一个价值网,共同为顾客创造价值。

不同利益主体共同创造价值,是建立在专业化分工和相应的网络治理框架的基础上,通过一定的价值传递机制使处于价值链不同阶段和具有某种专用资产的相关企业联合起来的结果。

这也就决定了价值网是一种灵活的企业关系,不同的企业把它们各自的核心能力要素结合在一起,通过紧密合作与其他企业的价值链展开竞争与合作,而且价值网的成员根据需要可以不断地进行调整和优化组合。

价值网中的企业各有自己的专业化技术,它们形成一定治理框架下的利益相关者共同体。在 Adam Brandenburger 和 Barry Nalebuff 提出的价值网模型中,价值网被认为有以下四个核心组织成分,它们是顾客、供应商、竞争者、配套企业,形成如图 5.10 所示关系网络。

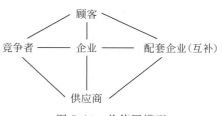

图 5.10 价值网模型

在图 5.10 中顾客被视为价值网中的成员,表明顾客也是价值创造与价值传递的直接参与者,而不仅仅是受让方。顾客与企业之间、企业与企业之间相互影响,形成价值创造、分配、传递和使用的关系与体系,表现为多个价值链在多个环节上的网状结构。

价值网在实际上比上述模型要复杂。价值网中不仅存在多个实物价值链,还包含复杂的虚拟价值链。价值网实际上是数字化关系网络,信息与知识可沿着多条路径在网络中传播,企业通过网络可以获得信息、知识、技术、资源、市场,借助"网络效应"可以创造更多的价值和获得更多收益。相互交叉的价值链的分解与组合协调着成员的活动。为了迅速有效地适应顾客需求以及满足成员间的相互需求,虚拟企业可以应运而生,而在任务完成后即宣布解体,因此价值网是不断变动的。

价值网是以顾客为中心的价值体系,企业间既有合作又有竞争。合作是为了把"蛋糕"做大,竞争是为了多分。如果一个企业价值的增加建立在另外一方或几方损失的基础上,就可能引起关系的恶化,这样的网络就不会稳定。这时候价值网网络中的核心企业就很关键,因为它利用自己的地位影响价值创造与传递,协调网络成员的活动。想从消费者那里获得更多自己的利益也是不理智的,因为网络社会中消费者最大的变化,是可以借助互联网的搜索作出更合理的选择,再说,消费者可以通过结社集体采取行动。因此最终可以发现,利益相关者为了自己的利益需要优先考虑集体的利益。投桃报李,才可能实现核心能力互补,共担风险,共享市场,顾客忠诚。所以价值网以共赢为基础。

基于价值网的商业模式的特点有如下几点:

- 价值分享。价值网的优势不仅来自企业、供应商、顾客、竞争者、互补企业在网络中各自的优势,而且还决定了它们之间的关系。

    传统的价值链管理是为了降低企业的成本,追求利益最大化,这就意味着把竞争放在第一位。而价值网上各成员应更重视整体价值创造,这就意味着把合作共赢放在第一位。多分"蛋糕"的前提是一起把"蛋糕"做大,而不是先为自己争取份额。企业自身价值的形成与网络中节点间的联系有关。

- 多方"营利"。价值网中的企业肯定比单个企业有更多的"营利"机会。企业作为一个节点,可以处于多个价值链的交会点,因此一个企业可以有多个"营利点"。企业多方"营利"不意味着多元化,企业多元化存在着不同的业务在资源配置上的冲突,而价值网中企业的多方"营利"是由价值网中企业间的关系决定的,多一方"营利"并不妨碍在其他方面"营利",而且很可能是相得益彰。

第 6 章 价值网中的竞合与商业模式创新

6.1 价值网模型

从价值链到价值网,标志着人们从链式思维到网式思维的转变,以适应今天对企业战略选择与商业模式创新所面对的挑战。如何应用价值网的框架,如何寻找更适用的价值网模型,是企业咨询机构与企业家所追求的目标。

由 A. Brandenburger 与 B. Nalebuff 所提出的价值网模型,提出了近似迈克尔·波特的五力模型的模型(图 6.1)。

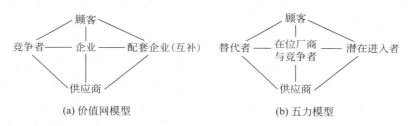

图 6.1 价值网模型与五力模型比较图

从图 6.1 中可看出,两个模型的相同点是,垂直方向描述了从供应商到顾客的供应链,但水平方向有变化。五力模型的水平方向描述的全是竞争,即来自替代者的竞争,来自潜在进入者的竞争,还有市场上竞争对手的竞争。而价值网模型增加了新的参与者,就是互补者(配套企业),并把所有的五力模型中水平方向的各种不同类型的竞争者概括为"竞争者"。

两个模型的差别是,五力模型强调的是竞争,没有考虑合作。厂商面对的竞争不仅是直接的竞争对手、替代者与潜在进入者,还有来自供应商与顾客的讨价还价。所以五力模型的核心思想是企业如何从来自五方面的竞争中胜出,所提的低成本、产品差异与专一化,就是获取竞争优势的三种策略。

五力模型只考虑竞争,"蛋糕"做大做小与企业无关,每个企业只关心自己获得多少。这种没有合作的竞争是一种"零和博弈",例如讨价还价,一方所得恰恰是另一方所失。

五力模型用于分析企业的竞争环境,而价值网用于描述价值创造的参与者及其关系。价值网模型中引进互补者,互补者使企业的产品、服务与顾客价值增加,是企业创造价值活动不可缺少的参与者。引进互补者意味着价值网中包含了所有价值创造的参与者。参与者之间不仅有竞争,而且也有合作,所以就有了竞合(co-competition)这一概念。这样一来,价值网所描述的就应是企业如何通过竞争与合作创造价值使企业获得最大收益。

这里有两个问题,一个是创造系统的价值,一个是企业获得自己的价值。市场就好像一个"蛋糕",参与者都希望能分得一部分,而且都想获得更多。但只有所有参与者共同把"蛋糕"做大,每个参与者最终分得的部分才会相应增加。合作是为了把"蛋糕"做大,竞争是为了自己多分。在整个创造价值和争夺价值的过程中,竞争与合作是同时存在的。

价值网是由价值链各个环节上不同成员动态形成的拓扑空间和价值流动的网络。每条价值链都被大量生产者分解为小单元,并在纵向保持联系,横向进行合作。从纵向来看,价值网内企业价值创造目标一致,为获得和保持价值网整体竞争优势,上下游企业会自发结成纵向联盟,更好、更有效率地解决问题。从横向来看,价值网内企业间具有不同的核心竞争优势,横向企业的核心竞争力不同,在价值创造中扮演的角色也不同。

在价值网中,供应商—企业—顾客构成企业主要的价值链。在这条价值链中,企业可以专注于核心优势业务,来增强非同质化优势以获得核心用户。同时,企业可以充分利用网络成员的资源和能力,协调网络成员共同为顾客提供更丰富的产品和服务等价值组合,提升顾客价值。

价值网体现了所有参与者价值链的组合,多条价值链之间有竞争、合作与互补等多种关系。供应商—企业—顾客与供应商—竞争者—顾客构成两个并列的价值链供应链,它们具有竞争关系。但是在价值网中,竞争不是企业与企业的竞争,而是价值链供应链之间的竞争。处在价值链供应链相同地位的企业之间可以通过合作,来提高自身在价值链供应链中的贡献把"蛋糕"做大,或增加自己在"分蛋糕"中的份额。只要厂商能够为终端产品带来增值,能够为彼此的最终产品带来增值,任何两个不同价值链供应链上的竞争对手都可以合作。这就是我们在现实中看到的"竞争性战略联盟"大量出现的现象。有时候,最强的竞争对手才是最好的合作伙伴。近年来70%的合作是在竞争对手之间展开的。

利用价值网,企业也可能通过虚拟经营,使竞争者成为供应商,通过供应商—竞争者—顾客为客户创造价值。

企业还可能与价值网中的某些成员结成特殊的关系,从而影响其他成员间的关系,来建立新的商业模式。

总之,价值网可以使个体企业联合所有优势伙伴提升客户价值,从而提升自身的价值。网络中的成员越多,价值网所产生的效应就会越突出。因此,企业面临的最大问题便是如何调配网络中的各个环节,实现灵活、连续地重组与协同,从而促使企业从仅关注自身到关注上下游产业链,进而关注整个产业的发展。也就是说,基于价值网的企业商业模式的特征是,企业从仅考虑内部的管理和流程改造,到整合个体企业与上下游企业之间的业务流程,最终将形成整合企业内外、跨行业、跨区域的所有业务流程。

6.2 虚拟合作企业

利用价值网,企业为了实现某种技术的或市场的目标可以与有关成员结成联盟或临时性合作机构。这种联盟或临时性合作机构被称为虚拟企业。虚拟企业是由一些独立公司组成的临时性网络,这些独立的公司包括价值网中的有关成员,例如供应商、客户甚至竞争对手,他们通过信息技术组成一个整体,共享技术、共担成本并可以进入彼此的市场。虚拟企业没有办公中心,也没有组织章程;没有等级制度,也没有垂直体系。前苹果计算机公司董事会主席约翰·斯库利（John Sculley）甚至说："如今在谈论虚拟企业的时候，我们只是谈论合作和外包协议。在今后的10年或20年内，我们将看到行业和公司分崩离析，并最终组成真正的虚拟企业。成千上万的虚拟企业将由此而产生。"

虚拟企业不是实体企业。我们在4.3节讨论过的美特斯邦威案例不属于这样的企业。美特斯邦威是一个实体企业，只不过实行虚拟制造。虚拟制造是虚拟经营的最初形式，它以外包加工为特点，将其产品的直接生产功能弱化，把生产功能用外包的办法转移到别的企业去完成，而自己只留下最具优势并且附加值最高的开发和营销功能，并强化这些部门的组织管理。这种虚拟经营的运作模式在国际上非常流行，其中耐克公司被认为是最成功的代表者。耐克公司本身并不生产运动鞋，其97%以上的生产任务都是在韩国、中国等国家的制鞋厂完成，公司总部主要从事产品设计与营销。外包生产使耐克能集中自身优势，做好设计和品牌运营，为其在运动鞋领域成为领先者奠定了坚实的基础。耐克公司以虚拟生产的方式成为世界上最大的运动鞋制造商之一。

国外著名的电器制造商近年来也采用了虚拟生产的模式，如日本的索尼、松下等电器公司，其在我国市场上销售的产品基本上都是由马来西亚、新加坡、泰国等劳动力成本较低的国家生产，而公司总部则集中进行新产品的开发和营销战略的实施。

虚拟企业是一种基于相互合作的实体基础之上的组织结构。企业间相互联合，共享专长、技术、知识以及其他资源，从而生产出独特的商品、服务。虚拟企业这一概念于1991年由美国艾科卡（Iacocca）研究所的研究报告中提出，它作为21世纪制造企业之间以市场为导向建立动态联盟的构想，这种动态联盟能够充分利用整个社会的制造资源，在激烈的竞争中取胜。动态联盟也就是战略联盟或建立战略伙伴关系。虚拟企业作为临时性网络，体现参与企业的战略。企业采用这一战略，目的往往是使自己快速地进入新的市场或接触新的技术，更灵活地从其他组织、个人甚至竞争对手那里得到所需的技术和专业人员，并把他们联合在一起以打破新产品市场的壁垒。

采用虚拟企业这一方式一方面是因为这个组织具有实体组织所没有的柔性。虚拟研发组织以项目为导向，一旦研发任务完成，这种基于项目的合作也就终止了。这样，企业就可以利用虚拟研发组织降低风险、抓住商业机会。另一方面，虚拟研发组织虽然随生随灭，但成员之间，特别是科技人员之间保持稳定的外部关系，或形成一个稳定不变的网络。因此，虚拟研发组织被认为是对付技术和市场双重压力的理想研发组织形态。

虚拟研发组织虽然有实体研发组织所不具备的优势，要想成功运行，需要解决几个关键问题。比如，与不同企业合作带来了组织柔性，但是同时又使成员间的信任和忠诚变得更加困难。又如，具有特定核心技术能力的成员相对虚拟研发组织来讲显得更有吸引力，但是，与其他成员共享自己的专有技术又会威胁到自己的竞争地位。所以，对虚拟研发组织有效运行的关键挑战是如何在伙伴之间建立忠诚以及如何管理彼此之间的信息流。同时，由于虚拟研发组织涉及众多伙伴，因此伙伴间项目层面的界面管理就显得举足轻重。还有一个问题，即认同感，包括成员企业对虚拟研发组织的认同以及客户对虚拟研发组织的认同。所以，虚拟研发组织在提供诸多优势的同时，也给管理者带来了众多难题。

为了提高合作研发组织的稳定性，就需要防止成员企业的背约行为。这样的机制有多种。

一是声誉机制。利用重复博弈模型分析可知成员对失去未来合作机会的顾忌将避免欺骗行为。实际上,许多联盟不是只为一个项目成立的,并且可能也没有确定的解体日期。不仅如此,不少企业同时参与多个联盟,从而不得不对自己的行为有所顾忌。在多数情况下,持续合作的长期收益要超过背约的短期好处。所以,重复博弈模型是适用的,合作协议就不仅是有利可图的,而且是稳定的。

二是惩罚机制。企业间一旦达成合作协议,必然会同时规定更严厉的惩罚措施。在研发中,成员企业通过合作协议进行技术合作的形式很容易维持下去。因为一旦有成员背约,就会被剔除出联盟。这意味着以后就很难与没有背约的联盟成员进行正常交易了。于是,背约者就会处于孤立的境地。多数情况下,这种威胁是可信的。

虚拟企业是由一些独立公司组成的临时性网络,需要运用信息技术来实现一个大范围的联盟,为了特定的商业目标,达到目标后解散。所以有人认为,虚拟企业称为"虚拟团队"更合适。

6.3 竞合策略与新商业模式

企业与客户的关系好坏影响着企业的生死存亡,所以每个企业都应该千方百计地维护与客户的关系,实施有成效的客户关系管理。企业竞争的一个重要方面是争夺客户资源。如何维护好自己的客户资源,应对竞争者的竞争?一种办法是"锁定"客户,使竞争者没有机会。

另一种办法是"寻求盟友",如果企业有若干个对手,其中有些对手对自己威胁最大,这时寻求与另一些本来的对手合作并形成联盟,可能是最好的选择,特别是所选择的合作对象是行业内公认的最强者的时候。

问题是,能否将上述两种策略结合起来,形成一个克敌制胜的"锁定"策略。如果利用价值网,这是可能实现的。

2002年前后,宝钢股份市场部面临着两方面的挑战,其一是来自竞争者的挑战:随着我国政府对钢铁产业的保护逐渐减弱,国外的钢铁巨头日本的新日铁与韩国的浦项进入中国市场;其二是来自下游企业的挑战:宝钢股份的两个主要大客户——两大汽车集团(上汽集团和一汽集团)开始整合各自的采购部门,将由集团统一向宝钢采购。这些变化对宝钢股份销售环境的影响表现在原来的单一模式将演变成分散采购和集团采购并存、集团采购主导的模式,同时又面临着强有力的竞争者进入。

宝钢股份在客户关系管理方面一直被国内企业奉为楷模。它通过把仓库建在下游厂商的厂区内,让客户享受零库存,以及派技术人员为客户提供技术指导与服务等方面,一直深得客户好评。但所有这些,日本的新日铁与韩国的浦项也都可以做到,而且还可能做得更好。这使得宝钢股份对多年建立与维护的客户关系失去信心。问题的严重性在于,由于汽车集团实行集团采购,如果失去其中的一两个大客户就等于失去国内市场。宝钢股份面临两方面的挑战如图6.2所示。

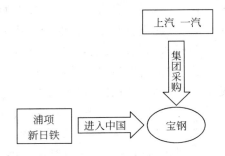

图 6.2 宝钢股份面临两方面的挑战

如今,现代汽车制造技术发展的新趋势是越来越多地采用激光拼焊技术。此项技术是将板幅较小的冷轧钢板,拼焊成板幅较大的冷轧钢板,以扩大窄幅冷轧钢板在汽车制造等行业的应用范围;或者将不同材质、不同品种、不同厚度的冷轧钢板拼焊起来,实现其不同性能的最佳组合,以提升钢铁企业板材的档次。激光拼焊技术是世界上最先进的轿车车身制造技术,不仅可以降低轿车重量,提高轿车性能,还可降低生产成本。

作为一项高新技术,激光拼焊技术在国外发展很快,韩国把它评为有重大影响的十大新技术之一。该技术由德国蒂森钢铁公司与德国大众汽车公司合作研发成功,并逐渐成为主流技术。但上海大众只有激光拼焊实验室,国内厂商还没有掌握激光拼焊的核心技术。我国一些著名的汽车生产企业现在也大量使用激光拼焊板,但主要依靠进口,国产化尚属空白。

激光拼焊技术推广与应用是大势所趋,如果不能掌握这项技术,就意味着将要退出汽车板材市场。在这方面,宝钢股份已经没有别的选择。

从以上分析可以看出,宝钢股份真正面临的挑战为:一是市场挑战,来自新日铁与浦项的市场侵袭与剥夺;二是技术挑战,必须尽快掌握新的技术。

激光拼焊技术的实施要求冷轧钢板与汽车制造一体化的流程,对该技术的研发,需要研发团队同时具备钢铁加工和汽车整车设计两种核心能力。宝钢的核心研发能力是钢铁加工和冶炼技术。尽管也对汽车制造技术做了研究,但仍然无法满足激光拼焊技术研发对汽车制造技术的要求。宝钢急需从外部获得相应的技术资源。另外,汽车企业的核心研发能力是汽车研发和制造。如果汽车企业自主研发激光拼焊技术,那么由于缺乏对钢铁领域核心技术的掌握,完成这项研发任务将是很困难的,必须借助外部力量。所以宝钢股份的机会在于尽快与下游的汽车企业寻求新的合作创新机会。

这一分析不仅仅在理论上成立,事实上汽车企业也有潜在的需求。如果上海大众感到激光拼焊实验室的产品远远不能满足生产上的需求,需要从国外进口激光拼焊组件,那么成本一定较高,需求响应时间一定较长,供应一定难以保障。如果宝钢股份与上海大众可以联合生产激光拼焊组件,那就成为最可靠的供应商。不仅如此,如果合作研究得到加强与保证,当汽车制造发生创新的时候,宝钢股份可以早期介入,甚至"并行"进行,使新车上市的时间大大缩短。宝钢股份的技术创新成果给汽车工业带来的机会也可及时得到利用。通过合作,整合资源,在整个供应链的基础上可更及时地响应市场的变化。

基于上述分析,宝钢股份可以与上海大众建立起一个新的组织,双方持股,深度合作,专门生产激光拼焊组件。另外,在全球范围内寻求提供成熟激光拼焊技术的企业加盟。这样,不仅解决宝钢股份的燃眉之急,而且也解决了上海大众的后顾之忧。

宝钢股份以往的客户关系管理,并不能"锁定"客户;或者说,宝钢股份当初只"锁定"了自己,只是一厢情愿,单向"锁定"。为了真正"锁定"上海大众,必须建立一个合资企业。这样一来,就实现了双向"锁定",上海汽车就不可能不买宝钢的钢板,新日铁与浦项也就没有机会了,危机就化为机会了。

2004年11月12日,宝钢阿塞洛公司成立,由宝钢股份、宝钢国际、上海大众和阿塞洛集团共同投资组建,专门为汽车制造企业生产激光拼焊板,产品覆盖直线焊、折线焊和曲线焊,同时提供开卷落料服务。宝钢阿塞洛公司规划形成1 000万件激光拼焊板的生产能力,成为拥有最先进的技术、设备和管理的中国最大的激光拼焊加工中心。一期投资总额2.43亿元,注册资本金1.215亿元。宝钢国际持股38%,大众联合持股37%,阿赛洛持股25%。一期投资建设的主要内容包括一条开卷落料线、两条激光焊接线和厂房及附属设备。为应对市场的拓展,公司进行了二期投资,二期投资总额2亿元,注册资本金为9千万元。激光焊接线由一期的两条,扩展到五条,同时,第六条激光焊接线已在2008年投产。

6.4 互补价值链

在价值网模型中,如果企业—互补企业—顾客能构成一个独立的价值链(供应链),那么它与供应商—企业—顾客价值链就构成互补。互补价值链可从两个方面给企业带来价值创造源泉:一是互补价值链作为企业的新价值链,增加了新的价值源泉;二是对原来价值链的"互补",增加了原有价值链的价值。

企业介入互补价值链,体现企业价值主张的产品与服务的增加,目标客户的增加,新的价值链的建立。这表现为企业经营的多元化,但是一种特殊的多元化,与一般企业多元化经营有所不同。企业介入互补价值链,主要体现为企业价值创造方式的创新,不单是增加一个价值创造源泉。而多元化只强调增加新的产品与服务,增加的新产品与服务和原有的产品与服务可能相关,也可能不相关。即使是相关多元化,也是为了控制风险使企业收益稳定,或者是基于共用资源而产生的范围经济性。即使多元的产品与服务之间有互补性,也主要是产品层次上的互补性,未必体现为企业价值创造方式的"互补"。

【案例6.1】

广 告 餐 厅

2007年,郑州女孩韩月遭遇了自己人生的第一次创业失败,与同学一起合作开的以面食为主的饭店由于资金问题面临停业。接下来的事情怎么做呢?韩月首先想到了给饭店打广告,但发现自己连广告费都掏不起。后来冒出一个大胆的想法:自己的餐厅如何和广告结合起来?

她给饭店设置了两扇门,一扇是正常收餐费的门,一扇则是走地下消防通道的免费门。正常收餐费的与以前到餐馆吃饭没什么两样,吃多少收多少钱。但免费的那扇门里却做了一个弯弯曲曲的走道,两边墙上挂满了广告位。她想:免费吃饭能大幅提高人气,有人气就能吸引商家来做广告,赚取广告费,同时也能带动收费餐馆的营业收入。

9月份的一天清晨,她打出了"本店吃饭免费"的牌子。她算过一笔账,如果按照免费餐限量提供的话,一份面的成本是一元五角左右,每天从她的"九曲广告回廊"里经过的人如果有二百个,那么最多每天多出三四百元。而且,她还要求,每个就餐的客人,必须在结账时背诵出三个广告才能免单,这样的话,广告的宣传效应,不言而喻。

起初韩月免费拉了很多广告放在自己的广告位上。由于她的餐厅位置还算不错,附近又有几家写字楼,很快,她那里吃饭不要钱的消息就传遍了那几幢写字楼和几个商场。有来这里看新鲜的,有来品尝的,也有冲着不要钱的午餐去的,韩月的饭店,一下子火爆起来，一些排队排不上的客人，也不想再换地方，干脆就直接花钱用餐。

免费已经半个月了，效果要比想象的好，但是临时筹措来的几万元资金也一天天地赔进去，毕竟正常用餐的人还是不多，她几乎捉襟见肘。看来广告不能再免费了。

于是，她又一家家跑去找那些已经免费登过广告的商量，可他们就是不打算交费。结果，广告位一块块空出去了。但没多久有部分商家开始主动找到她交费做广告，每块广告位每月几百元到上千元不等。原来，这半个月来的广告终于收到了效果。有一家化妆品代理商说，自从在韩月的餐厅免费做了广告之后，不少女孩子跑过来问他们这款化妆品，甚至有几个对广告词倒背如流。

终于收支平衡之后，有人开始劝韩月扩大广告回廊的规模，但是韩月却拒绝了这个建议。她找到河南当时一家规模比较大的LED外屏生产商，要求合作。这样就能在一个LED屏上播放多个广告，不必开辟新的广告位。

她还对菜品进行了细分。面和份饭都按照广告词的难度、长度进行了等级划分。背诵三段比较长比较难的广告词之后，不仅可以得到一份顶级茄汁面，还可以得到一份小菜的奖励。同时，韩月也对LED显示屏上的广告进行了难易区分。有时，为了一顿免费的午餐，很多人会把整个广告群看两到三遍，同时也记住了很多自己本来不感兴趣的广告。韩月的这个做法，得到了那些商家的高度赞赏，她的广告收入渐渐多了起来。

广告收益虽然多了，但是仅仅一个LED屏远远不能满足广告的需求。对此韩月早就有自己的想法，餐厅既然是以广告为主题的餐厅，那么每一个细小的角落里，都应该体现广告的效应。比如服务员的工装上，点菜的菜单上，甚至于盘子、碗以及桌面等，都是很好的广告载体。就这样，韩月的餐厅逐渐变成了广告的"天堂"，同时还获得了不少商家赞助的餐厅用品。

随着知名度越来越高，韩月在免费餐厅的花样上也做了改进。但与此同时，餐厅的那一部分收费的业务，反而受到了影响。这一块原来是餐厅的主要收入来源，日益下滑的营业额让韩月觉得苦恼。2009年5月的一天，一位客人在韩月的创意餐厅用餐之后，提出了一个要求，如果不在韩月这里投放广告，能不能进行其他方式的合作？恰巧韩月正在为自己的收费菜品发愁，两者一结合，她想了一个好主意，并提出了一个口号：你吃饭，他买单。其实道理也很简单，去吃收费餐的顾客，如果你是某种品牌的消费者，那么只要你可以列举出此品牌的三个广告内容，并持消费此品牌产品的小票，可以免费吃等级不同的饭菜，而韩月则凭借这些小票，与不同品牌的商家结算。

这个想法，大大刺激了人们的消费欲望。三个月的时间，韩月骑着单车跑了数十个品牌商家。说起她的广告餐厅，大部分都觉得新鲜有趣，有一部分当场就与她签订了合同。不仅如此，那个客人的思路也彻底启发了韩月。除此之外，她又开发出了"菜品新尝"。就是以自己广告餐厅的名义，与很多家饭店联合，只要是饭店一推出新的菜品，就可以放到她这里免费品尝。当然，免费的前提还是以广告为基础。

2010年9月，韩月收购了一家小广告公司，将饭店与之合并为一家公司，以保证能够合法经营广告业务。韩月通过将广告公司的专业水准与现有的饭店业务相结合，收益多多，到2011年4月，她的财富便积累到了100多万元。与此同时，她的广告主题餐厅也越做越顺利。

资料来源：《读报参考》，2011年7月

【案例 6.2】

品香阁茶馆(复旦大学 MBA　吴健)

品香阁是杭州一家面积多达 600m² 的茶馆,位于一条僻静的小巷内。自开业以来,上座率一直不高,虽然品香阁也开展了一些如派发宣传卡等促销活动,但均收效不大,茶馆经营一直处于亏损状态。

分析后发现,造成品香阁上座率不高的客观原因有两个:一是茶馆的地理位置偏僻;二是在品香阁周围半径 1 公里范围内,有四家规模相当的茶馆,同行业竞争激烈。继续经营吧,前景不明;撤出吧,上百万元的投资会付诸东流。茶馆老板进退两难。

茶馆属于传统的服务行业,产品方面的创新余地不大,内部环境也大同小异,经营较好的茶馆大多依赖良好的地理优势,要么开在繁华的街口,要么开在目标消费群较为集中的区域内。经营方式基本是"守株待兔"式的,坐等顾客上门;促销手段也就是在周围发发宣传单,一般很难在经营模式上创新。

那么,用什么方法能让品香阁茶馆摆脱经营困境,从而盈利呢?对品香阁来说,要想赢得消费者青睐,必须跳出传统的条条框框,注入一些新的理念,运用新的商业模式来突破。

品香阁老板在认真研究消费者需求的基础上,对原有单一的经营模式进行了大胆的创新。把品香阁打造成一个具有多种商业创新模式的"多媒体"平台。

(一)建立商务交流平台

经过市场调研,茶馆的目标消费群是年轻白领,如企业的管理人员、销售人员,广告、法律、保险、IT、新闻从业者等。这个群体非常注重学习交流,并在不断寻求事业机会。很多人到茶馆不是为喝茶而喝茶,而是把茶馆当作一个相互交流、学习的场所,把茶馆变成一个商务交流的平台,这是一个很好的切入点。

这些职业消费者是茶馆的主流消费群体,茶馆是上述人员交际和消费的主要场所。要提高上座率的办法有:一是吸引更多这样的主流消费者来消费;二是提高这些主流消费者的消费频次。那么,什么样的方法才能达到这样的效果?对于茶馆来说,产品和基本服务方面已很难再做出其他创新,要想产生吸引力,必须在基本产品和服务以外创造超值的服务。而要体现服务的超值性,需要对主流消费群体的需求进行分析,发现未被满足的需求。经过对主流消费群体的调研发现,这个群体是社会中比较活跃的阶层,经过斟酌酝酿,品香阁茶馆成立了一个服务主流消费群体的商务俱乐部,并推出了以下服务内容:

- 开展商务交流。茶馆的消费者来自各个行业,很多行业之间存在着联系,因此在会员内部开展交流活动,为有不同需求的人牵线搭桥,可以创造出更多的商业机会。具体操作为:把所有会员的联系方式和需求记录下来,比如你希望找到一份更好的工作,或者要找个合适的律师,或是寻求客户,都可以留言。会员留言经茶馆整理、归类后打印出来,发给所有会员。
- 组织商务培训。因为主流消费群文化水平较高,普遍有充电、学习的需求。品香阁有针对性地推出了一系列商务培训活动,内容包括销售、管理、社交等,每周一个专题,如针对销售人员的"如何提升销售业绩、如何做销售计划",针对财务人员的"怎样合理避税"、针对交际技巧的"如何拓展你的交际网"等。以上这些培训讲座每次仅收35元,而且包括茶水。这项活动推出后受到热烈欢迎,消费者一方面借助茶馆这个平台,扩大了自己的交际网;另一方面,通过商务培训学到了很多知识。

(二)提供婚介交友服务

品香阁与多家婚介机构进行了沟通,希望他们能把茶馆作为征婚者见面约会的地点。这里内部环境幽雅,很适合见面约会,大多数婚介机构表示愿意和茶馆合作。很快,品香阁成了很多情侣约会见面的场所。为此,品香阁特意在二楼开辟了一块专区,相邻茶桌之间全部以轻纱相隔,营造出一种幽雅、温馨的气氛。

为了给到品香阁约会的情侣留下美好的记忆,茶馆特意制作了一张充满温情的情侣贵宾卡,卡上有一句让人很感动的话,"珍惜生命中的缘分,铭记第一次的美好,品香阁衷心祝愿有情人终成眷属"。

此外,品香阁还特别推出一项爱心活动,只要情侣们预先订座,茶馆会在上茶时免费代表男方送给女方一枝玫瑰,这项充满温馨的服务,往往让消费者有一种意想不到的感动。

很多在品香阁相识的情侣最后成为了茶馆的常客。因为这里是见证他们情感历程的地方,值得他们永远回味。

(三)开辟茶叶销售终端

在传统的经营理念里茶馆只是个喝茶的地方,能不能既喝茶又卖茶叶呢?这一想法完全颠覆了传统观念。经与一些茶厂联系,茶馆开设了茶叶展示、销售专柜,消费者可以看样品茶,如果觉得哪种茶好喝,可以买回去。

来喝茶的消费者同时也是茶叶的中高端消费群体,这一消费群体对健康比较关注,因此,茶馆特意联合有条件的茶厂推出了"无公害"茶叶,由茶场直接供货,很好地迎合了消费者的需求。

茶叶展示、销售专柜推出后受到消费者的热烈欢迎,消费者普遍认为茶馆在茶叶销售上更加专业,有相当多的人成为双重客户,既来喝茶又来买茶。这样一来,茶馆的上座率提高了,茶叶销售也创造了非常可观的利润。

(四)文化营销改善消费体验

茶馆的目标消费群体大多数文化层次较高,他们有着较强的文化需求。根据消费群体的这一特点,茶馆设计了一个把文化与茶馆相结合的方案。在茶馆的一角,开辟了一个书吧,根据目标消费群体的喜好,购置了一批热门畅销图书。

这样,消费者在喝茶之余,还可以读书,可谓心旷神怡。消费者还可以租回或购买喜欢的书籍。同时,品香阁还推出了一项书籍代售和代租业务,消费者可以把自己不需要的书带到茶馆,由茶馆负责寄卖或出租,并且不收取任何费用。对茶馆来说,这样既不用花钱,还丰富了茶馆书籍的数量和品类。这项业务吸引了许多喜欢看书、学习的消费者,不但带来了茶水销售的增长,还通过图书销售和租赁给茶馆带来了利润。

通过以上四种新的商业创新模式的运营,茶馆已是生意兴隆。销售茶水不再是茶馆唯一的商业创新模式,人际关系、商务、文化和产品营销成为新的商业创新模式,品香阁茶馆从原先单纯的卖茶服务变为集商务交流、交友娱乐、产品销售、传播文化为一体的综合服务体。

第 7 章 互联网商业模式创新

7.1 传统互联网企业一般模式

互联网是一个很大的行业,包括很多服务商,通称为互联网企业。传统的分类包括以下几种。

- 网络接入服务商(ISP)。提供企业及个人的互联网接入、虚拟专网(VPN)、虚拟主机出租、域名注册、电子邮件及系统集成等业务,包括网络提供商、接入服务商。
- 网络内容服务商(ICP)。通过网站向用户提供新闻、科技知识、行业发展、咨询服务等各类信息。
- 网络设备提供商。提供基础网络设备,包括计算机、集线器、交换机、网桥、路由器、网关、网络接口卡(NIC)、无线接入点(WAP)、打印机和调制解调器等。
- 软件提供商。提供互联网应用的各种软件。

互联网企业的商业模式创新引领着企业创新的趋势。互联网的发展不断地向人们的商业智慧提出挑战。几乎所有的企业创新或多或少都与互联网的发展变化及互联网引发的新商业模式有关。

下面从商业模式的三要素出发,尝试描述传统互联网企业的一般模式。

1. 虚拟价值网络

互联网企业的商业模式建立在虚拟价值链的基础上。虚拟价值链是互联网企业的价值源泉,能给互联网企业带来价值的活动包括以下两个方面:

- 基本信息增值活动

基本信息增值活动是指贯穿于实物价值链原材料采购和运输、生产过程、产品物流、市场营销和售后服务等各个环节的信息收集、整理、选择、综合和分配。虚拟价值链中为制造商、供应商和消费者提供信息的过程实际上就是实体价值链中订购、装配和供货的过程,包括通过网络对原材料进行进货管理、库存数量控制等活动;应用网络与仿真技术对产品设计、加工生产、检验等统一建模,优化生产管理与产品质量管理;通过接受和处理顾客的订单,进行库存协调、控制生产进度、发货管理,以保证发货的及时和高效;通过网络广告、网络图片营销、邮件营销、论坛营销等新理念和新方式进行营销活动,以降低销售成本,并加强企业对市场的响应能力;在线对客户进行服务、解疑和提供方案。

- 附加价值活动

附加价值活动是指作用于基本信息增值活动各环节的附加价值活动,包括为企业物料需求、制造资源、管理信息系统、企业资源规划、技术研发与产品研发提供技术支持的信息技术平台建设与管理,智力资源管理平台建设与管理,技术研发平台建设与管理等。

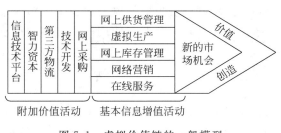

图 7.1 虚拟价值链的一般模型

2. 价值主张

互联网技术发展迅速，它的每一个进步，都为互联网的应用提供了新的可能性。多数互联网新技术的发展是基于人们的潜在需求，而不是现实的需求。从潜在需求到现实的需求，需要经历一个过程。由于用户规模是互联网服务存在的条件，所以许多互联网企业在建立之初并不清楚其最初的价值主张是否能使企业真正获得价值。这是许多互联网企业采用免费模式的原因之一，也是一些风险投资公司获得机会或错过机会的原因。

互联网企业的发展，大都先要度过一个"烧钱"的过程。"烧钱"的过程其实就是培养用户的过程，也是互联网企业的价值主张被市场"识别"的过程。但只有最终盈利企业才能真正生存下来。

传统互联网企业的价值主张包括以下三个方面。

- 媒体

我国较早出现的互联网企业是门户网站。门户网站其实就是提供各种信息的传统媒体的电子版，其收费模式也类似媒体，主要依靠广告收入。随着互联网技术的发展，网络商务活动增多，以信息服务为主的门户商业模式也有新的发展。从目前门户网站的界面情况来看，他们主要提供新闻、搜索引擎、网络接入、聊天室、电子公告牌、免费邮箱、影音资讯、电子商务、网络社区、网络游戏、免费网页空间等网络服务。我国典型的门户网站有新浪、网易和搜狐网等。

- 交易平台

提供一个交易平台，就是撮合买家、卖家让他们高效达成商务上的交易，然后通过这样的服务来收取注册和中介服务费。我国最大也是最成功的电子商务网站是阿里巴巴，它和众多商务合作伙伴构成庞大的网上贸易市场。阿里巴巴是公共交易的平台，会聚了大量的市场供求信息，会员在浏览信息的同时也获得源源不断的信息流和商机。在其起步阶段，曾通过放低会员准入门槛，以免费会员制吸引企业登录平台注册，以此促成了商流汇聚、市场交易活跃。

- 咨询服务

网络资讯服务内容很广，包括网络游戏、互动娱乐、网络招聘、网络教育、网络旅游、网络银行等。腾讯公司的虚拟货币或虚拟物品等增值服务，被认为是互联网企业咨询服务的创新之举。互联网企业通过咨询服务向用户收费，主要是向有增值服务需求的用户收费。

3. 目标客户

互联网企业最大的特点是免费。百度、360软件、腾讯、维基百科等为我们的工作和生活提供了极大的方便,利用互联网收看免费的电影以及下载海量歌曲也成为人们生活中的一部分,实时的网络通信因为其几乎免费和使用的便捷性更改变了一些人的生活和工作习惯。互联网经济的发展使它愈来愈成为免费经济的代名词。提出"长尾理论"的经济学家克里斯·安德森(Chris Anderson)曾惊叹:"这个世界太疯狂,全世界都在发送免费的午餐。"

免费是这些网站的基本特征,是互联网企业发展的基础。但是免费不意味着没有自己的目标客户。免费也不是互联网企业独有的现象。作为一种营销策略,免费试用很早就存在。商家常常拿出1%的样品让消费者免费试用,以此诱惑消费者,拉动剩下99%的产品销售。但是互联网企业的免费,与纯粹的以免费作为促销的策略有所不同。网站通常会拿出99%的产品作为免费品,拉动1%愿意支付高价费用的消费者的需求,用这1%的用户支撑起其他用户。

互联网企业的这一模式,建立在两种有关联的理论基础上:其一是"长尾理论";其二是双边市场理论。

互联网企业的产品是数字产品。数字产品与大部分普通产品不同,它是非竞争性的,也就是说,增加一个用户并不需要增加制造成本,而且一个用户的使用并不妨碍其他用户再使用。所以,一方面,用户规模扩大,对互联企业仍是零成本;另一方面,互联网企业面对的是个性化的需求,其市场不再是一个大众市场,而是一个个小众市场。

这样一来就带来了营销观念的重大变化。在传统营销中,企业往往只关注少数几个VIP客户,不屑顾及在人数上居于大多数的普通消费者。19世纪末20世纪初的意大利经济学家帕累托(Vilfredo Pareto)发现:任何一组事物中,20%是重要的,其余的80%是次要的。比如说,20%的人掌握了80%的社会财富,而80%的人只掌握20%的财富;20%的主要客户带来80%的企业收入,80%的客户只带来20%收入;20%的项目创造了80%的利润,而80%的项目只带来20%利润。这被称为"二八定律"。传统营销遵循的就是这一定律,即只关心如图7.2所示的占20%的黑色区域,而把长长的尾巴(白色区域)放在一边不予考虑,因为面对长尾部分消费者的营销既不经济(需要花费非常大的成本),也难以做到。

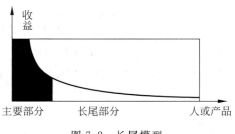

图 7.2　长尾模型

对于互联网企业来说,考虑80%的人的需求不存在成本问题,技术上也不再困难。更重要的是,众多小市场可借助互联网会聚成与主流大市场相匹敌的市场能量。只要存储和流通的渠道足够大,需求不旺或销量不佳的产品所共同占据的市场份额完全可以和那些少数热销产品所占据的市场份额相匹敌。也就是说,白色的长尾巴区域的消费可以积累成足够大、超过黑色部分的市场份额。这就是安德森所提出的"长尾理论"。

网络时代是关注"长尾"、发挥"长尾"效益的时代。互联网企业通过提供人们感兴趣的内容吸引大众的注意力,而一旦网络用户达到一定的数量,由于网络效应,就会吸引更多的用户加入网络。庞大的客户群是互联网企业的最大的"资产"。如果网络企业成功地掌握了大众的注意力,则可以认为该企业已经成功地完成了经营销售的"战略目标"。网站的访问量越大,该网站所蕴藏的商业价值就越大。当一个网络吸引了足够多的人参与时,只要少数人去购买他们的收费产品,就足以使网络企业盈利。一项网络软件和服务中有99%的用户选择免费版,也许只要1%的付费用户就可以支撑整个业务。例如,360安全卫士网站在中国有2.4亿用户,其中只有1%的人需要付费服务,意味着该企业拥有240万的付费消费者,即使这样,这一数量也远远超过任何传统经营模式中在商店或书店能销售出去的商品总量。

长尾理论能够成立与互联网企业的市场结构与性质有关。

互联网是交互作用的平台。交易有买卖两方,互联网企业作为第三方为买卖双方提供服务。这种交易与传统市场的不同,不仅在于平台企业可以促成交易,而且买卖双方中任何一方的数量越多,就越吸引另一方的参与。这种市场形态被称为双边市场。而双边市场具有以下两个鲜明的特征。

- 作为交易平台,互联网企业同时向交易双方提供相同的或不同的服务,这些服务在促成交易双方达成交易方面是相互依赖、相互补充的。只有交易双方同时出现在平台上,并同时对该平台提供的服务有需求时,平台的服务才能真正体现其价值。
- 交叉网络外部性。网络外部性是指某个产品或服务的价值随着消费该产品或服务的消费者数量的增加而更快地增加。交叉网络外部性是指交易平台上买方(或卖方)的数量越多,所吸引的卖方(或买方)的数量就会越多。

作为双边市场的第三方平台,互联网企业为两边提供服务,本可两边收费,但是如果对买方免费,将有利于有更多购买者参与;由于交叉网络效应,这也引起更多的销售者进入这一市场,也就更有利于较多的交易在互联网企业的平台上进行,从而就可获得更大的收益。这被称为交叉补偿策略。

交叉补偿策略也包括对买卖双方都免费,而从其他业务获得补偿收入。从创办时起,淘宝网就一直对买卖双方都免费,但这时网上交易平台延伸为网上综合营销平台,淘宝网通过提供广告推广业务等获得补偿。这里,广告业务意味着向第四方收费,即付费方既不是买者,也不是卖者,更不是淘宝网自己。还有人认为,支付宝和淘宝的结合形成了淘宝的一个融资机构,用户在淘宝上通过支付宝将钱汇到支付宝,支付宝可把资金收集起来进行投资盈利。

互联网企业的商业模式常常被概括为以免费聚集"人气",也叫"吸引眼球","注意力经济"。但互联网企业是交易平台,需要"黏"住用户,并把其中的一部分转化为收费用户。例如,阿里巴巴有着超过3 000万的国内商品展示企业用户,大多数用户是简单注册的非付费用户。阿里巴巴的收入增长来自于从免费到收费的转化率。如果不能黏住用户,早期花费很多代价引起关注,但关注一下子就匆匆离开,人气就聚集不起来,建立网站就达不到预定的目标。

商业模式创新

黏住客户就是使客户有很大的转换成本。转换成本是指当客户从一个产品的提供者转向另一个提供者时所产生的成本，包括经济、时间、精力和情感上的得失。当客户从一个企业转向另一个企业时，如果为此会损失大量的时间、精力、金钱和关系，就意味着较高的成本。转换成本的存在表明优先占领市场的重要性。

但人为地增加转换成本，会吓住一些潜在客户，也导致现存顾客的不满甚至报复。增加转换成本的关键是增加互联企业服务的吸引力，它体现互联网企业的核心竞争力。例如，腾讯QQ已经变成很多人生活中不可缺少的一部分，联系朋友、兴趣交流、业务联系甚至是寻找爱情，都可以借助QQ做到。离开了QQ就意味着交流成本大幅上涨（时间成本或金钱成本等），甚至还会失去一部分联系，如果要重新构建依托QQ所建立起来的关系网，可能需要付出很大的成本。腾讯公司能成为我国互联网企业的翘楚，不是偶然的。

免费还是收费，都不过是双边市场定价的策略，对一边的免费只是收费的一种特殊情况，也就是零价格。在双边市场中，平台企业面对价格弹性不同、相互之间存在网络外部性的两边，定价的焦点问题是如何为交易平台吸引尽可能多的用户。因此，平台往往采用不对称定价策略，以低价大力培育客户基础，通过网络外部性的作用来吸引更多的用户到平台上来交易，并对另一边收取高价，以保证平台的收入与盈利。

人们在肯定互联网免费商业模式的同时，也在历数这种模式的弊端，例如容易造成垄断、竞争过度、侵权与信用缺失、广告点击率低等。

互联网企业能否改为收费模式，关键是网站能不能产生足够的吸引力。如果新的互联网企业能抓住人们的新需求，用户愿意付费，那么就可以在收费基础上成功建立互联网的商业模式。例如，中国配货网（www.peihuo.cn）就实行双边收费。中国配货网主要对货运市场提供信息服务，实行收费会员制，日浏览量几十万人次、注册用户超过10万人，收费用户群体是货运司机。他们为什么愿意付费呢？原来是因为我国的公路货运市场较分散，数百万独立的个体车主和小型货运公司构成了这个市场的供给方，全国货运行业前50名的公司全部加在一起，所占的市场份额还不到1%，而需求方则由数量更多的独立货主构成。由于供需信息缺乏一种迅速匹配的方式，经常会发生空车与货源近在咫尺，却如隔天涯的状况。配货网的信息中介平台，解决多点对多点的信息匹配问题，所以采用收费模式是可行的。

7.2 从信息互联网到在线生活社区

互联网最初的商业应用是靠一个个独立的站点，为用户提供各种信息及便捷的联系，这些网站可以说是报纸、广播等媒体的电子版，被称为新媒体。事实上门户模式主要的工作就是将传统媒体上的信息综合到自己的平台上，虽然并未提供或者很少提供原创的实时新闻，但作为一个信息的会聚和推送平台，比传统媒体能更快、更广地传播信息，并能在为网民提供免费信息的同时获取大量的流量，根据流量提供广告服务从而实现盈利。

面对各种门户网站提供的海量信息，如何尽快地获取所需要的信息？搜索网站适应这一需要而出现。搜索网站为用户提供检索服务提供了极大的方便，用户只需要在搜索框输入一个关键词，搜索引擎便以特定程序让用户轻松地获取所需的信息。搜索网站在提供免费检索服务时可根据用户搜索内容展示相关广告，精准地定位潜在客户，产生极高的广告效果，因而谷歌、百度成为最赚钱的"广告公司"。

更有蓬勃发展的电子商务向用户提供各种专业商品信息，使人们足不出户就可以买到自己想要的商品，而且还能享受远低于传统超市和商店的优惠价格。

互联网企业对人们生活的影响，首先表现为以提供各种类型的信息这一方式。有人认为这样的互联网应称为信息互联网：网站就是信息提供者，一个网站就是一个信息中心，用户只是信息的接受者。但是人们不仅需要获得信息，还需要分享、互动。人们不能仅从互联网被动地获得信息。互联网在大量的商业应用之前，还在由科研团体或政府机构管理的非商用实验网时期，电脑联网就是为了实现交流与分享信息。用户既是信息消费者，也是信息提供者。互联网秉承的理念应是"人人参与"，信息的处理与控制不应完全由网站负责。

为了实现用户参与、用户与网站互动，互联网的进一步发展方向是成为信息平台，信息的处理和控制最大限度地交给终端节点(包括服务器和用户)，网站只是传递信息。这被称为第二代互联网(Web2.0)。Web2.0网站成为一种信息平台，用户就成为中心。用户既能从网站接收大量信息，而更重要的是可以构建自己的网络，分享信息。新的互联网的特征被概括为个性化、开放、共享、参与、创造。

Web2.0的应用繁多，博客、播客、RSS、SNS等应用向人们展示了个性化时代丰富多彩的生活。基于互联网发展起来的网络社区或社区论坛，包括BBS、论坛、贴吧、公告栏、群组讨论、在线聊天、交友、个人空间、无线增值服务等形式的网上交流空间，集中了具有共同兴趣的访问者。网络社区成为人们现实生活的延伸，使人们的生活内涵更丰富，生活方式更加多元化，更加精彩。在人类历史上，还没有哪一项技术能给人类的生活方式带来如此大的变化。

社交网站(SNS)的涌现体现出人们对建立社会性网络的重视。互联网社会化的应用不断融入新的技术与传播工具。互联网本来是电脑的联网，随着互联网的发展与应用日益广泛，人们在办公室、家庭、旅馆等世界的各个角落都安装了电脑。但电脑也在发展，其应用也渗透到各种产品。人工智能的发展，使互联网也变得日益智能化。随着苹果公司iPhone等一系列智能手机的出现，互联网变成移动互联网。而视频网站的发展，以更大的信息量、个性化，将人们带入虚拟世界。三网融合将通信网、电视网和互联网统筹在一起，为个性化互联网提供了强大的网络基础设施，也促进了围绕个性化互联网的商业模式创新。

互联网日益普及，并融入了人们的生活。人们几乎可在任何时间、地点，用任何终端、任何接入方式通过网络满足自己的各种需求。为此，腾讯控股有限公司董事会主席兼首席执行官马化腾提出了在线生活社区的概念。的确，在城市公交车、地铁、咖啡厅、候机大厅里，人们用手机或iPad上网读写微博、聊天、读小说、浏览新闻，这已成为现代的日常生活景象。越来越多的人通过移动终端下载音乐视频、预订餐饮机票，或实现网上购物和网上支付，移动互联网正在改变人们的生活、沟通、娱乐休闲，乃至消费方式，由此也改变着企业制造产品和提供服务的商业模式。同时，移动互联网还在改变整个信息产业的生态，IT软硬件企业、通信企业、传统互联网企业等纷纷围绕移动互联网推出自己的全新业务战略。马化腾提出,腾讯的商业模式创新,体现在以自己用户群的社区为核心,通过线上整合所有的需求,给用户一个非常直观的能够从自身的需求通过网络获得服务的体验,以服务强化社区的黏性。

【案例 7.1】

Facebook 独特的网络社交平台

Facebook 旨在帮助人们建立社会性网络的互联网应用服务,也就是建立起一个网络社交服务平台,用户在这个平台上可创建属于自己的专区。在 Facebook 里面,因为都是自己熟悉的好友,接收到的基本上是真实的信息,让用户觉得心里踏实、有趣。同时,网络不再是"虚拟"的空间,而成为现实生活的另一版本,而在这个版本里面沟通和互动有时显得更有效率,且更有"人"味,这也促使社交网络的价值飞速增长。

从 Facebook 这几年成长历程中可以看出,其开放、合作、共赢式的战略帮助其一路高歌猛进。目前,在 Facebook 平台上大大小小的第三方合作商家已有数千家,吸引了大量的程序员或公司为其开发各种类型的应用模块,使其网站的用户之间多了很多应用模块,又反过来又刺激了用户的增长。

随着电子商务的变革和移动互联网的迅速发展,Facebook 也在尝试着新的商业模式。2010 年,Facebook 全球用户数达 5.85 亿,平均每秒钟增加近 8 个新用户,成为全球最大的国际化社区。2011 年一季度账号首度超过 Google 公司账号,成为美国网民最常使用的互联网账号。

Facebook 等社交媒体最大的成功是改变了人们使用互联网的方式,并称得上是一次历史性的改变。随着社会向更为多元的文化方向发展,越来越多的人喜欢通过社交网络来表达自己。在上一轮互联网经济热潮中,搜索、娱乐等应用工具趁势崛起,而网络社区化趋势正使提供这些服务的传统互联网企业面临严峻挑战。

【案例 7.2】

埃森哲:移动互联网商业模式的"双模模型"

如今,在各大公共场所,人们用手机或上网本读写微博、聊天、读小说、浏览新闻、玩游戏、听音乐、看视频等,已成为一种日常生活景象。那么,移动互联网时代如何创新业务模式和把握商业机会呢?要回答这一问题,我们必须深入分析互联网行业的成功企业的发展历程及其商业模式,结合移动互联网正在产生的新生态模式,总结移动互联网的商业模式分析框架。

(一)双模模型

我们将移动互联网的商业发展模式归纳为一个包括用户模式和盈利模式在内的双模模型。在这个双模模型中,一边是用户模式,包括用户规模、用户体验、用户黏性3个要素;另一边是盈利模式,包括前向收费模式、后向收费模式、衍生收费模式。

在互联网出现之前的传统商业模式中,用户模式往往不在考虑范畴之内。传统的商业更多从盈利模式开始考虑,所谓无利不起早,一定是有利可图、想清楚了盈利模式才会去做这个生意。但在互联网业务中,企业首先要集中精力考虑用户模式,首先考虑怎么发展用户,怎样以某种方式获得用户,以某种方式提供很好的用户体验,进而形成一定规模的用户平台,等到形成了一定的用户规模和用户忠诚度之后,再考虑如何开发这些用户资源来赚钱。比如YouTube,在网站开办之后很长的时间内并没有确定的盈利模式,但它的网络视频给了用户全新的体验,用户规模迅速扩大,成功地创造了自己的用户模式,从而为相应的盈利模式创造了坚实的基础。

移动互联网的商业模式这个双模模型给出一个重要启示:在移动互联网时代,人们可以同时考虑用户发展和盈利模式,但是应该明确地分开考虑,并考虑好时间发展顺序,这对发展移动互联网业务是有益的。移动互联网业务的发展,首先必须建立用户模式,通过聚集人气、"黏住"用户,形成巨大的用户空间;然后建立盈利模式,即在这个已经形成的用户空间里寻找合适的商业价值,来达到我们的商业目标。

(二)两个空间

移动互联网是一个虚拟的空间,是一个由众多个人组成的社会化网络空间,根据消费者在这个社会化网络空间中的商业消费行为的两大类,我们可以把社会化网络中的这个虚拟空间分成两个子空间:数字消费空间和实体生活映射空间。

第一类子空间即数字消费空间,在这个空间里的产品是纯数字化的消费品,听音乐、读书都是可以数字化消费的。而传统的书籍和唱片这些有形的东西其实都只是载体,我们真正消费的是音乐本身和文字所带来的信息,而不是光盘和纸张。所有这些信息产品现在都已经数字化,所有这些信息化产品的生产和传播都可以在网上实现,不再需要建立任何一个有形的载体。

第二类子空间即实体生活映射空间。现实生活中的许多消费行为,比如吃饭喝酒,没有办法放到虚拟空间去进行,还必须让我们的真身到实地去消费,但即使是餐饮、娱乐、旅行这些实体生活中发生的事情,也是可以通过信息映射到网络空间的,这个空间被称为实体生活映射空间。我们通过映射到这个虚拟空间的信息,去驱动和影响我们在实体世界中的行为。比如电子商务、网上购物,都是通过网上信息去驱动的一个个消费行为。

(文章来源:中国信息产业网)

7.3 从网络销售到网络共创

互联网作为双边市场的平台,它的作用不仅仅表现在交易方面。有共同兴趣、需要和经验的消费者借助信息平台会自发地集结成消费者社区,分享借助互联网所获取的世界各地的产品、技术、性能、价格、消费者倾向和反应的信息,同时也借助网络亲自从事实验,甚至开发新产品,使之在网络与社区中流传与扩散。在这种情况下,消费者不再是被动地等待着被满足的群体,企业也不能再像以往那样进行单边思考和采取单边行动,因为价值不再只是由企业创造。青岛海尔集团的负责人张瑞敏说,生活在互联网时代,企业和用户之间不是信息不对称,而是变成了信息对称。"现在企业和用户之间信息不对称的主动权改变了:过去传统经济下,不对称的主动权在企业手里,我生产什么,用户被动接受什么。但是现在主动权到了用户手里,用户选择权非常大,他们可以在互联网上看到所有产品,所有价格,然后从中选择。这个时代不是以企业为中心,而是以用户为中心,这是一个非常大的改变。如果企业不能因时改变,还抱着低成本、大规模制造(的念头),肯定不行。"

张瑞敏还指出,传统经济下营销的优势是"价格+广告"。如果你是广告的标王,又有价格的优势,肯定在市场上有优势。但现在不行了,必须从以价格低为优势卖产品转变到以用户体验为中心的卖服务上,如果还是靠广告、靠低价,企业不可能有长久的竞争力。

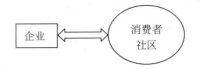

图 7.3 企业与消费者社区关系图

企业与消费者社区的关系如图 7.3 所示。

C. K. Prahalad 在《消费者王朝:与消费者共创价值》一书中提出,消费者和企业共同创造价值的时代已经来临,认为共创价值的核心思想是如何使消费者成为对等的问题解决者,使其作为一个集体去创造价值、获取价值。以前人们采取的是以企业为核心的价值观,现在则是以体验为核心的共创价值观;以前人们把消费者定位为目标,如今人们把消费者视为价值的共创者。共创价值完全不同于以消费者为导向的价值模式,而是一种全新的价值创造模式。价值的概念在发生变化,它不再是产品或服务与生俱来的特质,不再是由产品的生产者或服务的提供者来提供,而是必须有消费者参与,双方共同创造,并通过消费者的亲身体验来实现。

在这种情况下,如何利用消费者社区,对于商业模式创新的成功实施就十分关键。传统市场与作为论坛的市场的关系如图 7.4 所示。

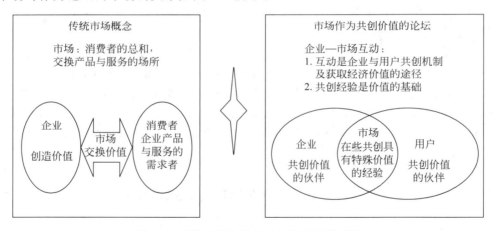

图 7.4 传统市场与作为论坛的市场关系图

共创价值使互联网成为人们讨论问题的平台。消费者可以与生产者讨论有没有更好的"解决方案",生产者也可以提出新的解决方案供消费者选择。也许最终的解决方案难以一下子达成,需要持续的交流。互联网是消费者共创价值的平台,市场就成为论坛。

这是企业创新方式的重要变化。

长期以来,许多企业接受市场导向的观念,强调以市场的需要引导企业的经营活动,以传统的营销调研活动作为企业经营工作的起点和基础。传统企业为了创新,往往先通过市场营销人员进行市场调查,了解客户对已有产品的意见,吸收顾客的建议。市场营销人员将客户的意见与建议反馈到产品开发部门与制造部门,这些部门的人员再经过研究与改进提出新的方案。实际上这就是大多数传统企业的创新流程。采用这种方式,确实可以使企业的产品或服务能够适应现有市场的需要,也可以从顾客那里获得建议,对现有的产品或服务进行改进。

但是,传统的企业只把创新看作是企业自身的事,没有把客户也看作创新的源泉。对任何创新,与用户的合作与互动都具有特别重要的意义。创新通常被描述成制造商千方百计了解用户的需求,根据用户的需求进行创新,为此制造商就要搜集用户的需求信息,并且要识别这些信息,而创新的产品是否适合用户的需求,也还需要在市场上验证。既然这样,制造商为何不换一个思路:从一开始就吸收用户参与创新?

互联网本身就是用户创新的案例。互联网之父 Tim Berners Lee 是欧洲核子委员会的软件顾问工程师,1991年夏天他把超文本用于日趋现实的联网电脑,开创了互联网。一开始 Tim Berners Lee 只是想解决阻碍工作的难题,他的创新能产生如此大的影响,是当初未曾想到的。

在互联网环境条件下,借助于社区的论坛,企业生产人员、研发人员与营销人员可以与客户与准客户直接对话讨论交流,吸收用户的创意,实现生产者与用户互动。这样一来,企业就有两个创新源:一个是来自企业内部的创新;另一个是来自用户的创新。两个创新源互相补充,来自企业的创新主要考虑技术上的可实现性,而来自客户的创新主要考虑使用价值。

麻省理工学院(MIT)的创新管理教授 Eric Von Hippel 致力于研究用户创新,他发现用户创新是为了满足和实现现有产品所不能满足的隐性需求。Eric Von Hippel 主要从"创新信息黏性"或隐性知识的黏性来解释这一点。用户在使用过程中积累的隐性知识,致使用户也可能作为创新源而存在。但由于用户的知识黏性过高,难于转移。如果用户不创新,则未满足的需求可能永远处于未满足状态,只有与制造商合作或在制造商引导下创新,才能获得所需要的解决方案。

用户愿意把成果无偿转移给制造商,包含如下动机:首先,通过向相关制造商提供创新成果,有利于发挥制造商所拥有的专业技术与设备能力,对其进一步改进与完善;同时,大规模生产有利于降低成本,可使创新型用户获取性能更佳、价格更低的创新产品,满足自身需要。其次,向业内同行提供创新成果,不一定总会导致竞争加剧,有时反而有助于设立对创新提供者有利的行业标准。比如说某创新型用户在上游产品的应用中发明了对整个行业有意义的新工艺,并可能成为新的行业标准,而这种新工艺又与该企业所拥有的某项技术为补充性资产相关,这时企业很可能向其他用户无偿提供创新成果。最后,为了心理上的满足、社会的认可、良好的声誉,消费者和企业用户也可能无偿提供创新成果。提供者与获取者没有明显的利害冲突,双方的合作容易实现,用户就容易转移创新成果。同时,用户创新所具有的外部性,使创新者可获得好的声誉,激励其获得更大程度的满足。

用户创新与企业的创新一起形成共创局面。这是实施创新的最佳途径,因为这有利于发挥各自的优势。随着技术日益复杂化和市场需求日益多样化,一方面,用户存有的隐性知识比重增大,没有用户参与,制造商很难满足个性化的市场需求;另一方面,由于职能定位不同，用户也难以具备制造商所拥有的技术设施和人才储备，没有制造商的合作，用户进行的创新很难达到满意的效果。两者合作，可实现用户与制造商的资源优化配置，实现双赢。

制造商与用户的合作未必是一次性的。具有代表性的情况是，制造商先行提出创新成果，并预留一定创新空间，供部分选定的用户依自身情况创新后，再将含有用户创新的成果转至制造商，由其进一步完善后生产、市场化。用户创新的起点是制造商提供的创新构思或原型，通过增强用户需求与制造商创新系统的匹配性，可提高创新成果市场化成功的可能；同时，充分预留的创新空间，将能充分容纳用户的创新需求，可有效实现制造商对用户所拥有的隐性知识的获取。

在这种情况下，制造商与用户就可能形成一种创新社区，共同感兴趣的是创新，反复交流，互动学习，共同探索新技术、新能力、新产品及新市场的应用和内涵。

对创新感兴趣的用户未必可在已有的客户关系中发现。现有客户关系是基于原来已有的产品与市场。客户关系管理一般是指通过培养企业最终客户、分销商和合作伙伴对本企业及其产品更积极的偏爱或偏好，留住他们并以此提升企业业绩的一种营销策略。客户关系管理的目的是充分利用现有客户资源，关注现有客户需求，使企业采取更有效的措施，保持和扩大目前产品客户群体，保证企业平稳发展。

企业对潜在客户或志愿者的管理构成另一类型的客户关系管理。这种客户关系管理即制造商与用户的合作创新，是通过一定方式将符合企业发展所需的用户创新纳入企业内部，并实现有效吸收、利用的一种技术创新战略。所关注的潜在创新用户群体，可使企业更好地服务未来的用户，吸引更多的未来用户。

这里有两类不同的客户关系管理，不妨区分为第一类客户关系管理与第二类客户关系管理。两者的出发点不同：第一类客户关系管理旨在吸引和保持更多的客户，销售更多的产品与服务，从而增加营业额；第二类客户关系管理旨在实施产品创新而不是产品销售，用于吸收用户的创意，维持企业与用户的共创。

两者关注的客户群不同：第一类客户关系管理主要关注企业现有的目标客户群，希望更大限度地挖掘用户需求信息，实现价值最大化；第二类客户关系管理关注用户的创新，希望发现产品创新中的"先导用户"。"先导用户"未必在现有的企业客户群或目标客户群体中，极可能出现于与企业目前服务领域毫无关系的人群中或其他行业中。

两者关注的知识类型不同：第一类客户关系管理关注现有的客户需求信息，已经存在的市场知识，以保证企业平稳发展；第二类客户关系管理关注用户的潜在需求，所要获取的可能是尚不存在的市场知识。

两者所需要的技术支撑不同：第一类客户关系管理旨在获取用户的信息，消费者处于被动，只不过是企业销售的对象，甚至是企业的"猎物"，需要的是信息互联网技术的支持；第二类客户关系管理主要用于企业与用户的沟通，消费者要求有多种渠道与企业互动的自由，特别是消费者要求以自己偏好的语言和方式进行互动和交易，企业必须应用新的互联网技术尽力满足消费者的个别选择，并重视交易过程时的共创经验。

【案例 7.3】

沙发 DIY 业务模式（复旦大学 MBA）

沙发这一常见的家具，是每个家庭必不可少的，一般大家买的沙发大体不是皮的就是布的，皮的只有颜色的选择，布沙发还可以选择一下面料的花纹，但是这些都是工业设计的产品，大多走中庸路线，不能很好地满足当代年轻消费者的个性需求。试想一下，如果可以自己设计沙发面料的颜色、花纹、图案、文字，甚至用自己孩子或宠物的照片、自己的指纹、唇印等印刷在沙发的指定部位，那该是一件多么酷的事情。

上海有这么一家公司，专门从事沙发的 DIY 业务。这家公司就是 Sofapop，一家丹麦公司，利用网站和独特的数码面料印刷技术，使得这项业务成为可能。公司的创始人 Simon 来自丹麦，是复旦大学的留学生，专长于产品和艺术设计，最大的梦想就是把自己独特设计的产品奉献给消费者，让大家体验美好的产品和生活。因此，他在公司的头衔是首席沙发专家。

消费者可以通过他们的官网 http://www.sofapop.com/ 或者遍布上海的门店（目前在港汇，环海路百盛，红星美凯龙中环店，正大广场都有）自己选定需要的沙发款式，然后在网上进行设计上传。在店面甚至还提供了指纹和唇印读取的设备，消费者可以把自己的指纹和唇印都设计到沙发上，在沙发上留下自己的 DNA 印记。如果想让朋友和家人对自己的设计进行把关点评，可以先不下单，通过网站提供的功能把自己的作品用邮件发送出去，也可以在注册用户名后保存在网站的个人空间中。等设计成熟后，可以通过网站付款、下单，然后就可以在家里等待厂家送货上门。如果对自己的作品还是不满意，可以请厂家的专业设计师为你免费修改，通过邮件确认后再下单。

毕竟沙发不是很便宜的产品，为了打消消费者对产品质量和效果的担心，消费者可以选择先体验这种模式在抱枕上的效果，一个抱枕的价格在百元左右，即使效果不理想，也不至于太后悔。很多消费者都抢先体验，先从抱枕开始，年轻的父母把自己孩子照片印刷在抱枕上，寄回给老家的爷爷奶奶，老人家抱着柔软的抱枕，看着抱枕上孩子可爱的样子，一股浓浓的亲情涌上心头。情人节推出的专题，可以把思念的话语和自己的照片打印成抱枕或墙画，送给自己的恋人，也是火爆一时。

沙发 DIY 获得了越来越多消费者的认同，特别是敢于尝鲜的老外，更是爱不释手，不少在店面看到后就当场下单，随着时代的发展，消费者的心理和需求都会发生变化，这些变化就是商机，怎么去开发新的商业模式来更好地满足消费者潜在的需求，则是摆在每一位创业者面前的一道课题，如果能为消费者创造新的价值，则可以在竞争激烈的市场开辟一片利润丰厚的蓝海，给公司带来可观的回报。

7.4 双边市场上的商业模式创新：威客与众包

威客"Witkey"（智慧钥匙）是由刘锋杜撰出的一个词，意指可以让智慧、知识、专业特长通过互联网转换成实际收入的人。按照这一思想，刘锋于 2005 年开始建立威客网（witkey.com），试图将中国科学院的专家资源、科技成果与企业的科技难题对接起来。

在建设网站的过程中,刘锋发现通过互联网解决问题并让解决者获取报酬是互联网一个全新的领域,于是他开始通过边实践边总结的方式对这个领域进行探讨和研究,为此他提出了威客理论。

刘锋提出了以下三个相互关联的观点:

- 从20世纪80年代开始,电子公告牌的功能不断分离,产生了博客、维基百科等互联网新应用。智力互动问答功能于21世纪初也开始从电子公告牌中分离出去。
- 随着互联网支付手段的不断成熟,信息完全免费共享的互联网时代已经过去。知识、智慧、经验、技能也具备商业价值,可以成为商品进行买卖。
- 知识、智慧、经验、技能的价值化是促进人参与智力互动问答的催化剂。

基于上述三个观点,2005年7月6日,刘锋在一篇讨论文章中第一次提出了威客模式的概念:人的知识、智慧、经验、技能通过互联网转换成实际收益的互联网新模式。主要应用包括解决科学、技术、工作、生活、学习等领域的问题。

互联网不但连接了世界各地的机器,它也把地球上各个角落的人联结在一起。在威客模式下,每一个人都可以将自己的知识、技能、经验、学术研究成果作为一种无形的知识资本通过网络进行销售,通过威客网站让自己的知识、经验、成果转化为个人的财富。

威客模式提出,用悬赏模式应对低端任务,用招标模式应对中高端任务,为每个威客开辟个人空间进行能力展示和智力作品买卖,对每个任务发布者和威客进行信用评级,开发自己的支付宝进行支付保护。

威客网站上的用户按照其行为可以分为两类:需求者和服务者(解决者)。其中需求者提出难题和发布任务,在获得合适的解决方案后支付报酬给服务者。服务者接受任务,当服务者的解决方案得到需求者认可后,服务者获得约定的报酬。

威客模式网站主要有以下几种运营流程:第一种是提问者(需求者)提出难题,服务者作为回答者收到难题,给出正确答案,需求者收到正确答案,然后由需求者支付报酬给回答者。按照如图7.5所示的顺序为:1→2→3→4→5。第二种是威客模式网站聚合回答者专业特长信息,提问者可以通过威客模式网站直接找到合适的回答者,提问者获得正确答案后支付报酬给回答者。按照图示顺序为:3→4→5。

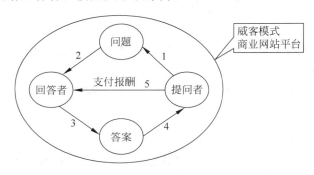

图7.5 威客模式商业网站运营流程图

采用威客模式,网站、需求方、威客会员三方都能轻松获利。网站成本极低,每天都有无数单业务可坐收20%佣金;需求方不但能迅速解决难题,成本还比自行解决低了不少;

威客会员用业余时间在家里设计方案,轻松方便。

无独有偶。中国人提出威客模式,美国人也杜撰了Crowdsourcing,意思是众包。众包指的是一个公司或机构把过去由员工执行的工作任务,以自由自愿的形式外包给非特定(而且通常是大型的)大众网络的做法。与此对应的是Outsourcing,即外包。众包与外包不同,外包是把任务包给特定的人,强调的是高度专业化,通常有较高的费用;而众包是一种通过悬赏方式向公众求取解决方案,或者说以公开招标的方式传播给未知的解决方案提供者群体。方案提供者多为业余人士或志愿者,他们可以利用空余时间探究解决方案,而且有了结果才付费,有时甚至不用付费。对企业来说,这是更广泛地倚靠社会人才,在花费较少的情况下得到解决方案。

众包模式已经对美国的一些产业产生了颠覆性的影响:一个跨国公司耗费几十亿美元也无法解决的研发难题,却被一个外行人在两周的时间内圆满完成;过去要数百美元一张的专业水准图片,现在只要一美元就可以买到。

如图7.6所示威客与众包实际上是同一类商业模式,只不过是视角的不同。威客与众包都有三个要素构成,也就是双边市场中的三方,一方是提问者或求索者,也就是需求方;另一方是回答者或解决者,总之是供给方;还有一方是网站平台。威客模式是从供给者的角度出发,考虑如何利用自己的智慧、知识、经验等为需求者提供解决方案。而众包模式是从需求者的角度,考虑如何利用外部公众的智慧、知识与经验,解决企业内部的难题。

图7.6 威客与众包

我国企业用众包方式解决企业产品广告设计和商标设计等已很普遍,把众包作为企业创新的一种手段或方式将成为一种必然趋势。商业应用包括k68.cn、猪八戒网、任务中国、淘智网、witkey.com等数百家网站,通过商业实践,这些网站已经形成成熟的商业模式。

我国威客模式运营网站典型代表如图7.7所示。

图7.7 我国威客模式运营网站典型代表

猪八戒网是重庆人朱明跃创办的,这是一家发布问题并招募解决方案的网站,现在是同类网站中最大的一家。猪八戒网有150万注册会员(威客),主要能力集中在营销创意、平面设计、文案写作、软件开发等方面。猪八戒网把任务公开之后,全国各地的注册威客就来参与竞标。假设有1 000名威客参加某项任务,猪八戒网就可以征集到1 000套方案,让客户挑选。最终客户选定了某人,猪八戒网就把赏金的80%给他,余下的20%就是网站的收入。

面向创新的威客与众包的中介或平台,就成为一种"创新中心"或"创意中心"。这种双边市场的平台,既是创新人才"解决者"会聚的平台,也是人们带着难题来寻求解决方案的平台。要创新的企业通过这个网络交易平台可以找到难题的"解决者",企业付出的费用远远低于自己雇佣人员或外包给其他企业的成本,而用户的业余爱好却可以从被采纳的设计和创意中得到相应的收入。

中国创新激励中心(Evo Centvie)是国内首家采用众包模式的创新中心,致力于帮助企业解决发展中的各类中高端难题,并为我国所有行业工作者提供展示自身能力的平台,树立"人人都是专家"的职业新风尚。该中心在国内采用最新的交易方式,以创新激励的方式来推动社会各界共同参与我国企业的创新。在项目内容上,中心关注企业在竞争中的创新发展难题,通过创新激励中心的资源优势,带动全国乃至全世界的行业人才帮助企业解决这些问题,项目激励报酬预定在5 000~50万元之间。创新激励中心作为第三方,将促进第一方与第二方达成合作,并对难题提出者(seeker)和解决者(solver)进行监督,以保证难题的顺利解决。通过创新激励中心的服务,国内企业可以用最少的资金来解决企业的发展创新难题,避免了为解决这些难题聘用专用雇员。对于各类专业人才来说,通过创新激励中心的服务,每个人都可以开拓第二职业,充分发挥个人或集体优势来获得本职工作之外的报酬,并享受创业的乐趣。

美国的Inno Centive网站聚集了9万多名科研人才,他们共同的名字是"解决者"。与此对应的是"寻求者"(seeker),成员包括波音、杜邦和宝洁等世界著名的跨国公司,他们把各自最头疼的研发难题抛到创新中心的网站上,等待隐藏在网络背后的高手来破译。创新中心最早是由医药制造商礼来公司资助的,创立于2001年,现在已经成为化学和生物领域的重要研发供求网络平台。公司成员(寻求者),除了需要向创新中心交付一定的会费外,为每个解决方案支付的费用仅为1万~10万美元。创新中心上的难题破解率为30%,创新中心的首席科技官Jill Panetta认为,在网上广招贤士的做法"和传统的雇佣研发人员的做法相比,效率要高出30%"。

2005年,美国麻省理工学院教授Eric Won Hippel对此作出的评论是:创新正在走向民主,传统的企业往往采用先市场调研,然后再进行生产、市场推广,却不知这一过程已造成了巨大的浪费。同时他认为,以用户为中心的创新,将比数年来占主流地位的制造商为中心的创新更有价值。用户愿意为定制的非大众的产品付费,用户的需求正在走向个性化、多样化,市场也变得更加琐碎化,这些原因加速了用户创新的要求和能力,产品设计由过去的以生产商为主导,转向以消费者为中心。因为没有人比消费者更了解自己真正的需求,他们的先导使用者比任何一家企业的研发部门都更活跃、更具有创造力。

【案例 7.4】

大家都来找金矿

加拿大安大略省红湖地区是全世界最大的黄金矿区之一。几年来,黄金公司在该地区的子公司总裁麦克伊文,一直充满了挫折感。因为据权威测算,公司矿区的黄金储量非常巨大,但公司的地质学家却始终不能计算出具体的储量和确定的矿点位置,致使公司的经营出现了重大问题。

1999年,麦克伊文到美国参加一个青年总裁会议,会议期间,他被Linux这种世界级计算机操作系统独特的开发模式深深吸引了。Linux开放了被人们视为机密的源代码,结果世界各地的程序员进去,将Linux的程序修改得更加优秀。麦克伊文突然意识到:"如果公司内部员工不能发现金矿,也许其他外界人士能行,像Linux那样做,开放金矿的勘探过程和数据,也许就能从全社会找到这些人。"

2000年3月,黄金公司正式向全社会启动了"黄金公司挑战赛"。公司提供了57.5万美元奖金,奖励那些提供了最好找矿方法和最准确估计的参与者。公司公开了过去52年来积累的红湖地区55 000英亩矿区的内部机密地质数据,大约有400兆的内容。竞赛问题是:"在红湖地区的哪些地点可以为公司找到600万盎司黄金?"

黄金公司建立了专门的竞赛网站www.goldcorpchallenge.com,有意参与者在网站注册,然后公司会给每个参与者寄去一份光盘,盘内附有软件,通过它可以浏览网站上的矿区虚拟场景,搜索数据库的地质数据,分析、描述二维和三维数据。

一年之内,黄金公司挑战赛网站吸引全球各地的人475 000次点击,来自50多个国家的1 400个个人、公司、大学、国内外政府地质机构在该网站注册,除了地质学家外,竟然有大量的研究生、咨询师、数学家、军官加入进来,使用了应用数学、高等物理、智能系统、计算机图像学、有机方法等黄金公司没采用过的方法。这些虚拟的探矿者们,研究了这些数据后标示出110多个勘测目标,其中50%是公司未发现的新目标,这些新目标中又有80%探明有丰富的黄金储量。当时,5个排名在前的新目标有4个试钻,探出了金矿。最终探明的黄金储量超出预计的600万盎司,达到800万盎司。

2001年3月挑战赛揭晓,主要来自澳大利亚、加拿大、美国、俄罗斯、西班牙等国家的29人获奖,他们按贡献大小分走了57.5万美元奖金。

这次在过去看来不可思议的挑战赛,引起了轰动。现在,黄金公司已成为世界上产量最大的黄金生产企业之一,多伦多和纽交所上市公司,被《商业周刊》、《快速公司》杂志评为50家最有创新意识、最具成长性的公司之一。2006年,它的资产规模超过100亿美元,也是增长最快、成本最低的业内翘楚。

【案例 7.5】

Threadless.com 网站

2000年,美国有两个辍学的高中生 Jake Nickell 和 Jacob DeHart 创立了 Threadless.com 网站,他们都是芝加哥在线社区 Dreamless 的积极参与者,Jake Nickell 赢得了 Dreamless 发起的 T恤设计大赛,于是萌发了建立一个 T恤衫设计社区的念头。

无论是专业设计师还是业余爱好者,都可以提交设计想法,社区对这些设计和顾客购买意愿进行投票调查(通常从 0 到 5 打分)。通过这个信息平台,Threadless 每周都能为其中一个产品挑选出 6~10 个设计方案。胜出者会收到价值 2 500 美元的现金和奖品。更关键的是,其设计能得到大家的公认后,每一件 T 恤衫的标签上都印有设计者的名字,社区成员还可以穿上获胜的 T 恤衫拍照片,并将其列入在线产品名单。

这里云集了众多服装设计师。开始,所有人都可以向网站提供 T 恤设计方案,由用户评选,获胜者将免费得到自己设计的 T 恤,其他人也可以购买这些 T 恤。很快,在热门的电视节目中和影视明星的身上,开始出现获胜的设计图案。以后,公司的营业额几乎每年翻一番。现在,这个网站每周都会收到上千份设计稿,由 Threadless.com 社区的 60 万网民票选,公司在前 100 名中挑选 9 款进行生产,每款都会热卖。

2006 年,该公司的 T 恤衫销量多达 1 500 多万件,顾客遍及全球,成员超过 60 万名。Threadless 每周都能收到 800 多个新设计方案,每天有超过 1 000 名新注册用户来进行设计和艺术方面的讨论。这一切都不依赖于传统的广告宣传和促销,也不借助大型零售商在全世界的门店。

Threadless 让它的顾客来进行设计,自己选择生产线,确定产量,并负责市场推广以及销售工作。生产是外包的,Threadless 需要做的仅仅是维护网站而已。这意味着零市场风险和负运营成本。客户社区承担了创新、新产品开发、销售预测和市场营销等核心功能。

第8章

企业技术创新与创新型企业的商业模式

8.1 企业技术创新模式的历史发展

关于技术创新现象的研究发现,新的创意总是首先在社区内产生、传播与扩散。社区是个广泛的概念,我们在上一章讨论了消费者社区,还有消费者与企业组成的创新社区。对创新社区有深入研究的学者 Dimitris G. Assimakopoulos 从社会关系系统的角度来界定创新社区,他提出创新社区有四个层次:首先是社会关系地域性系统的社区;其次是以"共享经验环境"为特征的实践社区;再次是科学家与技术专家融入一种共生关系的科学与技术社区;最后是以推广和明确解释被认同的技术惯例为宗旨的由专业人士组成的技术社区。

但是,自工业化革命以来,不同历史时期各种创新社区的在技术创新中的地位与作用是不同的。

英国工业革命时期,主要的技术创新发生在企业之外的专业技术社区。工业革命的标志是前所未有的蒸汽机、采矿设备、纺织设备、车、船、机床的纷纷涌现,但标准化、可互换性以及用于测量的理论与工具在当时都处于初步发展阶段,因此造成原材料质量参差不齐,设备的稳定性比较差。当时的企业普遍没有专门的研发组织,即使是最强的那些企业也没有内部研发单位。技术创新活动的主体是以工匠为代表的熟练技术工人,这些工匠具有较高的社会地位,他们在当地(尤其以城镇为单位)形成了独特的创新群体。工匠作为设备的发明者与使用者,自主地进行技术发明与改进,他们还通过当地商业报纸(包括工人报纸)以及人员流动等方式在不同企业主之间传播技术。

这一时期,企业要获得技术,就要雇用工匠,建立以工匠为主体的学徒制度,由工匠组织学徒进行生产。工匠的工资通过工会得到保障,在某些行业学徒工资则由工匠决定。学徒通过较长时间的学习,逐渐提高技术水平,也可进入工匠阶层。另外,工匠也可利用技校的夜课对初级工人提供基本培训。

这一时期的技术创新,如 Alfred Marshall 所说:"经济进步的秘密似乎是飘散在空中一样,无处不在,而又不可捉摸。"这使得英国的工业地区创新能力非常强,而相同区域内的不同企业彼此之间却没有什么大差别。

19 世纪后半叶到 20 世纪第二次世界大战之后,钢铁、石油精炼、金属包装、烟草、农业设备、汽车、电信等行业获得高速增长。美国本土交通运输大发展,使整个大陆成为规模巨大的统一市场。由于美国技术熟练的工人不仅可以在公司间流动,而且可以在整个大陆范围内自由流动,美国公司面临缺少熟练工人的困境,这使得发展替代劳动力的自动化、标准化技术成为企业的首选。企业开始雇用接受过高等教育的专业人员进行专门的技术研发工作,企业内的实验室制度慢慢发展起来。爱迪生公司等在企业内部建立由科学家组织领导的实验室是典型的代表。"二战"时期,同盟国与轴心国为了发展武器,各自建立了大量科学家与专业人员组成的大规模项目实验室。这种由专业化人员组成、以项目为导向的实验室制度在战后被各大企业吸收借鉴,特别是在美国,一些典型的公司都在企业内部建立了研发部门。

企业研发部门的专业人员不仅仅追求企业内部职务的提升,而且追求在专业领域内的进步,例如,工程师职称、学术界的声望等。由他们组成的协会与团体成为企业研发人员学习与提高技能水平的专业社区。但是这一时期技术创新最重要的实践社区还在企业内部,人们在企业里共同工作,每天分享和交流某一特定领域的知识,并受到组织范围内的正规的与非正规的关系和共同具有的身份的约束。实践社区的主要特征是"情景学习",即在特定的环境里学习默许的知识。实践社区的创新常常由"非规范实践"引起。

企业管理的主要思路是通过面向市场开发新产品的方式来保证企业的竞争优势,企业越来越把技术创新活动控制在企业内部。随着研发部门在企业发展中的地位日益重要,企业规模也越来越庞大,一些大型企业如美国福特汽车公司不仅自己进行技术研发、生产、组装汽车,独立培训员工,而且还要自己生产钢铁、轮胎,甚至拥有自己的橡胶园、自己管理运营的铁路来运输生产的汽车。

20世纪末与21世纪初,以信息技术为代表的高科技发展使社会经济进入全球化、信息化、知识化时代,企业创新模式发生了新的变化,企业与顾客、大学、科研机构、政府项目以及其他企业结成紧密网络,进行知识创造与分享,由不同的创新主体合作而形成的技术创新网络逐渐成为企业技术创新活动的重要组织形式。一方面,新产品的创造或现有产品的改进设计要求不同领域的知识和技能;另一方面,科学和技术的发展非常迅速,其结果是没有一家公司或研究机构具有各个领域的技术开发能力,而技术创新网络为提高企业成长速度提供了一个最佳途径。技术创新网络的存在,不仅为技术创新提供了更加广阔的平台支持,也打破了组织边界,为组织学习由个人、组织内团队到更高层级的跨组织学习创造了条件。因此在技术创新网络中,企业工作的重点之一就是如何在技术创新网络中充分利用网络资源,与合作伙伴进行高效的合作,在网络内部创建学习型企业,并进行有效地跨组织学习,最大限度地提高技术创新绩效以构建自身的核心能力。

伴随着美国高科技创新企业兴起,还有大量的制度改进与经济条件变化:①风险投资为那些处于创业期的突破性技术创新提供资本支持与管理资源支持;②创业板市场与股票期权激励制度,为创业人才、技术人才与管理人才提供机会;③完善的知识产权保护制度,保证创新成果不被侵犯;④丰富的可选外包服务,包括制造外包、销售外包、人力资源外包、法律服务、财务会计服务等,几乎所有经营职能都能找到大量优质外部服务提供商;⑤丰富的知识来源,使创新活动越来越依赖社会组织的协同与分工,创意可以来自企业外部网络中多个参与者。

新经济下企业的价值源泉是其核心技术能力,尤其是专利、商标、版权、技术秘密等成为重要的创新投入与产出。企业依靠知识产权来保护自身的创新成果,知识产权组合成为保持竞争优势的重要手段。企业创新不仅通过自己的生产或者销售渠道来实现经济价值,而且开始通过交叉授权、许可、专营、风险投资等方式,快速实现研发成果的产业化。

8.2 构建与管理创新网络

2008年,Morten T. Hansen和Julian Birkinshaw两人在《哈佛商业评论》上正式提出"创新价值链"概念。他们认为,创新管理的任务包括内部获取创意、跨单位获取创意、外部获取创意、挑选创意、开发创意和在全公司范围传播创意。

Morten T. Hansen和Julian Birkinshaw提出的"创新价值链"已突破人们以往对这一概念的朴素理解。按照"链"的字面来理解,创新价值"链"似乎意味着把创新理解成一个线性模型,每一个活动都是链条上的一个环节,环环相扣。事实上,人们在很长的时间里对技术创新都持有这种"链"的理念。这一理念曾有助于人们发现创新中的薄弱环节,合理地配置资源,并开展有针对性的管理,增加创新成功的机会。例如,人们发现技术创新在运作过程中非常容易出现以下两种倾向:一方面,表现为不重视技术创新中的研究部分,特别是缺乏深入的基础研究和应用基础研究,技术创新得不到知识创新的推动,使得技术创新演变成简单的开发应用,难以产生重大的技术创新;另一方面,表现为不注重技术创新中的市场化部分,造成科研和市场的脱节。我国科技体制改革的一个重要的目标,就是针对创新价值链中的一些"脱节",提出合适的政策与方案,以"打通"创新价值"链"。

但创新是在多个参与主体所组成的网络中产生、采纳和传播的过程,所以Morten T. Hansen和Julian Birkinshaw所说的创新价值链,其实称为创新价值网更合适。

技术创新是一个复杂的过程,由于专业分工的原因,不同的行为主体经营在不同专业领域,没有一个行为主体具有完全掌控创新结果的能力。因而行为主体之间的联系和相互依赖就显得非常重要,为了实施创新,这些组织不得不与其他组织发生联系,以获得所需的信息、知识和资源等,这样就导致了在分工基础上的技术创新网络产生。企业创新的网络模型如图8.1所示。

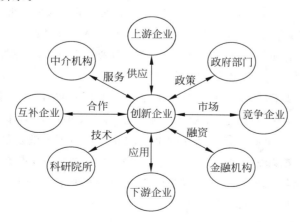

图8.1 企业创新的网络模型

创新价值网是企业为了实现技术创新而对创新网络的构建与管理活动。换言之,创新价值网是企业与其他组织(供应商、客户、竞争者、大学、研究机构、投资银行、政府部门等)建立联系,交换各种知识、信息和其他资源,共同参加新产品的形成、开发、生产和销售的过程。企业与这些形形色色的组织的协同创新活动,就构成企业的创新价值网。协同创新的特征,表现为网络创新能力大于个体创新能力之和。

创新价值网中关于科学、技术、市场的直接和间接、互惠和灵活的关系,可以通过正式合约或非正式安排来维系。

很明显,技术创新网络的形成还由于互联网的技术支持。企业成为广泛联系的互联网中的一个节点。不同创新主体合作而形成的技术创新网络成为企业技术创新活动的重要组织形式。IBM 公司提出互联网的发展历经四个阶段:特定的互联、互联的系统、互联的企业、互联的经济。特定的互联是指点对点的联系;互联的系统是指使用开放的系统制定开放的标准;互联的企业是指与外部合作伙伴、供应商、客户之间有着很强的互动,进而通过这种互动来增强自身能力;互联的经济是指企业、市场、社会、政府之间的联系越来越广泛和紧密,催生了新的经济活动,推动着经济发展。

但一般的企业网络并不是企业的创新网络。技术创新网络是企业创新活动中伙伴关系结成的网络,不同于社会关系网络、产业网络、企业集群、企业网络等,但企业创新网络又要利用各种关系。我国大量引进外资,众多外资与合资企业形成网络,但这种网络并非创新网络,它们只是一般的企业间网络或产业网络。在这种网络中,不少企业并没有走向创新之路,反而沦落到了国外企业廉价加工厂的地位。我国一些企业利用国内廉价资源与劳动力及其广阔的市场为国外企业赚取了大量利润,而它们本身在产业链条中却处于最低层次。

我国不少企业缺乏创新意识,某些企业即使重视创新也并不了解网络创新的方式方法,不了解如何把握网络创新中的关键问题。还有一些企业片面地把创新行为理解成"练内功",把核心能力仅仅理解成内部知识的汇总。这一观念可能受 C. K. Prahalad 关于企业核心能力理论的影响。C. K. Prahalad 关于企业核心能力的研究认为公司就像一棵大树,树干和主枝是核心产品或服务,分枝是业务单元,树叶、花朵和果实是最终产品或服务,提供养分、维系生命、稳固树身的根就是核心竞争力。核心竞争力是公司内部的知识汇总,尤其是如何协调纷繁复杂的生产技能和融合多种技术潮流。核心竞争力是凝聚现有业务的胶水,也是发展新业务的火车头。

这一理论明显的缺陷是没有考虑"树"的生长与它所在的生态环境的关联。在今天,创新网络才是企业获取创新思想、新技术和新市场的主要渠道,企业的创新在很大程度上取决于企业能否有效地开发和利用创新网络。世界银行与国务院发展研究中心共同完成的《2030 年的中国:建设现代、和谐、有创造力的高收入社会》中,强调中国企业应参与全球研发网络进行产品与工艺创新。中国企业需要充分理解合作伙伴的目标、驱动因素及发展策略,进而制定有针对性的协作策略。

一般来说,企业创新的合作伙伴类型详见表 8.1。

表 8.1　企业创新的合作伙伴

合作伙伴	首要目标	驱动因素	发展策略
本土企业	持续获利和长期竞争力	市场竞争驱动创新	提高管理水平、购买技术、投资长远研发、建立研发协作网络、招聘人才
外资企业	持续获利和长期竞争力	市场竞争驱动创新	购买专利技术、研发本土化、招聘本土人才
大学	培养人才，研究前沿科学	教学质量评估、申请研究基金、同行竞争	改革教学观念、改进教育方法、招聘顶级教师、鼓励自由思考和独立研究
研究机构	应用和基础研究，培养人才	申请研究基金、同行竞争	设计有效的内部激励机制、招聘顶级的工程师和科学家
工程师和科学家	创造财富	职业要求、同行的竞争	激励自己活到老学到老、坚持不懈地努力工作
行业协会	服务协会企业	企业的信任、社会的认可	促进企业间的合作、改进政府与企业间的沟通、鼓励研发同盟的建立
金融机构	利润最大化和长期竞争力	高利润、市场竞争、合规	专业化的投资管理队伍、优秀的风险管理能力
中央政府	社会经济发展、保障经济安全	国民的诉求、与其他国家的竞争	促进知识的传播、建立有效的市场机制、增加教育投资、形成国家创新机制
地方政府	本地区可持续的经济与社会发展	政绩、区域竞争、本区域民众的诉求	形成适合创业和创新的环境、鼓励公司研发、促成具有本地特色的产业集群的建立

企业发起、应用、处理、终止与其他组织的关系等方面的特殊能力称为企业的网络能力。就是说，网络能力是企业构建与管理网络关系、把握网络中重要资源开发与利用方式等方面的能力。企业网络能力越来越成为最重要的企业核心能力。企业网络能力的构成详见表 8.2。

表 8.2　企业网络能力的构成

网络能力	定义	目标
网络愿景能力（战略层次）	发展有关整体网络有价值的看法和有预测其潜在演化方向的知识与能力	塑造网络愿景与目标 辨识网络价值与机会 预测网络演化趋势
网络管理能力	在网络中利用和协调其他行动者资源和活动获取网络优势的能力	占据良好的网络位置 维持网络价值关系 引导网络动态改变（结构与方向）
组合管理能力	管理供应商、合作伙伴、竞争者、科研机构、顾客等关系组合的能力	发展最优关系组合（联结数量、联结内容、联结强度） 资源在关系组合内的优化配置 整合关系资源与能力
关系管理能力（关系层次）	处理与单个组织之间交易或其他关系的能力	寻找最优对象（搜寻与评价） 建立有效关系（交流与信任） 交换与获取

资料来源：邢小强、仝允桓.网络能力：概念、结构与影响因素分析.科学研究，2006.

善于构建与管理技术创新网络,意味着企业使自己占据创新网络的中心地位,这样才能获得其他组织开发的新知识,才能产生更多的创新,才能有更好地创新绩效。L. C. Freeman 把网络结构中占有重要位置的个体称为"核"(centrality),认为这些"核"对网络具有重要的作用,特别是对网络的增长具有关键的影响作用。Chuang(2006)指出网络中心或者中介性越强,其接触的信息量越多,企业的创新性就越强,导致企业的网络地位逐渐提升,最终成为技术创新网络中的核心企业。

企业融入网络中,也使得企业的边界不再是确定的,海尔集团 CEO 张瑞敏认为,这等于拆掉了企业的"篱笆墙"。企业本来是因节约市场交易成本而存在的,当企业内部的交易成本反而大于外部交易成本的情况下,就应当把有关的业务部门精简。如果企业在市场上可以买到的产品、配件、半成品,比企业内部生产的更便宜、质量更好,企业就不应自己生产,而应在市场上购买,从而企业相关的业务部门就没有继续存在的理由。张瑞敏认为,"拆掉企业的篱笆墙"意味着把市场的压力不断传递到企业内部,有利于克服企业过于封闭的"大企业病"。"拆掉企业的篱笆墙"的活动使海尔优化了内部价值链。

对于企业的创新来说,拆掉"篱笆墙"的意义在于,企业可以从外部获取更多的技术与创意,同时也使得企业内部的创新更有效。

Henry Chesbrough(2003)指出,企业在创新网络环境中的技术创新模式是开放式创新。与开放式创新不同的创新模式是封闭式创新。两种技术创新模式的主要差别,在于企业在获取技术、如何利用新技术实现盈利,以及在技术创新各个环节如何整合资源,特别是利用外部关系与资源方面有根本的不同。简言之,封闭式创新基于企业内部资源、将技术创新过程控制在企业内部,以便获取创新利润和提高自身的竞争优势;开放式创新以开阔的视野看待创新,把技术创新视为可以延伸到企业外部价值网上的活动,因而技术的获取、技术的商业化以及创新的收益分享都可以作多方案的选择。

开放式创新如图 8.2 所示。

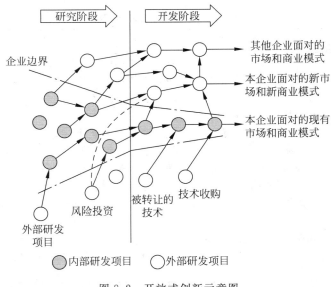

图 8.2　开放式创新示意图

开放式创新的过程表现为创新价值网。创新企业利用参与协同创新的利益相关者所组成的创新网络,通过与其他"节点"互动与协同,促使创新要素整合、共享。技术创新过程不仅有知识的流动,还必须有人才、资金等要素的参与。企业从商业模式的角度,根据市场环境与条件、自己拥有的技术资源、外部可取的资源,以及创新过程中的成本投入、风险分担,创新成果的分享、转移与交易,考虑如何利用外部的关系与资源实现新技术的价值。合资研究、合作研究、研发外包、虚拟联盟、交叉许可等代表不同的合作方式。企业也可借助风险投资实现创新与创新成果的商业化,包括外部风险融资或自设风险基金。通过对外融资可在风险投资的帮助下实现创新,创业成功之后可选择回购或出售自己的股份获得收益。自设的风险投资基金可以资助内部员工的创新与创业行为,也可以参与对外部创新成果的投资,以便获得大量的科技创新成果与可观的投资收益。

【案例 8.1】

CRO 企业(复旦大学信息学院工程管理硕士生 王虹)

出现于 20 世纪 80 年代学术性或商业性的科学机构 CRO(Contract Research Organization)概念,是创新网络的雏型。在医药行业,一些专业性机构通过合同形式向制药企业提供新药临床研究服务,它们就是 CRO。所谓"专业的事情要请专业的机构来做",CRO 作为制药企业的一种可借用的外部资源,可在短时间内迅速组织起一个具有高度专业化的和具有丰富临床研究经验的临床研究队伍,并能降低整个制药企业的管理费用,大大提高效率。

医药企业的长久生命力来自于不断推出新药,因此传统的大型医药企业均设有研发部门,由于该类企业的人工、管理等成本都非常高,因此这样的研发部门需要的资金非常多。自美国次贷引起的经济危机以来,许多医药企业为节约开支大力削减研发费用,纷纷裁员甚至将整个研发部门裁撤,企业内部研发基本停止了。但药品的研发停止会造成整个企业的自主产品链断裂,为避免失去竞争力,许多医药企业转而寻求专门的研发外包企业,花费远低于自主研发分析的费用,却可以获得相同的效果。

对于生物医药类高科技企业,开放式创新是不得不采用的创新模式。由于新药研发周期长、投资资本高、风险大、同行业竞争加剧等因素,很多大公司都感到巨大的研发成本压力,因此医药大公司纷纷选择研发外包。

目前,发达国家的大型制药企业委托合约研究机构(CRO 公司)进行新药的技术开发和临床试验(研发外包)的现象非常普遍,其承担了全球将近 1/3 的新药开发组织工作,而 CRO 服务的全球市场以每年 20%～25% 的速度增加,2010 年,全球 CRO 市场达到 360 亿美元的规模,年增长率达 16.3%。

由于我国和印度的人力成本相对低廉,许多跨国 CRO 企业都将分部设于这两个国家。比如全球医药临床研究领域排名第一的昆泰公司(Quintiles),已在北京设了分支机构。2007 年 8 月,全球第二大 CRO 公司科文斯(上海)中心实验室在张江药谷落成。目前,张江药谷附近已拥有科文斯、睿智化学、和记黄埔、桑迪亚、方达医药等多家 CRO 企业。位于外高桥的药明康德,更是国内排名第一的 CRO 企业。

美国的生物医药公司普遍与 CRO 联手共同进行新药研发,CRO 已经成为生物医药产业新药研发的战略性环节。外包涉及下列各个阶段：早期药物发现、药理毒性、剂型、配方开发、工艺开发、中间产品和API（有效药品成分）、分析测试、Ⅰ～Ⅲ期临床研究、政策法规咨询、产品物理成型、包装、推广、市场、产品发布和销售支持、药物经济学评价、商业咨询及药效追踪等。外包服务已渗入制药产业链的各个环节，导致了现代生物医药技术公司的企业创新价值链中参与者的多样化和复杂化，从而使治理模式由过去的大型制药企业主导的层级型逐步向多个参与者合作的网络型转变，见图8.3所示。现代生物医药技术公司创新价值网的参与者主要包括合约研究组织（CROs）、合约制造组织（CMOs）和合约销售组织（CSOs）。

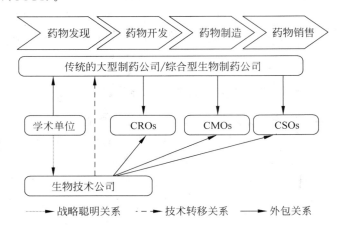

图8.3　现代生物医药产业价值链参与者之间的合作关系网络

在国际CRO企业的带动和我国鼓励新药研发政策的大环境下，我国CRO行业得到了迅速发展。在短短的五六年时间内，已涌现出了100多家从事CRO的企业，从事化合物研究外包、原料药研究外包、制剂临床前研究外包和临床研究外包等细分领域的研发外包工作。尽管我国的CRO行业存在企业数量多、规模小、技术落后、从事业务低端等种种弊端，但这是一个国家发展CRO行业的早期必然具有的一定特征。随着我国各项法规的健全、市场的逐渐成熟以及CRO企业自身素质的提高，作为全球潜力巨大的市场，医药研发外包必然得到广阔的发展，极大地提升我国医药产业的竞争力。

出于成本方面的考虑，一些国外制药企业在我国建立研发中心，并且还与CRO企业合作。CRO企业还与国内的大学或研发机构合作，各种不同方式的合作使得其业务水平得到不断提高。随着选择这一模式的企业越来越多，我国的CRO企业越来越成熟，提供的服务范围也越来越广。

【案例8.2】

A公司的无试验室研发（复旦大学信息学院工程管理硕士生　王虹）

有这样一家公司（这里称之为A公司），不仅要将研发项目放在中国做，而且采取不建立实验室、与中国CRO企业合作的模式，将项目完全外包。

要建立实验室需要花费大量的人力、物力和财力。因为首先要购买先进的仪器设备，招聘合适的实验人员,同时还需配上相应的支持部门,如人事、财务、后勤部门等,这些都会花费很多的资金和时间。因此,A 公司采取无实验室的模式,不仅大大地减低成本,而且还节约了时间。A 公司从开始建立到项目启动只花了半年时间,而按常规建立实验室的企业则至少需花其两倍的时间。

这种企业模式可以看作是一种"虚拟企业",在日常管理方面无须花费很多精力,企业的整个运作方式也比较简单,大家可以将更多的精力放在项目上。这是该模式的又一大特点。

A 公司这种无实验室新药研发企业是由研发领域的专业人才组成、由风险投资者提供资金、由 CRO 企业开展项目所构成的新型企业模式。有优秀的团队成员才能创造出富有潜力的项目,而作为合作伙伴的 CRO 企业,其业务能力和水平也直接影响着项目的成功与否。

- 企业团队成员的选择与组成

新药研发的前端主要是化学合成和生物测试,包括药理及毒理学实验。A 公司的团队成员是擅长于化学和生物两个领域的专家,在知识方面互补。他们都在各自的行业从业多年,带过很多团队或曾任公司高层职位,对整个研发行业和自己擅长的领域都了如指掌,具有丰富的实践经验和管理经验。他们利用自己的经验和洞察力为企业设计了有潜力的项目,用他们的管理经验为企业制定了发展战略和方向,并负责项目的进程。

换个角度分析,对于这些专家而言,这种新型研发企业模式也给了他们新的机会,使他们有更大的空间来发挥自己的才能。

- 选择了解新药研发行业特点的风险投资者

生物医药项目"高风险、高回报"的显著特点符合风险投资的原则。在临床前研究时,国外典型的模式就是科学家+风险投资家,风险资本成为临床前研究阶段的主要资金来源。风险投资是一种权益投资而不是债务投资,所以风险投资家必然会对项目进行严格的筛选,他们往往不惜花费巨大的人力和物力寻找具有高潜质的项目,而医药行业恰好是理想的选择。

投资者也可以看作是企业团队成员的一部分,参与关键环节的管理,将一些先进的管理理念和方法应用到企业中去,此外他们还会带来最新的市场信息,为企业创造了额外的价值。

从风险投资者角度来看,他们愿意选择这种新型模式作为投资对象,首先是因为在这种模式下,投入的资金主要用在了项目研发上,省去了建立实验室及实验室日常管理所需的高额资金,大大降低了其投资成本和投资风险;其次,此类公司的研发部分在中国,与欧美企业相比,需要投入的资金相对较少,而中国企业同样具有一流的设备和研发及管理水平,在不影响项目质量的同时节省了人力成本,这是吸引他们的一大原因。

- 设计高潜质的项目

在生物医药行业竞争日益激烈的环境下,设计出高潜质的项目对增强企业实力十分关键,这是众多制药企业花巨资用于新药研发的原因所在。对于新建企业来说,好的项目更是支持其建立与发展的关键。

风险投资者看重的是项目的潜在市场价值,只有在未来能顺利地生产出产品并开拓市场、产生巨额利润的高科技成果项目,才是他们关注的对象。近几年美国 FDA 批准的新药在日趋减少,其评审体系趋向严格,在这种情况下,风险投资者更加看重项目的潜力,潜质高的项目研发出新药的可能性大,他们所承担的风险才会随之降低。

- 合作伙伴的选择

选择合适的 CRO 企业,并与之形成长期的合作伙伴关系对于无实验室新药研发企业来说至关重要。无实验室新药研发企业将项目完全交给 CRO 企业,双方以外包联盟方式进行合作研发,这是建立在彼此高度信任的基础上的。CRO 企业需要不断承接项目,研发企业需要将项目外包出去,如果双方能长期合作,彼此之间的关系会更加紧密,有利于实现各自的利益。

合作伙伴的选择主要包括化学 CRO 企业和生物 CRO 企业的选择。新药研发前端的化学合成是企业核心技术的体现,因此在选择化学 CRO 企业时,需选择那些了解研发外包行业特殊性、值得信赖的企业,即那些专门从事外包服务的企业,它们可以提供专业的临床前研发服务、熟悉相关的业务和流程、拥有先进的管理方式。双方在达成协议后会签订相关的契约,长期的合作基础有利于保证契约内容的完整性,降低背约的可能性。此外,还需注意从这些专门从事外包服务的企业中挑选技术水平较高的,这样才能提高研发效率、缩短研发周期。

如今,许多化学 CRO 企业走多元化道路,逐渐增加了生物方面的服务,研发企业可以将生物测试直接放在同一家公司来做,当然也可以另外选择专门从事生物服务的外包公司作为合作伙伴。比较理想的选择是将两种方式结合起来,将主要的生物测试交给生物 CRO 企业,毕竟它们在该领域更专业;将另一部分生物测试交给同一家化学 CRO 企业,这样会使双方的关系更紧密。与多家外包公司形成的组合式方式不仅可以分担企业可能会遇到的合约风险,还可以在特殊情况时选择备选。

- 企业知识产权的保护

在新药研发领域,专利就是企业技术创新能力最好的体现。专利已成为企业最有价值的资产,专利保护就是对企业利益的保护。

在研发外包行业,CRO 企业的信誉正是建立在其注意保护研发企业所拥有的知识产权。研发企业与 CRO 企业形成联盟关系时投入了核心技术,互相共享知识,到最后专利成为研发企业的唯一核心成果。在双方签订的契约中,知识产权保护是一项最重要内容。

【案例 8.3】

宝洁的"联系+发展"创新模式(复旦大学创新与创业英才班　周宇飞)

创立于 1837 年的世界头号日化企业宝洁公司,在全球 80 多个国家和地区拥有 127 000 名雇员。2007 财政年度,公司全年销售额近 789 亿美元。宝洁公司在全球 80 多个国家设有工厂或分公司,所经营的 300 多个品牌的产品畅销 160 多个国家和地区,其中包括美容美发、居家护理、家庭健康用品、健康护理、食品及饮料等。在世界各地,宝洁公司的产品每天与全球 160 多个国家和地区的消费者发生着 40 亿次亲密接触。

作为快速消费品业巨头,宝洁曾经面临近乎崩溃的困境:10 年前的宝洁公司多次向股东提出利润预警,股票一路下跌到每股 36 美元,市值缩水一半还多;内部大量的创新结果因为没有配套的战略规划成了宝洁的负担；来自传统和新兴对手的威胁，使得宝洁行业老大的地位遭到蚕食。而导致这一结果的原因之一，正是来自于宝洁日益增长的高研发费用与其低成果转化率之间的矛盾。

对于大多数公司而言，创新来自于公司内部的研发部门。这个部门承担了从资源整合到实际研发的全部过程。对于很多以创新为主导的企业，在其早期成长阶段这个部门的确起到了很大作用。但是，在企业进入巨型化阶段之后，企业持续增长的速度必将越来越慢。对于宝洁而言，每年都要保证至少40亿美元的增长规模，但面对着日益激烈的竞争市场和对手越来越低的创新成本，这样的增长规模是不易实现的。

宝洁公司面临的主要困境有如下三点：其一，研发成本过高。2000年，宝洁的研发费用占销售额的5%，构成了巨大的研发成本压力。其二，研发能力有限。宝洁给自己设定的是5%～7%的年增长率目标，这相当于每年要获得50亿美元的收入，从而需要大量的创新，而单靠宝洁自身的力量难以为继。其三，产能"过剩"，难于应用。宝洁的一次内部调查发现，公司投入了15亿美元研发资金，研制出了令人咋舌的约2.7万项专利，但其中仅有10%用在宝洁的产品上。

怎样解决上述问题呢？1999年，新上任的宝洁CEO阿兰·乔治·雷夫利（A. G. Lafley）给出了他的答案：他提出，到2010年，要将外部创新做到50%。于是，宝洁开始将创新资源的获取转向了企业外部。雷夫利认为，"围墙"不应该是阻碍企业追求创新的障碍。为此，他大刀阔斧地整顿宝洁的研发部门，力排众议提出了"开放式创新"，将宝洁的心脏——研发（research＆develop）扩展为联发（connect ＆ develop），即联合外部研究机构、客户、供应商、个人甚至竞争对手来开发市场新产品。于是，宝洁开始在全球招募创意，并自主创建了"联系＋发展"网站。

"联系＋发展"（即联发）的概念是宝洁公司的一项重要创新成果。这个概念提出的目的旨在通过加强开发过程中跨技术、跨学科、跨地域和跨业务部门之间的联系，来降低成本并保持创新。

任何人都有可能和这家美国商业巨擘达成合作，而且这并不需要跋山涉水，只需要点击"联系＋发展"网站即可完成。无论是企业还是研究机构，甚至普通消费者，都能成为这家世界最大的日用消费品公司的合作伙伴。当然，前提是你要先提交一份能让宝洁感兴趣的方案。

这个网站相当于宝洁的创新资产集市。在这里，你可以浏览宝洁的需求及创新成果。若你手上的创新成果刚好符合宝洁的需求，便可以根据提示提交方案，并在8周内获得回复。未收到回复前，可随时登录系统查询方案审核情况。

宝洁的"联发"模式是开放式创新的最佳案例之一。开放式创新不仅包括技术方式上的开放，在模式方式的开放能够更加体现发散式的创新优势。宝洁吸纳对其有利的创新，无论是对外的合作还是内部本身的创新。而在这个过程中，宝洁会去平衡自己内部的创新和开放式的创新。当遇到问题的时候，通过跟消费者交流获得信息后，宝洁通常就会问自己一个问题：针对这个创新的点子，利用外部的资源能不能够更快、更好地把这个问题解决？

有些时候由内部解决可能更快，成本更低；但有些问题的解决是外部更快，从性价比来说更便宜,这样就会节约宝洁的成本。宝洁有200万外脑资源可以利用,关键是"解决这个问题用什么方式最好"。正如一些新的挑战或问题,宝洁内部可能没有这种资源和能力去做,那就会寻求外部的开放式的创新。

在10年前宝洁刚开始谈"开放式创新"的时候,对公司内部的文化冲击也很大,特别是对研发部门。但现在,开放式创新已经成了公司的新文化,大家习惯于把外部和内部的资源结合在一起。宝洁一直以这样的宗旨指导研发工作。

宝洁的"联发"平台确实收到了奇效。源源不断的外部创意一次又一次地迎合了宝洁的创新需求,使得宝洁与其"联发"的外部合作伙伴获得了共同的利益。

意大利博洛尼亚一位大学教授的解决方案让品客薯片上市周期缩短了一半,当年的销售额增长率提高到了两位数;而他本人则得到了一张来自宝洁的天文数字支票。

浙江的味老大工贸有限公司为宝洁的纺必适(Febreze)产品提供工艺研发,与宝洁实现了双赢。

宝洁在玉兰油开放上碰到了难题。正在他们四处为玉兰油寻找一项抗皱配方的时候,欧洲的一个技术会议上,台下的宝洁科研人员听到法国Sederma公司正在介绍一种全新的肽化合物,能够促进细胞再生和伤口愈合。他们觉察到这很可能就是宝洁需要的关键技术,后来一系列试验证明,事情行得通,于是宝洁买下了该专利,开发了颇受欢迎的玉兰油"新生焕肤"系列。

以上这些似乎门不当户不对的合作,均来自于宝洁公司的"联系与开发"平台——这一开放式创新模式使得天方夜谭变为了可能,并为双方带来了巨大的利润。

以下的数字说明了宝洁的"联发"战略获得的成功:现在的宝洁,超过45%的新产品中都有来源于公司外部的成分;研发生产力提高了近60%;由"联发"平台的助力已经推出了超过100种新产品,包括:Olay Regenerist, Swiffer Dusters, 和Crest Spinbrush等。

在进行联发战略之后的几年中,宝洁把创新成功率(达到财务目标的新产品比例)从35%提高到了60%——这是一个令他们感到满意的比例,再高则显示公司过于保守,过低则代表太过激进。更加令公司感到高兴的是,他们花了更少的钱。2008年,宝洁投入研发的费用是22亿美元,这相当于销售额的2.6%,在8年前,这个百分比大约为5%。

2006年,宝洁做了一次全球范围内的统计,惊讶地发现52%的创新活动都至少拥有一个外部合作者,超过了5年前公司设定的50%的目标。在宝洁打破规则之后,平均每周都有两桩联发交易达成,通过这些交易宝洁上市了200多种新产品。

宝洁公司的例子印证了开放式创新的优势。对宝洁这个庞然大物来说,持续不断地推陈出新并不容易。尽管其在规模、管理能力和赖以冒险的资源上拥有巨大的优势,但这种创新很容易就会因官僚主义、安于现状等"大企业病"而消耗殆尽。正是抓住了个人以及网络在创新中将扮演越来越重要的角色这一趋势,以及技术创新可以来自于世界的任何一个角落这一主导思想,宝洁的"联发"战略获得了成功。我们发现,无论是通过内部的领地网络还是外部的开放网络平台,宝洁都在做一件事:用最低的成本获取尽可能多的创新成果。这种"联合开发"的思路很好地化解了降低成本和持续创新之间的矛盾,这也正是开放式创新的核心所在。这一成功对于和宝洁类似的商业巨头具有提示作用和借鉴意义,更为关键的,对于任何能够便捷地利用互联网、希望获得创新的公司来说,都可以称得上是一个优秀的模板。

在2000年之前,宝洁对公司外的创意闭门拒之。而现在,宝洁正借助"联发模式"与全球约150万名科学家联手,群策群力,迸发创意。通过持续创新,宝洁公司已经将目光投向了更远的未来,而宝洁的未来,就来自于公司之外的广阔世界之中。

8.3 建立与管理知识资产

现代企业是一个知识的集合体,其知识存量决定了企业配置资源、创新活动的能力,创新意味着创造新的知识,包括新的产品知识与新的工艺技术知识。创新活动持续进行,企业生产与积累的知识就会不断增加,这些累积起来的知识就逐渐形成企业的知识产权资产。

在西方文献中,与知识资产相关的概念有两个,一个是 intellectual assets,一个是 intellectual property。后者常常翻译为知识产权,特别是与 rights 联用时,则知识产权的意义更明确。但是也可看到 intellectual property assets 这类概念。所以两者的区别并不十分严格。

Franklin Pierce 法律中心的 Nermien AI-Ali 用表8.3 中的公式区别相关的概念。

表8.3 intellectual assets 与 intellcual property 的区别

Knowledge Resources (Capital) 知识资本	+	Innovation Processes (Assets) 知识资产	=	Intellectual Property (rights) 知识产权
能够产生价值的人力资本(雇员知识技巧与经验、核心能力、顾客知识与反馈、客户基础)、关系资本(与供应商、客户、组织、大学甚至竞争者的网络结构)与结构资本(公司的惯例、风气与信誉、企业文化与价值观、组织的远见与领导力)	+	促进创新的有价值的可编码的知识,包括规范、指南、最佳的实践、数据库、R&D研究、工艺、报告等	=	企业创新与投资方面得到法律保护的各种权利的知识资产包括专利、商业秘密、商标、版权与工艺设计等

知识(技术)管理、技术创新管理、知识(技术)资产管理构成企业知识(技术)资产管理经营的三个阶段,如图8.4所示。知识(技术)管理是寻找企业所必须拥有的关键技术以及评估现在与未来市场需求的技术的方法;技术创新管理是企业获取所需求的关键技术与市场需求技术的途径;知识(技术)资产管理是经营企业的知识产权。

知识(技术)管理是知识(技术)资产管理的基础,也是知识(技术)资产管理的第一阶段。技术与知识管理帮助企业寻找它所必须拥有的关键技术以及评估现在与未来市场需求的技术,在此阶段需要评估技术的开发风险、成本与价值问题,提出技术管理的主要机制与其建议,通常有以下几点:

- 清点:需求的确认。清点目前所拥有的、必须拥有的、未来必须获取的专利。可采取知识仓库这一工具来完成技术的清点工作。

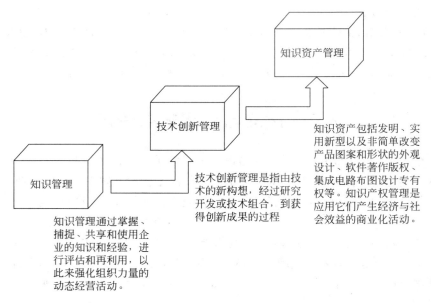

图 8.4 战略性知识资产管理的三个阶段

- 评估：评估符合需求的选择方案。评估现在与未来市场的需求，以及技术强弱、管理效率、竞争者技术的竞争力。
- 监测：分析各种解决方案。监测所需要的资源、可用的资源以及发展的时程。
- 规划：最佳的解决方案及选择标准。

技术资产管理系统的第二阶段——技术创新管理，是帮助企业开发与寻找它所需求的关键技术与市场需求技术，需要从专利的侵权回避、开发出自己的技术与专利机会等角度选择创新管理的主要机制，确定企业知识产权的发展目标与实现路径。可考虑的选择包括以下几点：

- 内部创新：内部技术创新与研发策略。
- 外部购置：外部购置技术的模拟与修订。
- 产学研合作：产学研合作创新与技术转移。
- 研发联盟：建立研发联盟，实施合作创新。

技术（知识）资产管理系统的第三阶段是技术产权管理。技术产权管理包括知识产权保护、发展与利用等（见图 8.5）。知识产权保护是指通过法律手段以及技术专利组合防止对手侵犯企业核心知识产权，并用技术专利组合形成技术壁垒限制竞争对手侵犯具有战略地位的技术发展路径。知识产权发展是指形成数量与质量较优的知识产权库，通过知识产权并购、技术创新、交叉许可等活动，优化企业知识产权库。知识产权的利用主要有两个方向：一种是通过自身的互补资产对知识产权进行商业化，例如，内部推广、内部创业等；另一种是利用合作伙伴的互补资产对知识产权进行商业化，包括许可、出售、风险投资等途径。

- 内部创业：技术创新的主要目的是为了企业自身生产经营的需要，这里内部创业指技术产权的实施和推广。当企业拥有了自己的技术与专利后，可以以其相关与相近的核心技术与专利，在企业内部创立新事业部或子公司。

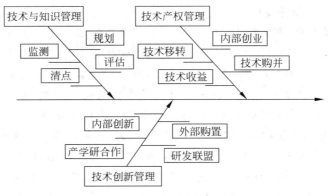

图 8.5　知识资产管理系统

- 技术收益：通过转让技术与专利资产来增加企业的营运收益。技术许可是技术产权对外技术输出的主要方式。所谓技术许可是指许可方（一般为技术产权权利人）以书面合同方式许可对方在约定的某一区域、应用范围和时间期限内，对许可项下的技术产权享有使用权。根据被许可方对许可方的技术使用权所享有的专有程度和范围，技术许可合同分为：独占许可合同、排他许可合同、普通许可合同以及交换许可合同，其中最常用的是普通许可方式。
- 技术移转：技术与专利的移转可扩大企业的营运收益。
- 技术购并：技术与专利的购并可以提升创新技术的领先性、独占性与系统性，还可以提升技术与专利的营运价值。

企业以知识资产价值最大化为目标，技术创新管理、知识产权管理和知识管理三者之间应当联动。例如，企业通过知识清点认为需要开发某种类型的知识，技术创新管理部门应当配备足够的人力和财力资源，在开发过程中，知识产权管理部门则应当给予知识产权方面的指导，知识管理部门则应当充分利用以前技术开发的相关经验和数据。

【案例 8.4】

宝钢的发展之路

宝钢集团是我国规模最大、品种规格最齐全、高技术含量和高附加值产品份额比重最大的钢铁联合企业。2006 年宝钢集团被确定为首批中国国家创新型企业试点企业；2010 年宝钢实现营业收入 2 730 亿元，利润总额达到 242 亿元；每年完成钢产量 4 450 万吨，位列全球钢铁企业第三位；在世界钢铁动态公司（WSD）公布的 2009 年"世界级钢铁公司"32 家公司入选名单中，宝钢集团位列第三；2010 年再度被《财富》杂志评选为"全球最受尊敬企业"，在全球金属行业中排名第六；连续 8 年进入《财富》杂志公布的世界 500 强企业，2011 年排名第 212 位。

一、宝钢集团的发展阶段

宝钢集团从 1978 年成立以来，发展过程可以大致分为引进消化吸收、"精品"战略、知识产权经营探索三个阶段。

(一)引进消化吸收阶段

这个阶段主要指从1978年12月宝钢一期工程开工到2000年6月宝钢三期工程建成。战略目标是建成具有同期国际先进技术水平的大型钢铁企业,实现高档钢材的进口替代。

1979年2月成立宝钢自动化部系统开发室,展开对全套设备资料的消化吸收工作,为顺利调试、操作、运用全套设备打下技术基础。对难度较大的技术,通过出国考察、对口培训、资料研讨等一系列举措对新技术加以攻关,真正吃透和掌握新技术。为了消化引进技术,宝钢组建了联合攻关小组,拟定了81个重点科研攻关项目,各部门又根据关键技术需要确定了600多个科研项目。通过攻关,引进设备全部安装调试,把握核心技术,顺利投产使用。

1985年9月,上海宝山钢铁总厂建立了技术中心试验室。1988年10月19日,在原中心试验室的基础上,成立了上海宝山钢铁总厂钢铁研究所。1995年7月21日,宝山钢铁(集团)公司技术中心正式成立。这些组织机构的建立一方面是由引进消化吸收的技术需要,另一方面也促进了模仿创新活动的开展。这种由消化吸收到模仿创新的进步过程体现在一、二、三期工程的建设方式转变中,如表8.4所示。宝钢集团一期工程由新日铁总承包,而二期工程就采用"外商负总责、合作设计、合作制造、技术转让"的方式引进关键设备和主要设备,很大部分设备采取合作制造的方式来解决,整个工程中设备国产化率达到60%以上,充分实现了消化吸收后的仿制效益。在第三期建设中,则基本上实现了"点菜式"引进,即工程设计以我为主,由国内负责总成,只在关键设备上从国外引进。引进方式不是单纯依赖某个厂家,而是参考各国先进技术,挑选引进最先进的设备与技术,由国内进行整体方案的整合设计,设备国产化率高达80%以上。

表8.4 宝钢三期工程建设的技术引进模式

阶 段	设 计 者	技 术 来 源	知识产权状况
一期工程	新日铁总承包	基本全套引进,国产化率占12%	购置国外知识产权
二期工程	合作设计	国产化率占61%	模仿或仿制国外核心技术
三期工程	国内设计	"点菜式"引进,国产化率占80%以上	按照自己计划,整合自主知识产权与引进技术

(资料来源:安维复等"宝钢的创新之路")

宝钢集团决策者认识到,仅有跟随与模仿无法打破国外的技术垄断。在宝钢与上海钢铁冶金集团与梅山钢铁集团联合重组后,1999年宝钢集团技术中心吸收上海冶金研究院与梅山集团技术中心,组建了上海宝钢研究院,负责承担公司重大、前沿、基础性技术研究与开发,新产品、新工艺、新技术、新装备研究,解决生产中出现的各种质量、技术难题,为公司重大工程建设、用户技术服务提供技术支撑。

(二)"精品"战略阶段

"精品"战略是指把宝钢建成我国最大的汽车用钢、石油管、造船板、不锈钢、电工钢和高效建筑用钢六大类产品的精品生产基地,成为我国钢铁行业新技术、新工艺及新材料研发基地。主要任务是大力发展钢铁精品,完善产品结构;提高工艺装备水平,挖掘潜力;推进清洁生产,降低能源消耗,全面提升钢铁主业综合竞争能力。

"精品"战略本质上是建立和积累宝钢集团在先进钢铁品种和工艺方面的核心技术能

力,从而不断推出适应市场需要的新型钢铁产品。由于"精品"战略已经与国际钢铁企业形成了直接竞争,宝钢集团只有通过自主创新才能获得核心产品和工艺技术。

宝钢集成创新、二次创新为宝钢集团创造了一批拥有自主知识产权的成套技术,如宝钢分公司的炼铁6项技术指标保持了世界领先地位;钢水纯净度控制等多项关键技术也达到国际水平;已形成低成本铁水生产技术—纯净钢冶炼技术—高精度轧制技术的核心技术链;围绕战略产品和核心技术链,宝钢每年都有一批自主开发的新产品填补国内空白或替代进口。2000年以来,宝钢的专利申请量以每年20%的幅度逐年递增,表明了宝钢集团从引进、消化、跟踪已转入二次创新,某些方面已进入自主创新阶段。

通过30多年的发展,宝钢集团形成了以宝钢研究院为核心、各分公司与子公司技术中心为主体、高校及社会研究机构为辅助的三级技术创新组织;以研究院为主体的产销研和产学研紧密结合的研究开发体系;以工程项目为载体的生产、研发、设计和装备四位一体的工程集成体系;以生产现场为重点的、以稳定提高和精益运营为特征的持续改进体系。

1. 技术创新组织体系

宝钢研究院是宝钢技术创新的核心力量,主要任务是围绕宝钢科技发展规划提出的目标与任务,积极进行前瞻性、独创性、能够形成专有或者重大知识产权的新产品、新工艺、新装备和新技术的开发。

宝钢的子公司技术中心是宝钢技术创新的重要支撑,定位在根据市场和用户需求开发新产品和进行用户使用技术研究,围绕提高工艺技术和产品质量水平、降低能源和物料消耗等,进行持续改进和创新。

高校及社会研究机构是宝钢技术创新的重要合作力量,宝钢坚持开放性原则并树立协作精神,充分利用社会人才和技术资源,通过共建实验室、建立科技战略联盟等多种形式,使高校和社会研究机构的研发力量成为宝钢科研开发体系中的重要组成部分。

宝钢集团开放式自主集成技术创新体系如图8.6所示。

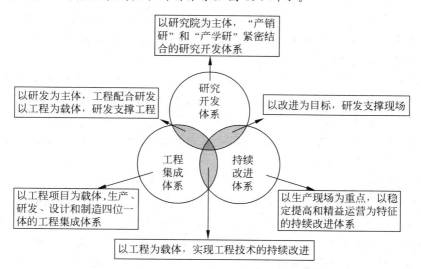

图8.6 宝钢集团开放式自主集成技术创新体系

(资料来源:根据宝钢集团2006年《宝钢集团技术创新体系发展纲要》整理所得)

2. 产学研合作

在技术创新链条上，宝钢集团并没有将创新活动局限在企业内部进行。宝钢集团重视与高校和研究院所进行积极的产学研合作，探索多种形式与途径的产业研合作体制。

在合作层面上，从科研项目的单个外协，到急企业之需和取院校之长的集群式战略合作；在合作渠道上，从以高校为主，逐步向科研院所、行业协会、国家自然科学基金、同行及产业链等拓展；其地域范围，也从以国内为主，逐步向国外拓展；在合作方式上，从科研项目合作，向政府联系、共建实验室、领域合作、人才培养、继续工程教育、联合办学等发展。

- 战略合作布局。宝钢先后与国内55所高校及科研院所开展科研合作，2006年以来，与上海交大、同济大学、上海大学、东北大学等7所高校和院所开展了新一轮全面合作。
- 聘请"宝钢教授"。2006年以来，宝钢聘请了8位享有国际声誉的国内外专家为"宝钢教授"，其中包括中国科学院卢柯院士和中国工程院王国栋、陈国良院士。
- 合作建立"钢铁联合研究基金"。2000年，宝钢与国家自然科学基金委建立了"钢铁联合研究基金"，宝钢分6批共资助了146个基础研究项目，由41个国内院校承担，受资助项目获发明专利授权47项，发表论文840余篇，培养硕士、博士研究生近500人；2006年企校双方又开始了第三期合作。
- 共建研究机构。宝钢与上海交大共建了"汽车板使用技术联合研究室"，与同济大学共建了"金属功能材料开发应用重点实验室"，与东北大学共建了"EPM联合研究材料电磁过程实验室"。
- 申报国家和区域重点计划项目。国家项目如"基于氢冶金的熔融还原炼铁新工艺开发"等子课题；在区域发展方面，则积极推进"科教兴市"重大产业科技攻关项目，如"连续退火快冷技术"、"汽车高强度钢板开发与应用"等。
- 联合培养人才。宝钢积极参与高级人才培养，除48名高级管理、技术人才被聘为大学博士生、硕士生导师，宝钢还在全日制硕士生联合培养、建立博士后工作站和联合培养基地方面作出了积极贡献。
- 搭建合作交流平台。宝钢每两年举办一届宝钢学术年会；每年邀请大批国内外教授、专家来宝钢开展交流，上海交大徐祖耀教授等先后50多批外部专家到宝钢进行了讲学交流。

此外，宝钢在拓展国际合作、依托高校开展继续工程教育、设立"宝钢教育基金"等方面也有积极的探索与实践。

3. 产销研合作

宝钢集团总结认为，公司积极推行了生产—销售—研发部门的"业务流程再造"，围绕市场热点，以产品的使用程度和用户满意为标准，推动宝钢内部统一面向市场，建立"目标共有、责任共担、信息共享"的产销研一体化运作模式。除了宝钢集团内部流程之间的匹配，实际上宝钢将创新价值活动延伸到他们的用户：下游产业价值链环节。这体现在以下几个方面：

首先，宝钢集团积极推动参与用户的产品创新活动。其次，围绕市场进行创新，宝钢并不是单纯依赖市场信息，而是深入到顾客使用钢铁产品的研发制造环节，通过与顾客合

作研发,提出宝钢新产品设想并付诸创新实践。宝钢深入客户产品创新活动主要有以下三种方式:

- 先期介入式。在用户新产品开发的初期就进入,例如,在公司用户(汽车制造商)尚在车型开发阶段,宝钢科技人员就参与到他们新车型的设计、制造和选材等工作中,开展了零件冲压成型仿真分析、模具调试用材的合理选择,参与了调模试冲、修模方案分析、工艺参数制定和坯料尺寸设计等工作。将"售后服务"转变成为"售前服务",使宝钢板冲出了全部合格的冲压件。

- 帮助用户进行技术改进。对用户自身的生产环节和工艺进行研究,帮助用户解决使用宝钢产品中的问题,让宝钢产品更加贴近他们的生产程序。如在"家电用钢涂装性研究"方面,通过现场试验、实验室分析和模拟试验研究,找到了长期困扰宝钢板涂装效果不佳的症结,帮助新飞冰箱厂调整磷化工艺,解决了SPCC板用于新飞冰箱侧板磷化问题,使宝钢板磷化实物质量达到日本板水平。

- 参与用户产品更新。本着"为用户创造价值"的经营理念,通过贴近用户需求,不断地为用户更新产品。宝钢客户一汽大众公司生产的CA1092系列载重车,因为自身重量太重而带来成本高、油耗多的缺点。宝钢科研人员根据用户选材优化要求,选择1.55m的冷轧高强度板替代原来的材料,将驾驶室44个主要零件以宝钢新试高强度冷轧板替代钢板制造,达到了降低材料消耗和减轻汽车自重、减少油耗和废气排放的目的。

4. 与合作伙伴、客户等合作创新

宝钢集团的技术创新活动不仅仅限于自身,或者与上游知识提供者如大学、科研机构,或者与下游顾客如家电、汽车等企业,而且宝钢集团的技术创新活动还与钢铁产业中的参与者进行了积极的合作创新活动。宝钢集团通过联合上游知识提供者、产业中的竞争者、下游的钢铁产品客户,共同进行研发活动,拓展了技术创新活动的范围与深度。宝钢集团的激光拼焊项目就是这样联合了竞争者与顾客多方参与的技术创新形式。

我国加入WTO后,我国政府对钢铁产业的保护逐渐减弱,国外的钢铁巨头将日益容易进入我国市场,同时国内的钢铁厂商也在积极进行技术改造,努力在产品质量与性价比方面赶超宝钢,宝钢面临激烈的市场竞争。

激光拼焊技术是一项专用性很强的技术。对该技术的研发,需要研发团队同时具备钢铁加工和汽车整车设计两种核心能力。宝钢的核心研发能力是钢铁加工和冶炼技术。尽管也对汽车制造技术作了研究,但仍然无法满足激光拼焊技术研发对汽车制造技术的需求。

宝钢集团把目光投向了阿赛洛集团与上海汽车集团,寻求与他们的合作共同实现激光拼焊项目的技术创新。经过多轮谈判,宝钢、上海大众和全球最大钢铁公司阿塞洛集团最终达成协议,成立激光拼焊项目公司,总投资1亿美元,从阿塞洛集团引进激光拼焊生产线。其中宝钢占38%的股份,上海大众占37%的股份,阿塞洛集团占25%股份。通过合作创新,宝钢集团获得激光拼焊项目技术创新的成功。

(三)知识产权经营的探索阶段

1999年年底,宝钢的知识产权存量已达专利499件,技术秘密647件,且发展势头迅猛,很快就要超过一、二、三期引进的专利和技术秘密总量。面对数量日益增多的知识产权,宝钢集团知识产权部开始探索依托知识产权的经营活动,实现经济价值的最大化。截至 2004 年,宝钢集团的知识产权经营活动主要是以专利、技术秘密及其相关技术的组合为标的,对内实施应用推广,对外进行技术输出。

初期阶段,内部实施与推广是宝钢集团技术产权经营的重要实施形式之一。研究者对宝钢专利、技术秘密所产生的直接经济效益进行了统计,统计口径为:发明人提出报酬申报的效益型专利、技术秘密经公司效益审定的经济效益,其中一次性付酬的逐年按首期效益沿用。结果显示:截至 2005 年历年累计技术秘密产生直接经济效益达 27.58 亿元,截至 2005 年历年累计专利产生直接经济效益达 16.23 亿元。上述效益最终主要通过钢铁产品的经营形式来体现的。

与知识产权的内部实施与推广活动同时开展的还有技术输出,即知识产权出售或许可活动。在 2003 年以前技术输出处于起步阶段,主要集中在纯技术输出和单体设备输出相结合的阶段,相对收益较小。

此后公司成立了科技发展部技术贸易室,建立了公司技术输出的一系列管理制度,如技术输出综合管理制度、定价制度、费用等财物管理制度、关键技术输出决策制度、合同评审制度、项目后评估制度等,逐步形成了技术输出的规范管理和经营体系。宝钢集团的知识产权管理实现了基本成型的管理体系,即以知识产权为主线的技术创新体系,包括:以知识产权指导技术创新的方向与课题选择、以知识产权为核心设计技术创新激励体制、以知识产权为标准进行技术创新成果保护、以知识产权为核心进行知识产权经营。

1. 以知识产权指导技术创新的方向与课题选择

宝钢集团认识到,知识产权对技术创新成果具有法定标定意义,专利是唯一具有国际比较意义的技术创新成果表现形式。因此,知识产权一方面确定了技术创新活动实施者对该项技术创新成果的法律所有权,其他人不得侵犯;另一方面专利等知识产权的公开性又为其他技术创新活动提供了方向与必要信息。基于这样的认识,宝钢集团在技术创新活动中充分利用全球知识产权信息,实现对技术创新的指导,避免对其他企业的侵权行为。

宝钢集团建立了 BeS 网上知识产权信息系统,通过整合企业内部资源成立了科技情报中心,持续对国内外钢铁产业技术研发动态与专利申请情况进行搜集整理,为企业技术研发活动提供情报支持。对企业开展的每项技术创新活动,都要从专利角度事先进行相关情报分析,一方面为企业研发提供参考,避免花钱引进已经失效的专利以及不受法律保护的专利;另一方面通过规避已有专利、创造知识产权。

例如,上海磁悬浮列车建设项目委托宝钢研制项目所需的软磁钢。德国某公司认为,他们已在中国申请了专利并获得授权通知,要求宝钢集团支付 20 万美元才能取得专利许可。宝钢集团专利管理人员与产品工程师通过研究其专利文献发现,该公司所谓的专利是在 1983 年申请的专利基础上改进的,而 1983 年的专利并未在我国申请。于是根据专利的地域性,他们建议宝钢可以在该公司 1983 年专利的基础上改进,只要与后一专利有区别便可获得专利所有权。宝钢技术人员据此研制出宝钢自己的软磁钢,并申请了自己的专利。此后,宝钢专利人员经与材料专家们进一步研究认为,该德国公司的软磁钢专利不具有创造性,于是对该公司在我国申请的专利向专利复审委员会提出无效请求。专利复审委员会作出了该公司专利无效的行政裁决,对方又起诉到法院,法院判决维持了专利复审委员会的行政裁决。

2. 以知识产权为核心设计技术创新激励体制

宝钢集团已经形成这样的共识:在技术创新活动中,研究开发是出发点,知识产权是落脚点,知识产权水平是技术创新工作成效的客观反映。因此宝钢集团高度重视自主创新中以知识产权作为科技成果的关键表现形式,在技术创新体系中贯彻以知识产权为核心的激励制度,如图 8.7 所示。

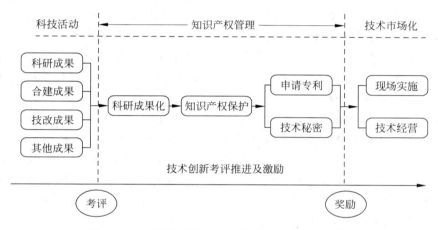

图 8.7 宝钢以知识产权为主线的技术创新体系图

宝钢加大对知识产权的奖励力度。专利法及其实施细则只规定了"一奖两酬"的最低限,而宝钢根据具体情况适当加大了奖励力度,例如,设立了"宝钢技术创新奖",单项奖额可达 100 万元,设立了人才专项奖,包括人才奖、成才奖、育才奖等制度;同时还采取了有特色的奖励方式,例如,根据现在中国专利审查时间较长的客观现实情况,在专利申请被国家专利局受理后便给予专利发明人或者设计人以适当的奖励,待被专利局授权后再给予补充奖励,使发明人或者设计人及时得到奖励,激励他们的研发申报专利的积极性。

在科技考评要素上,宝钢确定了以知识产权为重要衡量因素或进入门槛。在内部科技工作考评中知识产权因素约占 30%,成为影响最大的评价因素;在各类科技项目、科技成果的评价中也是重点突出知识产权,例如,在科研项目结题评奖时,以高次方连乘积系数形式体现知识产权因素的作用;在科技成果管理及科技进步重大成果奖中设立知识产权门槛,一等奖以上必须要有发明专利;推出了知识产权含量与质的量化评审基准,从而激发成果完成人申报专利的热情。

为鼓励技术人员及时将技术创新的内容申请专利进行保护并促进其实施,宝钢推出了针对技术人员的技术创新里程累计制(technology innovation mileage accumulation, TIMA),俗称"铁马制",将专利、技术秘密及其在内部实施和技术贸易中创造的价值等按照不同权重系数进行积分排序,使知识产权成为衡量员工技术创新能力和贡献度的一把尺子。

从 2004 年起宝钢将专利指标写入年度经营总目标,进一步强化了知识产权工作的目标导向作用。

3. 以知识产权为标准进行技术创新成果保护

知识产权的出现最初目的就是为了保护发明人在一定时间内获得独占地位,从而保护发明人获取相应经济利益的机会,促进技术创新活动。宝钢集团认为,技术创新申请专利不是目的,更好地保护创新成果及其经济利益才是最重要的目的。因此,宝钢集团制定了完善的规章制度来实现依靠知识产权制度进行技术创新成果保护。

宝钢在是否申请专利的选择上有如下规则:①要考虑具体技术内容。对外销售的产品,无论是配方还是结构都应申请专利进行保护;而生产工艺方法,只要不能从产品的反向工程得知,那么通常采用技术秘密保护。②要考虑地域性问题。若不想到国外申请专利,那么倾向于选择利用技术秘密保护。③要考虑时间性因素。

宝钢充分利用多种知识产权保护方式。对技术创新的内容,宝钢通常采取的是专利和技术秘密复合保护、延续式保护、多件专利申请、主专利之余再申请若干辅助专利、前瞻性专利申请等不同的战略模式,确保发明创造得到更有效、更长时间的保护。

宝钢在知识产权出售或者许可等经营活动中,也注意从知识产权保护角度进行考虑。宝钢钢管分公司拥有的两件有关张力减径机专利的现场应用效果非常好,湖南某钢铁企业希望通过交易取得许可使用权。经科技发展部与宝钢现场技术人员、市场销售工程师等共同商议,认为不许可对方使用、通过占领市场产品份额,对宝钢更为有利。经公司领导批准,没有许可对方使用,从而为企业经营保护了知识产权。

4. 以知识产权为核心进行知识产权经营

截至 2004 年,宝钢的技术经营工作的实施途径主要是技术的内部实施与技术对外输出两种基本途径。2004 年后,宝钢的知识产权部经过分析,提出了宝钢知识产权经营战略并加于实施,即宝钢集团并没有止步于知识产权保护、知识产权内部实施与知识产权的简单出售,而是根据发展情况,提出并实践了一整套如何利用知识产权获取经济效益的经营方法。迄今为止,宝钢集团的知识产权经营途径主要有四条,如图 8.8 所示。

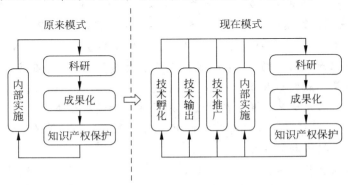

图 8.8　宝钢知识产权经营方式的转变①

---

① 资料来源:胡传实.宝钢知识产权经营研究.复旦大学 06MBA 学位论文,p.34.

- 知识产权的首次应用(简称内部实施)。知识产权的首次应用通常是以研究开发、技术改造等伴随着宝钢重大项目建设而完成的,目前这套体系比较有效。前述关于内部实施的经济效益情况,即表明了宝钢知识产权为宝钢带来的重要经济收益。
- 知识产权的内部推广(简称技术推广)。技术推广主要是指在宝钢内部不同成本中心或者统一成本中心不同单元之间,或者宝钢集团内部子公司之间,以自主知识产权为核心的成熟技术(包括管理技术)的转移和扩大应用。

宝钢认为,在宝钢这样一个集团化的大型钢铁企业里,存量知识产权在不同企业、不同生产线上得到推广和运用,发挥技术创新成果的共享效用,将为集团充分盘活知识资产与其他互补资产发挥重要作用,为企业带来极为重要的经济增值。尤其是随着宝钢集团兼并重组以及集团内部进行一体化调整,能否将先进的技术与管理快速传递给所兼并重组的单元,是决定兼并重组是否成功的关键。

宝钢知识产权部发展了一套技术推广机制,重点解决了技术推广过程中的权利义务问题、组织实施问题、激励导向问题等。具体方法包括模拟市场法、项目实施法、激励平台法等三大方法。

针对兼并重组的企业,宝钢通常采用循序渐进、先软后硬的方式进行技术推广,即通过互派人员交流访问取得基本共识与信任,通过派遣宝钢技术管理人员到现场帮助解决问题,通过接受兼并企业到宝钢学习先进技术与管理,通过共建项目等,逐渐达到宝钢先进技术与管理应用到目标企业的效果。

- 知识产权的对外贸易(简称技术输出)。技术输出主要是指宝钢集团将以自主知识产权为核心的成熟技术以技术咨询、技术许可、技术转让、技术服务以及上述方式的组合,或者以交付自主知识产权设备等方式所进行的对宝钢以外单位的卖出交易。

宝钢认为,市场是反映知识产权价值的最终检验标准,通过知识产权交易能够检验鉴别宝钢技术创新活动的质量与水平,从而激发宝钢技术创新的动力与活力。宝钢认为,在知识经济时代,单纯的资金要素已经缺乏活性,以技术、品牌、管理为重点的无形资产及其集合的投入要素,成为最具有价值的资产。

为了配合上述技术输出发展目标的实现,宝钢制定并完善了技术输出机制,包括:①建立关键技术输出的决策机制,防止关键技术输出后影响公司的核心竞争力;②建立技术整合与营销机制,通过建立企业内部技术资源整合网络与外部销售代理网络,及时收集知识产权信息并将可输出的知识产权信息传递给潜在客户,获取潜在用户的需求;③建立技术输出的项目经理制,建立项目管理和执行的平台;④建立技术输出的评估激励机制。

技术输出尽管发展速度很快,但是对宝钢集团总体利润贡献很小,统计数据显示,宝钢集团每年技术贸易额占总营业收入比例不超过 0.5%。

- 知识产权的产业孵化(简称技术孵化)。技术孵化(technology incubator)是指将具有产业化前景的宝钢自主知识产权为核心的成熟技术,通过提供再研究、试生产、经营场地、通信、网络与办公等方面的设施,提供系统培训、咨询、融资、法律和市场推广等方面的支持,降低技术的产业化风险和成本,从而将技术转化辅导成产业,提高企业成活率。

技术孵化是宝钢知识产权部根据宝钢适度多元化战略而提出来的尝试,其目标是根植于宝钢具有自主知识产权的核心技术,成为这些技术的产业转化平台。鉴于宝钢并没有科技产业园,宝钢技术孵化工作实质上是通过利用技术输出机制,为项目的市场孵化提供包括资金和设备在内的完善、改进及试制条件,将模拟孵化的项目挂靠在宝钢技术贸易分公司的名下,按照项目模拟法人的方式进行运作。

对于技术孵化方式,所需的产业科技园政策迟迟没有落实,仅靠上述模拟孵化方式进行产业孵化。经实践,有3个项目处于产业化前期,这包括BSSF渣处理技术,在宝钢公司内部应用7套,外部市场化输出4套;全氢罩式炉技术在公司内部应用13个炉台,外部市场化8个炉台;热态金属喷印机技术在公司内部产业化9套,外部市场化2套。完全成立企业的技术有振动筛技术,但是市场效果不好,企业处于盈亏平衡的边缘。

因此,除了内部实施与技术推广在宝钢内部获得很大的经济效益以外,技术输出与技术孵化这两种途径还没有发展成为宝钢集团实现创新最大经济效益的主要途径。

伴随着宝钢集团战略发展、技术创新模式转变,其知识产权管理模式也向扩展式发展,如图8.9所示。

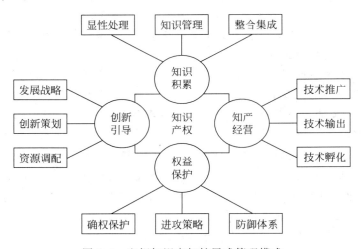

图8.9　宝钢知识产权扩展式管理模式

根据宝钢知识产权部预测,随着宝钢技术创新、知识产权经营机制的完善与发展,宝钢集团不仅生产与出售钢铁精品,而且还创造与出售自主知识产权。相对于产品收益的增长,知识产权收益的增长速度逐渐加速,知识产权经营将成为公司利润增长的加速器。

二、宝钢集团的商业模式

宝钢集团的产品经营经历了从普通进口替代到"精品"战略再到"精品+规模"战略;其技术创新活动经历了从引进消化吸收到二次创新再到开放式自主集成创新;而其知识产权经营活动则经历了从知识产权保护到知识产权输出再到集内部实施、技术推广、技术输出、技术孵化为一体综合模式。它们之间的对照关系详见表8.5所示。

表 8.5　宝钢集团商业模式的动态演变

阶　　段	第一阶段	第二阶段	第三阶段
产品经营	一、二、三期工程 主要目的是实现进口替代	精品工程 建设高档钢材生产能力	精品＋规模 通过兼并重组实现高档钢材产能扩张
产品经营	一、二、三期工程 主要目的是实现进口替代	精品工程 建设高档钢材生产能力	精品＋规模 通过兼并重组实现高档钢材产能扩张
技术创新	引进，消化，吸收 以实现知识水平的跳跃与掌握先进知识水平为目的	二次创新 以持续性创新为特征，对引进技术进行应用与优化	向开放式自主集成创新过渡 以实现技术突破、技术引领为主要目的
知识产权经营	萌芽阶段 对知识产权的认识深化阶段，后来发展到知识产权保护	发展阶段 发展到知识产权输出，即技术贸易、许可、授权、出售等	综合模式 技术推广、技术输出、技术孵化

　　宝钢集团的商业模式是产品经营、技术创新以及知识产权经营三方面的有机综合。宝钢集团的产品经营模式是"精品＋规模"战略，技术创新由二次创新向自主集成创新过渡，知识产权经营是技术推广、技术输出、技术孵化的综合模式，它们互相支持，形成了宝钢集团当前的商业模式。

　　产品经营的"精品＋规模"战略体现了宝钢集团的产业价值链定位。宝钢集团的前身——宝山钢铁厂的建厂目的就是实现进口替代，为国家生产急需的大量进口钢材。这意味着，宝钢的定位就是在我国的钢铁产业中做高档产品，定位于为下游企业提供高档钢材。当宝钢集团明确了"精品"战略后，进口替代仍然是其不变的目标，宝钢集团的前董事长谢企华认为，随着国际化与中国加入WTO，我国市场已经变成国际钢铁集团急于想占领的市场，立足于国内市场做精品，就是参与国际竞争。

　　依靠产品经营的"精品＋规模"战略，宝钢占据了我国钢铁产业价值链的有利位置。首先，伴随着我国经济建设的快速发展，尤其是城市化与工业化进入中后期，钢铁产业的下游产业，例如，基础设施、石油、汽车、造船、家电、高档建材等行业急剧升级换代，对高档钢材的需求发生井喷，这对于宝钢提供"精品"钢材有着深厚的市场需求支撑；其次，我国钢铁产业发展不平衡、产品结构不合理、产业集中度不高、技术能力相对低，这为宝钢集团的精品技术研发活动提供了有利的竞争环境。

　　"精品"不是停留在过去技术水平上的重复生产，而是需要不断地推陈出新，向市场提供性能优良的、能够满足市场需要的甚至能够创造市场需求的新型钢铁产品。这就需要宝钢集团不断进行技术创新。当前经济条件下，这种技术创新一定是开放式的，一定是集合了众多研发成果的系统性创新，一定是自己拥有核心专利的自主创新。因此，宝钢集团的产品经营"精品＋规模"战略需要其创新活动的支持。

　　产品经营的"精品＋规模"战略是知识产权经营模式中最有利的组合方式。宝钢集团的知识产权经营模式包括技术推广、技术输出、技术孵化等多种途径，它们都能为宝钢带来良好的技术收益。然而,正如前面的分析,当前情况下技术输出与技术孵化虽然增长率很高,但是占产品经营收入的比率却非常低。在这种情况下,通过规模战略,尤其是在技术推广支持下的规模战略,在包括新建项目与兼并收购的项目中推广技术创新的最新成果,从而通过产品市场获取经济效益,就成为企业最重要的利润来源。

8.4 创新型企业及其商业模式

当创新成果转化为知识资产之后,在下一轮的创新过程中就可以在此新的知识资产基础上依据动态演进的过程持续创新。这一过程得以持续的条件是,企业保持着较高的创新效率,能够有效地获得知识资产,并能有效地将知识资产转化为产品与服务,实现知识资产的价值,从而通过知识资产的经营获得收益以支持企业持续的创新。如果是这样,就意味着企业走向依靠创新生存与发展的道路。这样的企业应称为创新型企业。

企业创新与知识资产的成长关系图如图 8.10 所示。

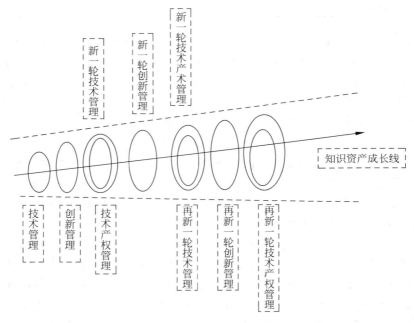

图 8.10　企业创新与知识资产的成长关系图

最早提出创新型企业概念并分析创新型企业本质的是彼得·德鲁克,他认为,创新型企业是相对于传统企业而言的,传统企业主要依赖垄断、保护、模仿、复制已有的技术、产品、市场等方式求得生存与发展,它们仅适合于社会经济条件变化比较慢而且竞争不十分激烈、创新能力与速度对企业的生存与发展并不那么重要的时代。创新型企业是依靠创造新技术、新产品、新流程、新服务、新市场等方式求得生存与发展,适合于技术与产业链变化加快的社会经济条件下,是现代意义上真正的企业。此后他描述了现代企业的特征,认为现代企业是以信息为基础的知识创造组织,这种组织将主要依靠专业化的知识工作者,知识工作者依靠信息创造知识并贡献信息;如同研究所、医院、乐队等专业化组织,现代企业的组织成员主体是领域内专家,其主要活动是知识创造。德鲁克还认为,企业依靠创新盈利、生存、发展的问题,不是企业某个方面或者某个因素的问题,而是企业整体模式的问题,商业模式是企业竞争的关键。传统企业与创新型企业商业模式的差别如图 8.11 所示。

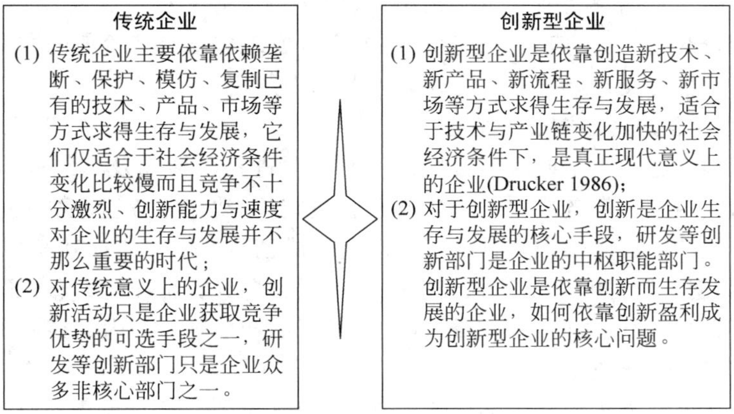

传统企业
(1) 传统企业主要依靠依赖垄断、保护、模仿、复制已有的技术、产品、市场等方式求得生存与发展,它们仅适合于社会经济条件变化比较慢而且竞争不十分激烈、创新能力与速度对企业的生存与发展并不那么重要的时代;
(2) 对传统意义上的企业,创新活动只是企业获取竞争优势的可选手段之一,研发等创新部门只是企业众多非核心部门之一。

创新型企业
(1) 创新型企业是依靠创造新技术、新产品、新流程、新服务、新市场等方式求得生存与发展,适合于技术与产业链变化加快的社会经济条件下,是真正现代意义上的企业(Drucker 1986);
(2) 对于创新型企业,创新是企业生存与发展的核心手段,研发等创新部门是企业的中枢职能部门。创新型企业是依靠创新而生存发展的企业,如何依靠创新盈利成为创新型企业的核心问题。

图 8.11 传统企业与创新型企业

迈克尔·波特用价值系统(value system)来描述企业所在产业中从原材料到最终产品整个过程的上下游企业之间的价值活动关系,用垂直价值链(vertical value chain)来描述与企业直接相关的上下游企业之间的价值活动联系。波特的企业价值链理论表明,传统企业主要是以制造、销售、物流为核心增值环节,依靠产品经营而盈利、生存、发展。如何在制造、销售、物流等核心增值环节获取竞争优势,是企业生存发展的关键。

创新型企业依靠创新生存与发展,也就是通过创新建立知识资产,然后有效地经营知识资产,通过创新来盈利。知识资产经营的资源包括人员素质、创新能力、R&D 能力、专利、技术秘密、销售网络与体系等,意味着企业在知识产权保护、管理的基础上,通过将知识产权内部实施、有选择地将知识产权进行对外贸易(技术咨询、技术许可、技术转让、技术服务以及交付知识产权产品和软件等方式)、将知识产权作为要素进行投资等途径,获取利益回报的过程。

通过获取知识产权、创造知识产权、经营知识产权并周而复始,创新型企业就实现了依靠创新而盈利、生存、发展。相比较而言,传统企业是以耗费自然资源为代价、以有效利用物质资源使其转化为产品与服务的传统经营,其直接后果是耗费自然资源和破坏人类赖以生存的生态环境。创新型企业是注重有效创造、利用知识资产,将知识资产转化为产品与服务的知识资产经营,其经营结果是提供更优解决方案、降低资源耗费、推动整个产业价值网络向更高级演变。因此,创新型企业以知识产权为核心的经营模式,突破了传统产品经营的模式,成为真正意义上的现代企业,是推动产业网络乃至社会经济发展的主导力量。

创新型企业通过自己的价值定位,确定了其内部核心价值链与外部合作伙伴,形成了

第 8 章 企业技术创新与创新型企业的商业模式

以创新型企业为核心的创新价值网,创新型企业的商业模式就是通过整合该创新价值网的资源,完成其内部核心价值活动,实现其价值主张的机制。

1. 创新型企业的价值主张

创新型企业是依靠创新而盈利、生存、发展的企业,所以创新是创新型企业主要的价值来源,是支撑其价值主张的主要因素。现代经济条件下,创新产出的本质是知识产权,创新型企业可能通过内部商业化、许可、出售、风险投资等多种方式实现知识产权的经济价值,所以创新型企业的价值主张必然会根据企业实现创新经济价值的方式不同而不同,但是价值主张的核心支撑要素必然是创新及其知识产权。

2. 创新型企业的内部核心价值链

内部价值链是企业为了向顾客提供价值而必需进行的活动及其结构,用于创造和传递企业的产出。内部价值链决定了企业成本收益结构,决定了企业所需的互补资源和外部合作伙伴。创新活动和知识产权经营活动是形成创新产出并实现其经济价值的核心价值增值活动,而创新管理和知识产权经营是企业根据自身资源和能力、外部网络条件所采取的价值增值方式,他们之间的组合结构就形成了创新型企业的内部核心价值链。

3. 创新型企业的价值网络

价值网络是企业为了完成内部价值活动、实现其价值主张而与其他主体合作而形成的网络。创新型企业围绕其内部创新活动和知识产权经营活动与外部主体合作,形成了以创新型企业为中心的创新价值网络和互补资产价值网络。创新型企业就是在其创新价值网络和互补资产价值网络中实现高效率创新并充分实现创新的经济价值。创新型企业的价值网络对创新型企业获取、创造知识产权并实现其经济价值具有重要影响。

创新型企业的网络包含以下两个子网络。

- 技术创新网络。创新型企业是占据创新网络中心地位的企业,它可以获得其他组织开发的新知识,可以产生更多的创新,也有更好的业绩。
- 互补资产价值网络。创新型企业是主要从事研发活动的企业,它需要其他企业,例如,OEM 厂商、渠道厂商、零售企业以及金融服务业、管理服务业、要素市场等诸多参与者为实现创新价值提供配套服务。这种价值网络的结构与组织模式反映了企业利用网络资源实现其知识产权潜在经济价值的方式。开放式创新模式认为,创新型企业不仅仅能通过内部制造与销售将知识产权商业化,而且也能够通过许可、出售、风险投资等方式,与其他企业共同实现本企业知识产权的经济价值。互补资产、法律制度、产业特征等因素决定了知识产权实现其经济价值的可能途径。

David J. Teece 曾经研究过知识资产在创新型企业经营中的核心作用。他发现,企业要实现技术创新成果的经济价值,需要拥有相应的互补资产,互补资产数量和质量对实现和获取技术创新的经济价值具有决定意义。随着信息化和全球化发展,可交易的中间产品范围剧增,信息与实物分离,实物产品的重要性降低,知识资产逐步成为市场竞争中的核心资源;技术创新活动中的知识资产与实物产品日渐分离,组织间形成复杂的虚拟联系,超越了传统价值分析的范畴,如何从知识资产中获取经济价值成为当前经济活动的核心;企业的关键能力是创造、传递、集中、整合以及利用知识资产,知识资产的自身特性、互补资产(包括生产能力、销售渠道、忠诚顾客等)、法律制度、产业结构、动态能力等因素都对知识资产实现经济价值有着重要影响。

正是知识资产与实物资产的相分离,创新型企业才能区别于一般传统企业,通过可持续的创新和依靠知识资产经营、生存与发展。正是知识资产与实物资产的互补性,才能使创新型企业带动众多的企业实现创新。

知识产权经营是以知识产权为对象的、在互补资产价值网络和创新价值网络中实现其经济价值的管理活动。企业创新活动可以通过自身的制造、销售、物流等资源实现其经济价值,也可以通过互补资产利用其他企业的制造、销售、物流、管理、资本等共同实现其经济价值并获取相应份额。

创新型企业主要产出是知识资产,主要活动是知识资产的创造与经营活动。通过技术创新网络获取知识资产,利用互补资产网络经营知识资产,并获得经济价值。

创新型企业通过与大学、科研机构、其他创新型企业、传统企业以及最终消费者建立创新网络、互补资产网络,获取创新所需的科学、技术与市场知识,通过内部创新、合作创新、并购、产学研联盟等多种途径进行创新活动,产出专利、版权、技术秘密等知识产权,并通过内部商业化、公司创业、风险投资、出售、许可(包括交叉许可)、特许加盟等方式实现知识产权的潜在经济价值。

关于创新型企业的商业模式有下述结论。

- 创新型企业的价值主张是创新,以创新为价值来源、依靠创新而盈利、生存、发展。
- 创新型企业围绕知识产权的获取、创造、经营形成了其内部核心价值链,其中主要包括创新管理与知识产权经营。
- 创新型企业围绕创新和知识产权经营活动组织并形成了外部创新网络和互补资产网络,创新网络决定企业自身创新的效率与水平,而互补资产网络则与企业实现知识产权经济价值的途径密切相关。

根据创新型企业的外部价值网络覆盖的范围、内部价值链的构成以及价值主张的实现途径可以将创新型企业划分为以下类型。

(1) 整合型创新型企业。这类企业内部价值链包括创新管理、知识产权经营以及传统企业的制造销售等活动,此类创新型企业主要途径是依靠自身具备的制造和销售等互补资产实现创新及其知识产权的经济价值。整合型创新型企业是创新驱动的传统企业。

(2) 半整合型创新型企业。这类企业内部价值链包括创新管理、知识产权经营以及部分传统企业的销售活动,也就是说此类创新型企业将制造等环节外包给互补资产价值网络完成,自身专注于研发和销售等环节的活动。半整合型创新型企业是当前主流的创新型企业类型。

(3) 知识产权经营型创新型企业。这类企业的内部价值链主要包括知识产权获取与经营。

【案例 8.5】

展讯通信有限公司的技术标准服务平台

展讯通信有限公司(以下简称展讯通信)是 2001 年成立的半导体设计公司,致力于无线通信及多媒体终端的核心芯片、专用软件和参考设计平台的开发,为终端制造商及产业链各环节企业提供高集成度、高稳定性、功能强大的产品和多样化的产品方案。展讯通信是中国首家开发出 GSM、TD-SCDMA 等手机核心芯片的本土公司,2005 年被评为中国通信行业最优秀公司,2007 年获得国家科技进步一等奖,并在美国 NASDQ 上市,2008 年收购美国 Quorum System 射频芯片公司,2011 年收购 MobilePeak 公司与 Telegent Systems 公司,具备了完整的技术体系;展讯通信2010 年销售收入为 3.463 亿美元,毛利为 1.525 亿美元,具有强大的创新与盈利能力。

展讯通信是典型的通信行业 IC 设计公司,即展讯通信的核心价值活动在于设计手机芯片内部结构和软件系统,而将芯片制造、封装、测试等环节外包给台积电等公司,再将制造完工的芯片销售给手机设计和制造等下游厂商;在设计芯片内部结构及软件系统的时候,也并非完全自主开发,而是通过授权获取部分基础 IP,例如,ARM 内核等,并在此基础上进行设计开发。可见芯片设计与商业化是展讯通信的两大关键价值活动。手机芯片是手机产业价值链最具价值的环节,而手机芯片设计是芯片价值链中最难的、也是最具价值的环节,被称为皇冠上的明珠。展讯通信获得成功的重要原因是它的混合商业模式,即通过设置"大陆+硅谷"的组织架构,充分利用全球技术,整合全球技术人才,研发软硬件一体化产品,为目标客户提供贴身服务。

较高的研发效率与成功率,以及适应新技术的特点,实现技术创新成果的价值最大化,是展讯通信商业模式的显著特点。

较高的研发效率与成功率表现在以下两方面:

(1) 展讯通信分布在中美两地。两国之间有时差,当中国是黑夜的时候,美国是白天,这种模式使得展讯通信能够彻夜不停进行研发工作,工作效率高,产品开发周期比竞争对手缩短很多。展讯通信研发世界首颗 GSM/GPRS(2.5G) 多媒体基带一体化芯片仅用了 2 年时间,从测试到量产仅用了 1 年时间;从 2001 年至 2008 年,以平均 1.5 年研发 1 颗芯片的速度,研制出 6 种世界领先水平的各类手机、多媒体核心芯片。

(2) 同时在美国硅谷与中国张江高科设立公司,整合美国硅谷 ICT 技术,定位于服务中国市场。一方面,硅谷是世界 ICT 产业的发源地,是高新科技的集聚地,展讯通信设置美国硅谷分公司,充分利用成熟技术,紧跟产业动态;另一方面,世界芯片设计公司,例如,得州仪器、高通、ADI、MTK 等公司远离中国,供货价格高,当产品出现问题后,又常常需要一个多月才能有服务响应,严重制约了中国品牌手机厂商的产品研发进度。展讯通信在上海张江设立公司总部,能够有效贴近中国市场,快速响应中国品牌手机厂商的需求。

适应新技术的特点,实现技术创新成果的价值最大化,表现在通信与多媒体一体化芯片转向技术标准平台服务。

展讯通信在刚开始进行手机芯片研发的时候,也试图走专业化研发通信模块或者多媒体模块的道路,但是并不能获得市场认可。以 GSM/GPRS(2.5G) 手机为例,多功能手机芯片需要同时拥有通信模块、多媒体模块,软件平台与第三方应用软件,才能形成完整的手机软硬件系统。2000 年以前的手机产业,芯片厂商大多各自生产通信模块芯片、多媒体模块芯片,由手机制造商自行整合两大模块,并进行软件系统开发。国产手机制造商比国外知名品牌推出产品时间要延长3~6个月,处于极端不利地位。转向开发通信与多媒体一体化芯片,并附带提供软平台与第三方应用软件,这种模式被称为Turnkey模式。依靠Turnkey模式,展讯通信与中国大量中低端手机制造商建立了巩固的产业链联系,是展讯快速提升市场对其基带芯片认可的重要因素。

随着国内厂商研发能力的提升,3G时代下手机采用运营商定制方式,展讯通信于2006年年底放弃Turnkey模式,重新定位于为合作伙伴提供核心技术平台,不再插手应用层面的开发,但与手机方案商建立密切的合作关系。

【案例8.6】

Infinity基金的"知识产权银行"(复旦大学博士生　王云美)

Infinity基金是1993年成立的以色列私募股权基金,专门投资并管理具有出色创业精神和产销能力但需要创新技术和专利知识的中国企业,以及具有先进成熟技术但需要拓展市场的以色列企业。迄今为止,该基金已经设立了9支美元和人民币基金(其中7支位于中国),管理着45家投资组合公司和超过7亿美元的资金,完成了20多家著名公司的成功投资和退出案例,包括Galileo、Saifun、Shopping.com、Shellcase和Scitex Vision等项目。

Infinity基金具有独特的"知识产权银行"模式。具体而言,该基金在以色列、欧美等地区对先进成熟的知识产权项目/企业进行投资,形成知识产权库;在中国寻找具有出色的创业精神和产销能力但是需要创新技术和专利的中国企业,并对上述两者进行整合,或者在中国新建高新技术企业以实现知识产权的产业化;然后通过资本运作获取投资价值。

"知识产权银行"模式基于两方面现实因素:一是以色列拥有众多高科技公司,但国土面积狭小,人口仅700万人左右,长期处于地区争端之中,政治风险很高,所以其高科技公司的技术常常不能在本国充分实现经济价值;二是中国市场规模巨大,经济高速发展,中国政府鼓励企业创新与建立品牌,但是企业常常缺乏核心技术,急需提高技术水平。"知识产权银行"模式能同时满足中国企业提高技术水平与以色列企业实现市场扩展的双重目标。

"知识产权银行"模式的运作主要分为以下四个步骤(如图8.12所示):

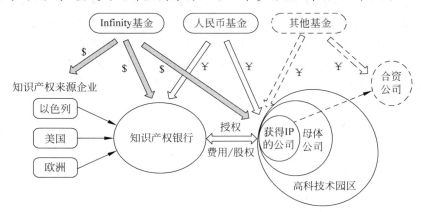

图8.12　Infinity"知识产权银行"运作模式

第一步,发现与获取知识产权。由于该基金的主要目的是通过知识产权的快速商业化而获取投资收益,所以主要收集对象是发达国家较为成熟的、具有广阔市场前景的专利技术或者处于发展低谷期的知识产权。通过地毯式搜索与重点掌控相结合的方法,Infinity基金集合了绝大部分以色列高科技公司的知识产权信息以及部分欧美高科技知识产权信息;对部分市场前景比较明朗的知识产权,则采用股权投资的方式取得专利所有权公司的部分股权。

第二步,建立知识产权价值传递网络。在中国具有较好经济发展基础、对技术创新有较高需求的地区,Infinity基金与当地政府(以科技产业园区为代表)合作建立基金,Infinity基金提供知识产权与部分资金,当地政府提供部分资金。该基金储存了知识产权和相应资本,成为知识产权银行。同时,由双方共同组建管理公司,对知识产权银行实行创业投资管理。在这种模式中,Infinity基金不仅提供了资金与知识产权,而且提供了具备丰富资本运作经验的专业管理人才,当地政府不仅提供了部分资金,而且提供了当地项目资源与需求信息等,所以知识产权银行不仅能够快速地接触到潜在合作企业,而且能够克服潜在的投资交易障碍。

第三步,传递知识产权价值。对于具有出色创业精神与产销能力但是需要创新技术与专利的国内企业,出于寻求先进知识产权的强烈需求,他们将与知识产权银行签订合作协议,支付授权使用费,获得该知识产权特定范围内的使用权。国内企业引进知识产权后将进行扩展性研究,从而获得相应知识产权,提高企业技术水平与竞争力,从而得到极大发展。在此过程中,知识产权银行还提供相应的资本、专业管理人才、国际市场运作经验以及当地政府政策支持等,对国内合作企业进行全方位的优化提升。

第四步,获取知识产权价值。由于知识产权银行是通过对知识产权所有者进行股权投资而获得控制权的,在知识产权传递过程中也附带了资本投资,因此知识产权银行通常能够获得国内合作企业的部分股权。在知识产权传递完成之后,知识产权银行可以通过收取知识产权费用或者将国内目标企业上市、进行战略收购等资本运作方式获取投资收益。

"知识产权银行"模式构建了集知识产权、专业管理人才、市场运作、资本对接、科技园区力量、政府资源等为一体的网络平台,而管理公司具有丰富产业经验与资本经验,他们针对目标企业综合运用平台上的各种资源,使得知识产权能真正在目标企业落地生根。在该模式下,目标企业通过引进已被市场证实的先进技术,获得快速成长;当地政府通过引进知识产权,能够促进地方经济的快速转型;知识产权来源企业的知识产权获得了更大市场的应用;基金在帮助地方政府和企业成功的同时获得了巨大投资回报。

第9章 创新治理：山寨手机案例分析

9.1 山寨手机与山寨文化现象

2005年或更早些时候，我国手机市场上出现了许多不知名的山寨手机，诸如"NOKLA"（不是NOKIA的笔误）、"Samsang"（并非拼写错误）等。这些山寨手机的特点主要表现为快速模仿成名品牌，并在外观、功能、价格等方面实现超越。生产出这些奇怪品牌手机的众多小型电子加工厂被称为山寨企业，它们没有正规品牌，缺乏正规销售渠道，但价格低廉，且颇有创意。2008年6月，中央电视台的《经济半小时》节目以题为《揭秘手机山寨机市场》的报道指出：据不完全统计，2007年山寨手机产量至少有1.5亿部，几乎与国内市场手机总销量相当。

我国市场上各种山寨手机非常多，各种品牌如图9.1所示。

在汉语中，"山寨"这个词意味着在山林中搭建的防护性的栅栏、寨子、领地，包含着对"官府"、"庙堂"与统治势力的对抗，具有某种独立性与自治性。现在的所谓"山寨产品"，表现为针对主流市场上的名牌产品的模仿，但又赋予新的品牌形象。

山寨手机是最早的"山寨产品"。山寨手机的出现掀起强大的市场冲击波，使得曾经占据中国手机市场半壁江山的国产手机企业波导、TCL、科健、熊猫、夏新等国产手机企业纷纷倒下。波导股份2003年的企业净利润曾达到2.45亿元，但2007年却亏损5.39亿元。东信和熊猫电子都已于2007年剥离了其巨大亏损的手机业务，而重组之后的科健也脱去了手机生产厂商的外衣。2008年年初，联想集团宣布以1亿美元将其手机业务卖给了4家投资机构。

手机从业人士与评论家对山寨手机各有褒贬，有人认为山寨手机的出现是技术进步的结果，代表了未来技术发展的潮流；相反，有人认为山寨手机的出现破坏了市场规则，称这些手机为"黑手机"。

山寨手机除了流行国内市场以外，还大量销往中东和非洲。即使在市场相对规范的欧洲市场，中国的山寨手机也逐渐打开了销路，一些在国内默默无闻的"山寨机"到印度、东欧、非洲甚至还成了知名品牌。但争议同样存在，在巴基斯坦、印度等国出现的手机IMEI码事件，表明山寨手机存在的正当性引起人们质疑。

继山寨手机之后在中国广泛流行的山寨现象，波及制造业的各行各业。有意思的是，"庙堂"也在学"山寨"。例如，威盛电子与微软在深圳成立"开放式超移动产业策略联盟"，帮助客户在数月内设计一台完整的笔记本电脑上市销售，其就是拷贝"山寨手机"的运作模式。首批加盟的15家下游厂商包括清华同方、E-Lead、YiLi、长城、CZC以及配件生产制造合作伙伴，如SanDisk和AMI等。对威盛来说，拷贝"山寨手机"的运作模式：一是

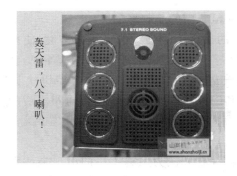

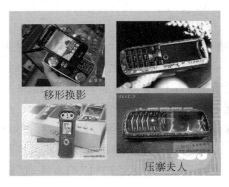

图 9.1　市场上琳琅满目的山寨手机

图 9.1(续)

可以借助内地众多厂家势力挑战英特尔和 AMD；二是可以缩短它们研发、生产和产品出货的时间，加快市场反应速度，降低成本。

但更为人关注的是山寨现象在文化娱乐各领域的波及。《中国青年报》、腾讯网的一次联合调查中发现，网友们对于"山寨文化"褒贬不一。在一周内，共有 2 169 人参与了网上调查，其中有 38.7% 的人认为山寨文化是一种复制文化，有 33.7% 的人认为山寨文化是一种冒牌的文化，30% 的人认为山寨文化的核心其实就是剽窃，还有 24.9% 的人认为山寨是劣质的代名词。不过也有一些网友认为，山寨产品经济实惠，山寨文化大有发展。

形形色色的山寨现象具有如下类似山寨手机的特征。

第一，山寨现象的出现基于一定的"平台"。在制造业，制造技术的进步与扩散所导致的技术整合为"山寨厂商"提供了技术平台。文化娱乐业的山寨现象的"平台"，是"尊重差异，包容多样"的宽容与宽松的环境，加上平民拥有网络这样一个比较方便、便宜的表达技术。

第二，山寨产品与山寨文化的出现，拥有广阔的市场空间和群众基础。文化领域一向是少数"文化精英"的舞台，山寨文化使平民大众拥有文化话语权，为他们提供了猎奇、表现自己诉求和自娱自乐的机会。有人认为文化领域的"山寨"来自对主流的反叛，对权威的挑战，对精英的模仿，对草根抑郁的释放。

第三，通过依傍已有品牌，山寨厂商给主流市场上的主流厂商带来了"破坏性"的影响与冲击。在制造业，一方面，山寨厂商刻意模仿造成了对正规品牌厂商的利益损害，一定程度上搅动正常的市场秩序；另一方面，它也促使主流市场上的主流厂商改变策略。在文化娱乐领域，主流、精英的行为、话语、产品因被复制而受到挑战，例如"山寨春晚"就向中央电视台的春晚"叫板"。

第四，山寨文化需要综合治理。山寨文化框架下的山寨产品容易侵犯知识产权，应当加以引导，避免"恶搞"等消极的社会后果。山寨文化未来发展方向是不明朗的：可能在竞争多元化的发展中逐渐走向灭亡，也可能被国内外"庙堂""招安"而改头换面，还有一条出路如一些"山寨典范"自建品牌。

在中国流行、受世界关注的"山寨现象"有着深刻而复杂的社会经济背景。"山寨现象"是在一定的技术经济与社会变革条件下的产物，具有包含社会底层的最广泛的群众基础。"山寨现象"以特有的方式向市场垄断者与主流时尚提出挑战，游走于知识产权与模仿创新的边沿，其生存与发展需要行政、行业与内部的综合治理。

9.2 治理的难题

对于日益风行的山寨文化，人们对此褒贬不一。持否定态度的观点认为，山寨现象涉及抄袭、侵犯知识产权，甚至认为是中国的"奇耻大辱"。肯定的观点认为，山寨现象是一种群体现象，山寨包含着反垄断与创新精神。基于不同的观点，人们提出了不同的对策，有人认为应当取缔，有人主张对其宽容，还有的人认为对不同领域的山寨现象可采取不同的对策。

争议的焦点首先是知识产权问题。复旦大学葛剑雄教授认为，"山寨产品"都同属水货，大多带有抄袭、仿冒或恶搞的特点，少数属自娱自乐，自我表现。针对"山寨文化"的抄袭、仿冒或恶搞提出"不能过分宽容"。还有人指出，创新曾是山寨精神初现时的关键词，而现在山寨产品只剩下越来越赤裸裸、越来越劣质甚至是恶意的抄袭和复制。投资专家王冉在其博客《山寨文化泛滥是一件丢人的事》中说道，山寨产品现在等同于劣质仿造产品的代名词，会让人联想到侵犯知识产权、手工黑作坊、质量低劣等罪恶。这个领域，应有相关法律与商业规则来规范，该怎么办就怎么办，没有什么可姑息的。

山寨手机在国外的争议也蔓延开来。例如，德国某杂志指责山寨机是在"肆无忌惮地侵犯知识产权"。

一直以来，政府、品牌厂商、媒体，似乎都站在山寨机的对立面，希望将其扼杀在摇篮之中，以期维持我们认为平衡的市场结构。但同时也忽视了，正是山寨机的异军突起，为整个产业带来了更多的活力，国内品牌与外国品牌对峙的局面被打破，更多的竞争因素使得旧有力量不得不紧张起来。

山寨产品中存在大量的模仿，但是也有创新。山寨手机厂商们大都不是"正规军"，但他们主要表现在产品功能方面的创新却可以满足普通大众对现代科技新产品的需求。更进一步说，山寨手机能够大行其道，如果没有手机技术上的重要突破，也是不可能的。最后，山寨手机还促成了手机产业链的发展，此外还创造了更多的生产价值，带动了就业，以及为社会与经济发展提供新的机遇。

因此，山寨手机治理的复杂性，包含着围绕山寨手机有不同类型的创新：模仿、产品创新、技术创新、组织创新。不同类型的创新需要多种水平的治理。

山寨产品创新的类型与治理水平如图9.2所示。

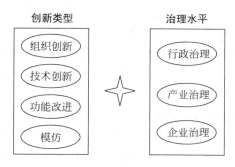

图 9.2 创新的类型与治理水平

1. 政府如何规制

山寨手机又称为傍牌手机,依傍别人的品牌,似有侵犯知识产权的嫌疑。如果涉及侵权,政府应严格监管。我国的目标是建成创新型国家,坚持走自主创新之路,政府从各个方面支持创新,鼓励创新,保护专利、商标、版权等知识产权是其中的一个重要方面。

可是,判定侵权需要依据一定原则,需考虑受法律保护的范围与边界。仅仅有模仿,如果不落入受保护的专利、商标与品牌等知识产权的法律保护范围,就不能被认定为侵权。人们普遍认为,山寨手机除一些走私、非法生产、经营冒牌、拼装和翻新手机明显的违法之外,多数产品游离于法律的边界,也是说依照现有法律难以判定侵权。目前,我国已基本建立健全了一系列与国际接轨的知识产权保护体系,是否又需要针对山寨产品作出新的法律规定,需要相关人员进一步协商。

品牌是产品的内在质量和外在特征的综合反映,是消费者和企业沟通的桥梁,是对商品价值的一种承诺。但品牌离不开市场基础,如果对于市场问题避而不谈,那品牌无疑是空中楼阁。山寨手机的出现满足了众多消费者的需求,具有最广泛的市场基础。山寨手机获得这样的机会,正是那些品牌"高高在上",脱离了市场基础的结果。市场问题毕竟是活生生的现实问题。品牌与山寨冰火两重天的情形,表明有必要考虑究竟如何看品牌与山寨。

据最新资料表明,13亿中国人中的一半即6.5亿人成为手机用户,其中又有1/4以上的人是山寨手机用户。这占1/4的山寨手机用户多数被称为"平民"、"草根",所以有人把山寨手机称为"平民手机"、"草根手机"。公共服务的主要目标是为社会提供更多更好的公共事业产品,因而不可能不考虑这部分大众的需求问题。

不仅如此,如果政府严格监管,阻断山寨的生存机会,还必须面对在"山寨"背后业已形成的完整产业链。当年,联发科(MTK)手机晶片出货量超过2亿套,成为全球第二大手机晶片公司,掌握国内7成以上手机晶片市场。山寨手机的制造商,归根到底只是一个集成商,他们根据自己的需要来整合手机设计公司、测试公司、工厂等手机链条的各个端点。手机设计公司所提供的方案,只是根据联发科芯片的功能来"锦上添花"。手机的参数有着近乎统一的"标配":触摸屏、环绕立体声、MP3/MP4、百万像素摄像头,价钱稍微高一点的还会有双卡双待、数字电视、JAVA 等功能。随着联发科抢进国内山寨手机市场,带起了中国台湾产业供应链,包括石英、无线通信元件厂商,另有 IC 设计、IC 通路、中小尺寸面板、PCB、LED 厂商等。在国内,从研发到销售包括液晶屏、耳机、电池、充电器、手写笔甚至摄像头镜片、防尘网等都有专业厂家,已经形成了非常成熟的产业链。统计表明,2007 年,在深圳的手机生产企业两年前已有近 140 家,与之配套的方案集成公司有 36 家,主板研发企业有 140 家,外观结构设计企业有 50 家,蓝牙厂商近 300 家,各级销售商约 3 000 家,物流配套企业有 150 家(徐超,王涛等 2007)。

金融风暴促使我国实施扩大内需的战略。有人根据山寨产品市场的特点提出"山寨消费"概念,认为山寨产品和所谓的国外品牌产品质量没什么区别,强化国民的山寨消费观念可使产品质量好的企业拥有更大的内销市场,对于度过金融危机具有特殊意义。

山寨手机给市场规范和政府规制所提出的挑战可引发诸多经济、社会问题。对于"山寨",政府究竟应该如何规制?

2. 行业如何治理

我国是世界上最大的手机市场,国外品牌有摩托罗拉、诺基亚、三星,国内知名品牌有夏新、波导、联想、康佳、TCL 等。山寨手机给它们带来的冲击是巨大的。互联网数据中心发布的 2008 年上半年调查数据显示,外资品牌手机市场份额占 60%,而山寨机的市场占有率则达到了惊人的数字——23.1%,国产品牌手机则处于洋品牌和山寨机前后夹攻的尴尬境地,大都亏损严重,有部分企业已经被转售甚至退出历史舞台。一些国外品牌如诺基亚等厂商也以进军笔记本市场转移来自山寨手机的竞争压力。

山寨手机成为"搅局者",动了品牌厂商的"奶酪",扰乱了行业秩序。由于金融危机影响,山寨机的优势将更加明显,因为一部山寨机的成本比品牌机减少 150~200 元,2007 年品牌手机价格降幅虽达 15%~20%,与山寨机相比还是没有价格优势。

山寨手机所节约的成本,主要一部分是省掉了技术监测的费用,这又动了政府所属检测机构的"奶酪"。山寨手机没有相关技术数据,品牌厂商与运营商就有理由推动政府有关部门对山寨手机采取严厉措施管理整顿。2008 年 12 月 18 日,中华人民共和国工业和信息化部(简称工信部)就实行手机 IMEI 号码登记核查管理政策发出通告,由其下属的电信终端测试技术协会向国内手机生产商核发 IMEI 标识号。IMEI 成为手机身份的唯一标识号,拥有该标识号的手机才可以在 GSM/UMTS 网络上使用,没有合法的 IMEI 的山寨手机就只能使用假"身份证"或者多部山寨机共用一个"身份证"。多部手机共用一个 IMEI 的一个后果,是 2008 年 7 月对巴基斯坦出口手机被锁,造成数百名购买中国山寨手机的用户通信中断。

如果管理部门和运营商坚持严格的管制,山寨手机最终只能有两个出路:要么正式申请取得相应 IMEI 码,要么从某些品牌手机中购买合法的 IMEI 码。

支持山寨手机的北京邮电大学经济管理学院阚凯力教授首先对此做法的正当性提出质疑。他认为,以往一直不是依靠 IMEI 号入网,而是直接用手机号入网。况且山寨手机本身就是合法经营,以往没有实行 IMEI 号管理已经发展了 6 亿多手机用户。同时,这一做法的可行性也是有问题的:既然以前购买的手机可以照样使用,那就很难将"之前"与"之后"生产的手机区分开来;即使所有手机都需要 IMEI 识别码,而向用户提供解码也不是什么大难题。

那么,治理山寨手机问题是继续考虑推行行政手段,还是利用市场机制来解决山寨手机的冲击呢?

3. "山寨"的困境

山寨手机的一个困境是没有自己的品牌。山寨厂商没有自己的品牌,缺乏正式的销售渠道,所以生产"傍牌手机"是最初的选择。但是仅靠依傍品牌、模仿是不可能持久的。傍牌起家的山寨手机今后必然面对品牌的困境。

当今国际市场的竞争,已经跨越了产品竞争阶段,进入了品牌竞争时代。可口可乐公司前董事长伍德鲁夫(Robert W·Woodruff)曾说过:"就算有一天,公司在大火中化为灰烬,那么第二天早上,全世界新闻媒体的头条消息就是各大银行争着向可口可乐公司贷款。"这说明了一个好的品牌是企业最核心的资源。

商标品牌与专利、版权、技术秘诀等构成知识资产。企业在进行有形产品生产的时候,也在建立自己的无形资产或知识资产。企业在经营自己的物质资产的时候,也在经营自己的知识资产。山寨手机依傍别人的品牌,可以获得一定的物质利益,但是并没有建立自己的品牌。山寨手机制造商模仿与复制的成果是得到"正版"的副本,并依靠卖"副本"赚钱。从知识资产经营的角度看,山寨厂商没有建立自己的品牌,相反的却在宣扬和推广被依傍的品牌,推动着被依傍品牌的扩散与增值,似乎是在为他人做"嫁衣"。这其实是山寨手机依傍别人品牌的悲哀。走出这一困境,仅仅停留在模仿这一阶段是不行的。

山寨手机的另一困境是,没有维修及售后服务,没有质量保证。山寨手机从手机设计、原材料供应,到各个环节的生产和组装,虽然都可通过产业链分工来实现,但一台山寨手机的出炉要经历寻找芯片、软件解决方案、开模、生产和销售这五个环节,而流行的山寨机中,MP3、摄像机、收音机及拍照功能已成为标配,部分山寨机中还有诸如手机电视功能及 GPS 导航功能。山寨厂商不省略品牌手机的研发、设计、技术检测等环节,并在短时间内与集成芯片、GPS、模具等厂商达成共识,怎么能降低成本,并且又尽快使产品成型上市呢?由于缺乏行业检测的技术数据,所以就难以经得起考验,维修及售后服务就成为问题。中国消费者协会接到投诉最多的是移动通信中的"终端"投诉,主要就是对山寨手机的投诉。因此在许多人心目中,"山寨"意味着不正宗,意味着"难以在阳光下接受检验",甚至意味假冒伪劣商品,即使对山寨产品采取"容忍"、"宽容"态度的人,也有人声言坚持不买"山寨"产品。

以上两大困境制约着山寨手机的发展前景,山寨手机具有怎样的生存能力?是否会有一些山寨产品走出这些困境?

9.3 山寨手机出现的技术背景与市场条件

山寨手机的出现也算是手机制造企业商业模式创新的结果。

手机制造依赖于生产网络,波导、TCL、科健、熊猫等国产大牌企业,各有自己的生产网络,网络的重要特征是互利共生。在山寨手机出现以前,手机市场在位者所采用的制造模式是以手机厂商为中心,如图9.3所示,通过手机生产商研发或者集成周边的诸如手写、蓝牙、摄像等技术,用6~9个月的时间开发出新的手机。各个生产制造企业之间事实上形成了一种网络状结构,不同的企业承担着不同的角色:制造模具、外观设计、功能配套等,而手机厂商是这个网络的核心,围绕着手机生产紧密联结起来,形成密度较大、关系强度较高的网状结构。

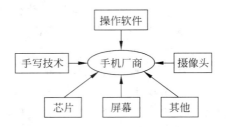

图 9.3 以手机生产商为中心的制造示意图

山寨手机的出现,并没有改变手机生产的网络特征,但其各个生产制造企业之间的网络结构就不同了。

2005年,我国台湾芯片厂商联发科技股份有限公司(MediaTek)的MTK手机芯片,把需要几十人、一年多才能完成的手机主板、软件集成到一起。于是手机所依赖的网络中,关键部件完全由联发科一家公司的芯片集成提供,手机生产商围绕关键芯片,仅仅负责外壳、造型等部件的设计,在3个月以内就可开发出新品手机,如图9.4所示。

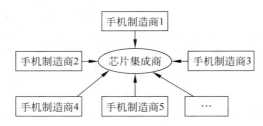

图 9.4 以芯片生产商为中心的制造模式图

生产技术网络的这一转换,引起了手机开发、生产与市场的重要变化。联发科所推出的"Turn-key"(交钥匙)模式的全面解决方案,使芯片、操作软件,甚至液晶显示屏、摄像头等部件都可以"一站解决"。对每个山寨企业,手机的制造至少省去了两个环节:应用平台和各种软件,这两个环节已被联发科等芯片制造商整合到自己的产品中去了。手机的最核心零部件其实已被打包成"半成品"。生产商只需买来这一"半成品",配上手机外壳和电池,就能组装出一款手机,操作简单,成本低廉。过去由大牌手机厂商所掌握的核心技术变成了平常的技术,这为山寨手机大规模生产打开了方便之门。

山寨手机生产网络的突出特征,是联发科的MTK手机芯片和"Turn-key"全面解决方案为所有厂商提供了一个共同的技术平台。

技术平台的出现是一大进步。有了平台,人们不再需要一切从头做起。对于制造商来说,产品平台可提供有效的方式来管理产品线上的多样性。产品平台概念提出者Marc H. Meyer 和 Alvin Lehnerd 把平台概括为可以在具体应用的可变范围中使用的技术的集成,指出产品平台是"一套可以形成通用架构的界面和子系统,从这个架构出发,一系列不同的产品可以有效地得到改善并且生产出来"。

技术平台示意图如图 9.5 所示。

技术平台有如下作用:

首先,降低制造成本。联发科提供的芯片是一种高度集成的多媒体基带芯片方案,模式、基带芯片、操作软件,甚至液晶、摄像头等部件"一站解决",大大缩短了手机生产环节,并降低了研发成本。MTK 芯片价格远低于同行,比诺基亚的便宜 3/4,比大厂手机便宜一半。在一款功能极为简单的品牌手机动辄能卖到千元以上的情况下,拥有照相、蓝牙、大屏、手写、电视等功能的山寨机的售价不过几百元,这些功能如果装配在品牌手机上,售价至少在 3 000 元以上。正如人们所说的,山寨手机只有"白菜价"。

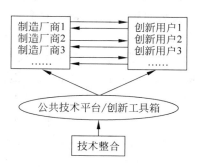

图 9.5　技术平台示意图

其次,使创新更为有效。联发科的芯片和"Turn-key"解决方案,对产品来说这只是半成品,但加工为最终产品具有多样化的增值方案:一个方案可以做几十个外形不一的主板,一个主板又可以做几十个外观不一的手机,如手表造型手机、香烟盒形状手机,以及宝马、奔驰、保时捷等车模手机等。联发科建造的技术平台集成了原有价值链上的多数技术难点,使用户的需求实现与定制化生产变得容易。用户提出要求,3 天之内就可以拿到自己所定制的具有特殊功能的手机。一些具有原创色彩的"山寨机",把很多技术和设计都组合在一起,像超大屏幕、智能、电视功能、双摄像头、多媒体播放、双卡同时待机等,能装的全装上,功能齐全得让人难以置信。

最后,这一平台也就成为一个易于与用户创新紧密连接起来的平台。用户中涌现出一些手机玩家,他们把山寨机视为时尚、流行、DIY 的代名词。主张用户创新的研究者麻省理工学院的 Eric Von Hipple 教授认为,由于用户是产品的使用者,对产品性能的要求有着更加本质的理解,因而他们在产品需求和创新的建议上都起着主要的作用。最讲究、最挑剔的消费者通常会把产品和服务的质量推向极致。例如,游戏手机,有一个外接手柄——只需要将手机放置在手柄上连接好,就可以直接用手柄来操控游戏,这时手机完全变成一台游戏机,又如一部酷似"变形金刚"的手机上有 8 个喇叭。

山寨手机不断地推出新产品,很大程度上是由于用户参与创新的热情推动的结果。Eric Von Hipple 认为,制造者为开发新产品千方百计地想准确地了解用户需求,这种传统的方法在用户迅速变化的情况下将更加困难。他建议制造商应该放弃这种尝试,认为最好的方式是由制造商向用户提供"创新工具箱",让用户在特定产品与服务的指定系统中自由创新,创造一个初步设计,与制造商一起做出评估并制造出雏型,反复改进,直到用户满意。Eric Von Hipple 的研究发现,创新工具箱比传统方法更为有效。

在这里,山寨手机的公共技术平台就是用户的创新工具箱,使创新用户与制造商的沟通不再成为难题。山寨手机一开始以极低的成本模仿主流品牌的外观或功能,在用户的推动下,其集成的功能和新奇的外观可吸引越来越多的消费者,外形如赛车、香烟盒、手表之类的山寨机满足了不少青年人追求时尚的需求;大屏幕、"大按键"、颠覆传统"时尚"、

"精英"设计理念的山寨手机,方便老年人使用;在手机上装备强亮度 LED 灯,方便农民用户在缺乏照明的乡村环境下兼做手电功能;功能多样的产品特性让我国最广大的低消费能力阶层有机会体验"科技"的便利。于是,"只有想不到,没有买不到",成为了对山寨手机的评价。

如果把这一重要的产业技术创新模式,在这一技术背景下山寨手机企业商业模式的特征,山寨手机的价值网络与创新网络,与上一节所指出的山寨手机所包含的各种类型的创新联系起来,我们就可以得到如图 9.6 所示的山寨手机的创新模式图。

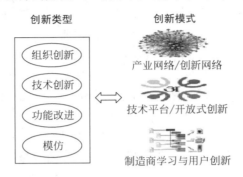

图 9.6　山寨手机的创新模式图

在我国的通信终端产品推广中,存在着两个或多个细分市场。低端用户只买最低价格与基本功能的手机,高端用户买功能较强、外观美观、价格昂贵的新型手机。新产品的市场进入方式往往先从高端用户,比如最新款的手机总是有钱人先购买使用,以后才逐渐流传到普通的消费者手中,在这个过程中,销售量逐渐增加,整个市场需求表现为一个进化发展路径,如图 9.7 所示。

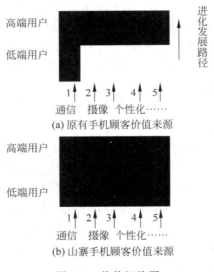

图 9.7　价值矩阵图

注:成功的产品符合用户价值,不同的市场细分对应不同的关键价值的组合,
图(a)中,空白区表示某个价值来源对于这个市场细分不重要。

山寨手机的出现,一定程度上颠覆了这个过程。由于山寨机的存在,使得低端机的入门规格大幅提高,如手写大液晶屏、双喇叭、双蓝牙等手机技术都成了基本配置。山寨产品几乎拥有精品"名牌"的所有功能,但价格极其低廉,同样的配置,正规厂商至少要卖千元以上,而山寨机却往往只要数百元。因此,山寨手机首先受到低收入人群的欢迎,让这些消费者也能满足其"奢豪"欲望,因而也受到年轻一族的追捧,一些年轻用户往往同时使用几款不同功能的手机。

市场的这一变化在一定程度上甚至影响人们的社会心理。世俗社会往往以消费的品牌等级来划分社会身份阶层,而山寨手机的用户们似乎在用新的价值观去衡量这一切。我国台湾一些媒体如此评论这一现象:"不怕丢脸、不怕低利润、满足消费者需求的'山寨精神'就是创新精神,把最多的功能都设计进去,想尽一切办法满足消费者需求"。可见,山寨精神已经深入很多消费者的内心。

9.4 山寨手机的治理机制

山寨手机所面对的多方面挑战,表明了山寨现象的复杂性。但有一点很明确,要简单地取缔它不仅会遭到强烈的反对,而在实践上也几乎不可能。在某些地方,山寨手机市场虽然处于半地下状态,却也能够流行起来,并有越来越大的影响,这一定有其内在原因。需要运用行业、政府、企业内部三种治理手段,引导山寨手机良性发展。

通过对山寨手机出现的技术背景与市场条件的分析,我们有可能对其治理提出一个较明晰的思路,如图9.8所示。

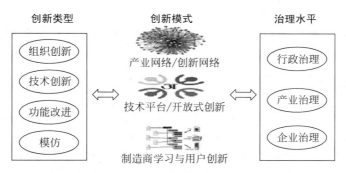

图9.8 山寨手机的治理机制

1. 行业治理:"破坏"与博弈

山寨手机对手机市场的蚕食,可以视为C. Christensen所研究的"破坏性创新"的典型案例。C. Christensen发现,在不少行业都存在"破坏性创新",即领先的公司在技术或市场变化时往往会痛失先手,而另一些公司成为新的领袖取而代之。C. Christensen区分了两种不同类型的创新"破坏":新市场破坏(new-market disruption)与低端破坏(low-end disruption)。

山寨手机的流行是一种低端破坏性创新。所谓低端破坏性创新,是指从节约成本着眼,通过不停地挖掘客户的根本需求,剖出产品和服务中非根本的需求,压缩成本扩大产量,实现薄利多销。山寨手机走的是低端路线,从来不用打广告,但能做到广为流传。

这个低端破坏的过程实际上是一场博弈。对于手机市场上的在位者,山寨手机是入侵者。一方是"山寨",另一方是"庙堂"。对于"山寨"的"破坏","庙堂"可能一时无法或者无以应对。当在位者意识到入侵者对自身地位的危害而欲反击时,为时已晚。而更多的情况是,在位者往往由于内部文化、价值观、流程等原因而造成的组织刚性,面对技术与市场的急剧变化而束手无策,这是许多大企业在破坏性面前走向失败的根本原因。

但破坏性创新的发生必然有一个过程,这一过程必然是"山寨"与"庙堂"的博弈过程。博弈格局中常用的一种策略是借助第三方的力量。在这场博弈中,对于"山寨"的"破坏","庙堂"采用的应对策略之一是"死机"。另一策略是采用"标识码"或"行规",需要借用政府行政手段。对于前一策略,这不过是山寨手机的一种"技术事故",可通过技术手段来应对。而对于后一策略,其效果往往是越监管越"山寨",况且"山寨 IMEI"已经存在了。

"庙堂"更重要的策略,就是针对山寨手机的进逼调整自己的行为,特别是"以其人之道还治其人之身"。例如,诺基亚开始利用自身的品牌优势进军低端手机市场,其售价500元左右的机型已经与国产手机功能差不多。诺基亚的设计高管甚至亲自考察低端手机市场,连被誉为"山寨大王"天宇朗通的宣传彩页他们都会带回去仔细研究。

客观地说,几乎所有新兴行业,特别是高科技行业和垄断行业,暴利思维已经积久成习,平民大众无法改变暴利现状。但由于"山寨"的出现,"庙堂"的渠道优势不见了,铺天盖地的广告不灵了,研发团队对普通民众的消费需求感到茫然了,暴利也不再了。"庙堂"的生产厂家倍感巨大的生存压力,所做出的应对策略将为消费者带来实惠,从而匡正其暴利行为。

事实上这里有两个相互关联的"战场":第一个战场在国内,是山寨手机对主流手机市场的破坏;第二个战场是国际市场,即联发科的手机芯片对国际主流厂商的低端破坏。以全球1年约10亿部手机需求量估算,联发科手机芯片出货量在2006年的全球份额为5%,2007年达13%~14%(1.5亿颗),2008年手机芯片出货量为2.2亿颗,2009年为2.5亿颗。联发科已成为仅次于高通的全球第二大手机芯片供应商。所以,经常能听到有人讨论手机的未来是"高通时代"还是"联发科时代"的问题。

从2007年第三季度开始,联发科手机芯片出货量超过世界第二名的飞思卡尔(Freescale)。加上全球金融危机的影响所带来的对市场的悲观预期,手机芯片巨头得州仪器、飞思卡尔等都在面临"生死抉择":是出售手机芯片业务,还是继续独立运作?得州仪器、飞思卡尔、杰尔、ADI、NXP等一批元老级手机基带芯片厂商纷纷退出历史舞台后,第一梯队的手机芯片厂商就只剩下高通、联发科以及ST-NXP-EMP(ST-NXP-EMP这一合资公司主要针对欧美手机厂商)这三家了。全球的手机销售量为12亿部,仅联发科一家的销售量就占到了12.5%,从图9.9联发科的营业收入稳步增长状况可看出它的竞争力。

中国移动通信开始"三G"时代后,WCDMA、CDMA2000以及TD-SCDMA三个标准的博弈,特别是通信运营商的激烈竞争使这场博弈变得更复杂,并进入新的阶段。据有关媒体报道,中国电信和中国联通原定于电信日(2009年5月17日)正式运营的3G业务

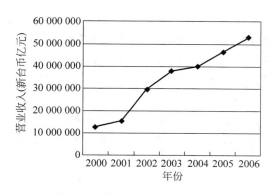

图 9.9 联发科营业收入变化图

都纷纷提前布局,中国电信 2009 年 3 月 16 日开始部分试点 CDMA-EVDO 服务,中国联通也决定提早到 2009 年 4 月 15 日,先在河北省石家庄、保定、唐山和秦皇岛四个城市放号。由于正规手机的销售必须先取得入网证,工作时间至少要 2 个月。3G 提前开战导致 3G 手机缺货,这似乎给以反应迅速著称的山寨手机带来了机会。

但是,高通、ST-Ericsson 合资公司及博通等芯片巨头垄断着 WCDMA 的芯片市场。虽然在 2008 年北京国际通信展上,MTK 高调展示了其 WCDMA/EDGE 基带芯片 MT6268,并表示该芯片已通过国际上很多知名运营商的 IOT 测试,并已向一些手机厂商送样,但是当时并不能确定内置联发科芯片的手机能否赶上中国联通启动的 WCDMA 终端招标。

中国电信运营商的激烈竞争促使它们在推广 3G 业务时采取定制手机模式,从而成为"庙堂"在新的形势下对抗"山寨"的强有力的"第三方"。2009 年 3 月 17 日《福布斯》透露,中兴通信美国分公司试图借助于大型运营商 Sprint、Verizon Wireless 和 AT&T 等建立合作关系,以提高市场份额。这表明"消费者购买手机,再选择入网"的模式被"移动运营商将网络与手机捆绑、入网免费送手机"的新模式所取代。国际手机巨头纷纷推出了自己在线软件商店,希望能够通过更多的软件应用来增强用户对其智能手机产品的黏性,并通过与运营商合作实现共赢。

在这种情况下,山寨手机的"山寨"地位不但没有改变,反而变得更为艰险。由于相关产品未取得国家检测和认证,以及企业在体系架构和财务运营上的非正规性,山寨机无法进入运营商的大批量 3G 手机定制采购大单体系中。即使市场上出现一定数量的山寨 3G 手机,由于无法从官方渠道获得运营商的支持,只能实现高速上网和视频通话等初级功能,而无法体现 3G 网络的核心优势,如提供高速数据业务,以及在数据环境支持下可承载的各种视频、流媒体、搜索等业务。从长远来看,手持设备能否成功的关键已不再由硬件决定了,而由软件决定。这一新盈利模式对手机企业的研发实力提出了更高要求。仅依靠联发科一揽子解决方案、没有技术积累和自主研发实力、完全依靠手机终端制造贩卖获取利润的中国山寨厂商面临极大的挑战。

2. 内部治理:自治与"转正"

某些手机涉嫌侵犯品牌手机的商标专用权,各地工商机关已经采取了一些措施予以查处。如新疆维吾尔自治区工商局从 2007 年 10 月起,已经组织过 4 次查处行动,共查扣假冒伪劣手机 2 万部,涉及 168 个品牌。山寨手机的"大本营"深圳多次被中央电视台曝光,当地有关执法部门以片区为单位对电子市场逐家检查验收,严打假冒伪劣山寨手机。浙江省、山西省、河北省石家庄市、江苏省苏州市等地工商机关也组织了针对山寨手机的执法检查行动。

虽经这样严厉的检查行为,但是山寨手机并没有因此而销声匿迹,反而越来越流行。山寨其实也有自己的行为准则与戒律。既然是山寨,就应该由山寨自己来解决由它们自我约束。

高仿手机侵犯他人商标专用权,损害消费者合法权益,损害了山寨手机行业的形象,也影响了手机行业的健康发展。不少山寨手机厂商和经销商也视之为"害群之马",对于打击侵权假冒山寨手机持支持态度。

有很多山寨手机并没有使用品牌手机的商标,成为"山寨产品"只是因为没有经过入网检测,有人把这类手机称为"正规"的山寨手机。对于这些"正规"的山寨手机,厂商们希望与"不正规"的区别开来,建立自己的自治机构。2007 年 12 月上旬,网络上曝出山寨"结盟帖",筹备成立中国山寨协会。在这份"中华山寨经济创新促进会"章程草案中,"山寨"被重新定义为"高仿、创作、创造、制造",明确要求会员"不能有假冒伪劣记录,不存在商标、专利、版权等知识产权侵权行为"。山寨协会的建议,表明山寨厂商具有了一种自我约束的动机。如果山寨协会能够成立,必将规范和制止山寨的违法侵权现象,把山寨的技术和创意纳入理性合法的轨道,使山寨现象走得更快更稳。

"山寨"内部也在变化,变化的动因之一是"山寨"在"破坏"并抢占外资和国产手机品牌的部分领地中的激烈竞争,另一动因是来自"庙堂"的压力。2007 年前,深圳的手机生产相关企业已有近 2 000 余家,由于大量厂商的低层次、同质化竞争,供应过剩、库存积压严重,市场抛货不断,单机利润已经由数百元降至百元左右,甚至亏损出货,不少山寨厂商只是维持现有经营的状态,难以进一步发展。

竞争不仅来自于国内市场,还来源于全球市场。在海外市场,国内山寨机的价格竞争已经降到底线,除非亏本,否则没有再降的空间。此外,由于部分山寨机产品粗制滥造,给国内外手机经销商形成了产品质量低下、没有诚信的心理障碍。

竞争就是一个优胜劣汰的过程。内部竞争促使"山寨"作为一个群体越来越强。据一项调查统计,山寨手机的中国市场占有率已经达到 25%,而且出口比内销还要多。山寨产品极强的生存能力,来自山寨企业在低端市场寻求多样化价值创新方面的竞争。联发科其实只是为山寨企业提供一个开放式创新平台,山寨企业所购买的联发科解决方案,只是个线路图;线路图可以做出很多外形不一的主板,这需要继续投入技术。山寨机的研发人员大都是原来国产手机企业、诺基亚和摩托罗拉等企业的工程师,配套厂商也大都是国内一流的。在激烈的竞争中,一批有规模的山寨手机厂商也正在积极申请注册商标,真正建立了自己的"山寨"领域。山寨手机已有不少品牌,表明山寨手机从模仿走向创新,特别是外观创新与功能集成创新,开始建立自己的品牌,走出"品牌困境"。被山寨手机爱好者热评的十大品牌有:口碑最佳品牌"金鹏",产品多样,质量上乘,返修率低,现已全国联保;外观最炫品牌"汉泰";销量最大品牌 CECT;风光不再品牌"中天";后劲十足品牌

"德赛";物美价最廉品牌"东极星";功能最强大品牌"闪星";口碑最差品牌"V星";高端路线品牌"天时达";有名无实品牌"华禹盛泰"。这些品牌既有被正面肯定的,也有被负面肯定的,说明品牌形成是市场竞争中争取用户认可的过程。

山寨手机要走出"无质保困境",似乎应该参加入网技术检测,建立自己的质量保证、维修与售后服务系统。特别是已经建立自己品牌的山寨厂商更应该如此。人们把这种情况叫山寨手机"从良"或"转正"。"从良"、"转正"、"招安"都包含着山寨手机希望摆脱自己的"山寨"形象,表明一些山寨厂商建立"山寨"后在适当的条件下走出"山寨"或放弃"山寨"的价值取向。中国古典名著《水浒传》描述了"山寨"的形成、发展与演变过程。在山寨形成初期,众多绿林好汉在山寨聚义,对抗官府,"替天行道",山寨就是"聚义厅"。以后山寨变成了"忠义堂",接受朝廷"招安"。该理论用于山寨手机,就是山寨厂商可能坚持"山寨",也可能寻求与正规厂商合作,或者"招安"(收购兼并),或者接受"改编"(接受投资)。

然而,山寨手机要转正并不容易。民间曾流传这样一个"转正悖论":不招安是死,招安死得更快。"不招安是死"是指,由于手机IMEI号码,运营商定制生产,以及内部的激烈竞争,许多山寨厂商很难生存。"招安死得更快",这是为什么呢?因为山寨手机向品牌机发展,量大物流成本也大,反应速度变慢,而品牌推广成本的优势将不复存在。以实现转正的"山寨大王"天宇朗通为例,2006年、2007年全部采用代工的模式而获得国产品牌第一的位置,2008年向品牌手机进军,广告投入了上亿元,得到的是仅品牌溢价,而付出的代价则是成本的提升,增速明显减慢。

还有人指出,"招安死得更快"还由于转正后手机意味着必须去指定的手机检测中心(CTI,负责手机入网许可证的检测机构)接受检测,而这个CTI认证办理手续非常烦烦,不利于山寨公司的发展。

但是,还是有越来越多的山寨走向"转正",原因是一波又一波的执法检查行动加大了经营风险,而传统渠道也不愿意再销售没有品牌和售后服务保障的山寨机。在深圳,一批有规模的山寨手机厂商正在积极申办牌照和注册品牌,开始规范化发展,集体酝酿"转正"。

3. 行政治理:宽容与规制

手机行业治理与山寨手机的内部都需要适当的社会经济环境,适当的社会经济环境需要依靠行政治理。

山寨手机最初属于"黑手机"类,是因为国家为了避免手机项目重复投资以及保护民族移动通信产业健康发展而在1998年制定了手机牌照许可制,使得手机生产牌照成为一种稀缺资源,从而市场中涌现出许多无牌照手机。而2007年10月12日我国取消手机制造业的行政管制壁垒的决定,使"黑手机"概念不存在了,山寨手机得以"漂白",山寨厂商从此浮出水面。这一政策的变化表明了我国对手机行业行政治理思想的转变。

我国手机牌照制度变迁详见表9.1。

表 9.1 我国手机牌照制度变迁

制度	审批制	暂停审批	核准制	牌照取消
实行时间/年	1998	2000	2005	2007
政策目标	控制重复投资，保护民族工业	放缓手机牌照发放速度和缩小规模	使有技术与资本的厂商获得机会，程序简化，避免牌照倒卖	打击牌照交易，降低手机行业的准入门槛，引入竞争机制
执行情况	信息产业部牌照许可1999年1月实施，2002年放缓发放并缩小规模	自三星公司后，基本上再没有企业单独获得新发的手机牌照	国家发改委核准，2005年2月第一批手机新军涌入市场	保留通信设备"入网许可证"制度，无"黑手机"概念
弊端	牌照交易，行业腐败，限制民间资本	牌照交易，行业腐败，限制民间资本	无生产许可厂商仍处"地下"	—

手机牌照许可制体现的是对手机准入的严格监管，对处于发展初期的手机行业其实是不利的。准入壁垒限制了民营资本进入，一些中小企业得不到成长机会，一些厂商因有牌照而得到特权与保护。取消限制，意味着对山寨手机的宽容，有利于为手机产业的发展创造宽松和公平的竞争环境，可以从根本上有效地杜绝行业准入限制所造成的弊端。

宽容有利于现阶段我国手机行业的发展。我国是世界的加工中心，不仅有为世界品牌提供加工制造的 OEM 企业，还有无数的小型加工企业与"山寨"厂商。"山寨"厂商在初期为追求快速的利益回报，基本上都从模仿开始。创新往往也从模仿开始。据国家知识产权局和全国工商联发布的统计数据表明，我国专利申请量的 61% 以上是由民间创新者完成的。

对新行业的发展采取宽容的态度，是许多国家共同的做法，对山寨现象的宽容在国内外都不乏先例。

中国有"山寨"，美国有"车库"。从车库中走出的企业也常有模仿。例如，AMD（超威半导体）刚成立时仿制他人集成电路，5 年后才自行设计出 2901，20 世纪末推出 K7 系列 CPU。1984 年诞生的戴尔公司，和我国活跃在各城市、各电子街的"山寨"厂商没多大区别。

日韩企业的成长中，其发展的初期也运用了大量的"山寨"手法。索尼公司早期将国外的产品买回来解剖研究，在消化其核心技术基础上进行各种组合创新，最后向市场推出了比原版功能更多、质量更好的产品。

20 世纪五六十年代的中国香港，狮子山下依山而建的小木屋里有许多山寨厂，没有规模、缺乏设备，甚至谈不上管理。后来搬进了土瓜湾、石硖尾一带政府建造的工厂大厦，仍然自称山寨厂。香港的工业，就是由这些山寨厂发展起来的。"山寨"代表着港人勤奋、拼搏和求变的精神。

因此，对于新的产业与技术，需要宽容。没有必要的宽容，不容忍模仿，就没有后来的大发展。可以将宽容区分为三种：第一种是消极的宽容，即认为"让它去，反正成不了大气候"；第二种是中性的宽容，即静观其变，或乐观其成，自身置身度外；第三种是积极的宽容，即有所期待，助其成功。

宽容的积极态度包含不姑息"恶"的一面,止恶扬善。电信专家阚凯力对山寨持积极的宽容态度。他把"山寨机"分为三类:第一类是属于走私黑手机,要严厉打击;第二类是照搬或者照抄,牵涉知识产权和其他厂家品牌的问题,也是违法的;第三类是市场上常见的小品牌手机,利用手机芯片套装迅速地反映了市场消费者的需求。他将"山寨机"的出现视为我国手机产业的一大创新,是对手机产业链的一项重大革命。

宽容的积极态度还包含建设性的介入。深圳市为引导山寨手机建立自己的品牌,利用兴建的销售正牌手机的大卖场向社会公众进行公示和推介。一批有规模的山寨手机厂商积极申请注册商标,集体酝酿"转正"。

而对"山寨机"的建设性介入是降低入网检测费。山寨手机之所以没有入网检测存在两种原因:一是入网检测费太高;二是检测时间过长。一款手机测试费需要几十万元,检测时间至少要一个半月。入网检测只有北京一个实验室,属于政府所属的一个非营利机构。几十万元是行政性垄断收费,过长的入网检测时间不能适应手机市场瞬息万变的需求。如果在入网检测方面改进服务,或者引进竞争机制,则对于山寨手机善莫大焉。

9.5 一个山寨厂商的蜕变与成长

天宇朗通是山寨厂商通过自身的努力改变"山寨面貌",走向"正道"的典型例子。

天宇朗通(天语)的前身是百利丰通信公司,曾是北电网络、三星手机等知名品牌的全国代理商。2002年年底,天宇朗通成立,注册资金两亿元。由于当时手机牌照还没开放,只好做贴牌生产,租用别人的品牌,定位于中低端客户。天宇朗通的商业模式有如下两个特征:其一是它定位于手机的集成商,没有自己的制造工厂,所有的加工制造都外包,所以具有高度开放的特点。天宇朗通的负责人相信,"手机集成商"是契合手机市场开放竞争新格局的商业模式。其二,由于擅长渠道销售并深知渠道销售的重要性,所以建立了将高额利润向熟悉用户的终端销售倾斜的销售网络。所有的促销员由终端店面雇佣并管理。在其价值分配体系中,厂商只拿走基本的10%毛利,15%～20%由渠道分销商分配,条件是必须买断货品。业内人士将这种现象归纳为"天语模式",把这种创新称为"野蛮创新"。

天宇朗通这一商业模式,适应手机产业发展的特点与趋势,具有很大的发展潜力。加上治理起重要的作用,所以后来发展成著名的企业。

在天宇朗通的发展中,治理的作用十分关键。可以说没有各种水平的治理,天宇朗通就难以走出"山寨"。

图9.10是借助前一节的分析框架来分析天宇朗通的蜕变与成长。这里,图中的创新与治理不再指向所有山寨厂商,而被用于描述一个企业的成长,并且把治理过程中关键因素的作用称为蜕变。图9.10中的中间一行自下而上展示了天宇朗通如何通过学习与创新从山寨企业转变成著名品牌企业,左边自下而上表明企业所实现的创新和利用外部的创新,右边指出在企业蜕变与成长中各种水平的治理以及关键治理因素的作用。

天宇朗通的蜕变与成长可划分为以下四个阶段来分析:

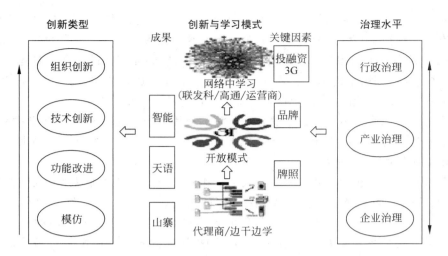

图 9.10 天宇朗通的蜕变与成长示意图

1. 贴牌生产

人们之所以将天宇朗通说成山寨厂商,一个重要原因是它刚刚开始从事手机生产时,并没有获得生产许可的牌照,所以只能贴牌生产,起初天宇朗通每年出货量不到 100 万部。按照当时的协定,每部借牌的手机要交 10~100 元不等的贴牌费给有牌照的厂商。根据全国工商联调查显示,当时国内至少有上百家手机企业要向有手机牌照的企业花钱借牌生产。

另外,天宇朗通所建立的工厂系统是虚拟的,采购、物料调配、代工厂管理、财务、销售等都通过管理系统来解决。但是,"租赁"有手机牌照厂商的牌照贴牌生产并没有给天宇朗通带来发展的机会。天宇朗通期望有自己的知识产权,2003 年曾投入 3 000 万元对美国手机芯片企业 ADI(亚德诺半导体技术公司)的方案进行二次开发,但结果并不理想。2005 年年底,天宇朗通为此回收不稳定手机超过 5 万部,亏损 8 000 万元。

2. 获得牌照,与联发科合作

2006 年,天宇朗通成功拿到 GSM、CDMA 手机双牌照,又恰逢联发科的手机芯片整体解决方案的出现,便及时放弃美国 ADI 芯片改为 MTK,成为联发科的用户。天宇朗通得到了联发科的支持,其研发人员很快就熟练掌握了联发科的平台原理。

因此,总结天宇朗通成功的奥秘,主要得益于以下三点:赶上了我国手机市场走向开放竞争的好时代;构建了适合开放竞争格局的"手机集成商"新模式;遇到了像联发科这样理念相同、值得尊重、可以信赖的好伙伴。

在联发科的支持下,天宇朗通一口气推出了近 80 款产品,就连当时市场销量第一的诺基亚公司也望尘莫及。没有品牌,但是"又便宜又好"的大众手机成为天宇朗通产品的定位。2006 年天宇朗通出货量逼近了 1 000 万部,已跃居国产手机第一名。2007 年其出货量更升至 1 700 万部,当年销售规模达 50 亿元,占国内市场份额超过 10%,市场的表现仅次于诺基亚;2008 年天宇朗通销量为 2 400 万部,销售额为 80 亿元,跻身我国市场手机销量前五名,居国产品牌首位,成为名副其实的"山寨大王"。

天宇朗通所走的"山寨"之路颇有代表性,即在手机面市之初放弃成本巨大的手机制造,外包给富士康、比亚迪、东信等手机制造业巨头,所采用的是销售后端整合前端的方式。对渠道的强大控制力和对市场的高度敏感,加上出货量的巨大,使其在与产业链上游的对话中占有了主动权。在渠道为王的时代,天宇朗通对上下游的掌控使得自己迅速崛起,跃居国产手机销售冠军的位置。与之形成鲜明对照的是以诺基亚为代表的企业所采取的"垂直一体化整合"模式:上游牢牢控制着自己的软件操作系统,下游不断收购手机游戏公司等分支企业,保证产品性能。

作为"山寨大王",天宇朗通在联发科的帮助下建立起了自己独立的研发团队,创立了"天语"系列手机品牌,超多的机型、较高的性价比是天语手机给消费者留下的印象。

3. 融资与品牌战略

天宇朗通试图摆脱"山寨"形象的决定性一步,是开始品牌战略,进军高端市场。2008年6月,天宇朗通宣布向华平投资融资5.3亿元,其中3亿元用于品牌推广。天宇朗通借助北京奥运会推出CMMB(中国移动多媒体广播)电视手机V958,实现品牌价值的提升;通过冠名赞助中央电视台模特大赛的方式,提高品牌知名度。在高端智能产品方面,和微软公司签约开发WindowsMobile平台的智能手机,并跟进Android平台、Linux平台。作为其品牌战略的一部分,天语手机适当提高了产品价格。在市场上95%的国产手机售价都低于2 000元的情况下,公司先后推出了2 000元的800万像素的手机C800和1 030万像素的手机。

2008年,天宇朗通成为中国电信合作伙伴,其负责人荣秀丽以42亿元身家排名2008胡润IT富豪榜第11位。

2009年3月,天宇朗通月销售量达270万部,在我国的市场份额提升到20%,一举超越摩托罗拉,直逼三星位置,成为首个跻身于手机三强行列的中国本土品牌。天语手机有超过1 200个核心代理商,其售后服务已经能够延伸到县一级市场,有超过600家的授权维修点。昔日的"山大王"已成为中国手机业的领军人物。当公司负责人宣称:天宇朗通的梦想就是要做中国的"诺基亚"时,标志着天语手机已彻底走出了"山寨"。

但实施这一计划并不顺利,诺基亚携强大的品牌优势从高端到低端市场全方位阻击,而在它身后一大批山寨手机制造商通过复制天语手机的商业模式与它展开激烈的市场争夺。天宇朗通一面与诺基亚等巨头公司对抗,一面为了维护自身品牌参与"围剿"那些曾经一同"落草"的众多山寨手机厂商。

4. 商业模式创新

2009年,荣秀丽提出天宇朗通的上市计划,标志着"山寨大王"脱胎换骨,现代企业制度开始逐步改变着天宇朗通的旧貌。

我国于2009年发放3G牌照,3G带来的不仅是产品的革新,更是一次改变格局的时机。早期,天语手机曾采取压缩渠道层级的"直供+地级包销"销售渠道模式,将利润最大限度地让给销售终端,以激励销售商积极推销天宇朗通的产品,但维修与售后服务方面存在问题。我国3G牌照的发放,促使天语手机开始瞄准定制市场。3G使我国手机市场走向全球运营商主导,运营商从自己的利益出发联合手机厂商共同开发满足消费者个性化需求的应用技术,并依托各自的渠道与资源进行推广。天宇朗通为了加强自身的技术研发以满足运营商的定制要求,组织了 600 多人的研发团队,在标准化的平台上开发差异化的产品。3G 牌照发送后,天宇朗通获得中国电信 2009 年 CDMA 的大额手机订单,有 600 万～800 万部 CDMA 的手机被中国电信采购。

天宇朗通很清楚手机终端厂商相对运营商的被动地位,于是在面临 3G 三大标准选择时,不愿意轻易放弃任何一个市场,宣称同时支持三大运营商的三大标准。天宇朗通宣布通过与高通在 CDMA、CDMA2000 以及 WCDMA 领域的合作,将自己在 GSM 手机上的优势移植到 CDMA 产品上,丰富 CDMA 产品线。而对 3G 手机上出现的所有操作系统平台,天宇朗通也都进行了开发,是世界上支持最多操作平台的手机公司。天宇朗通原来是以销售来划分事业部的,但在 2009 年春节前,分别成立了针对三大运营商的三个不同事业部,每一个事业部都有自己的售后、研发、采购等。天宇朗通希望通过这种广撒网的方式来获得更大的市场份额。对此,也有人对这种多平台战略表示担忧,因为这么多平台和操作系统不可能兼容。但天宇朗通负责人却认为,中国手机市场是一个复杂且多层次的市场,它的开放性使得天宇朗通不能用一个封闭循环去满足越来越丰富的用户需求,况且作为一个产业链下游的公司,也只有依靠上游的巨头公司才能成功,所以将继续扩大多平台战略,推出更多款跨应用平台的手机终端。作为中国拥有最多平台的厂商,天宇朗通希望用户不管选择什么平台,都可以在天语手机系列中找到适合自己使用的手机。

天宇朗通是一个高度开放的企业,坚持自己的集成商身份,整合产业链最优秀的企业:芯片找高通,操作系统找微软,代工找富士康……只和全球前五、国内前三的供应商、代工厂合作。为了坚持这个信念,即使某些厂商提出要做独家供应商的条件,天宇朗通也照单全收。

3G 的竞争催生了产业链的改变,运营商、手机厂商、平台商、内容商、渠道商的合作进一步加大了。2009 年之前,在 2G 时代天宇朗通最紧密的合作伙伴是一站式解决方案提供者联发科,双方相互成就。但 3G 时代,联发科还没有足够的实力,天宇朗通必须找到新的同盟者。新的同盟者包括威盛和高通等公司。随着手机业的竞争已经从硬件转向了软件应用,主要合作伙伴除高通、威盛等硬件供应商外,还有微软、腾讯、开心网、新浪微博等内容合作伙伴。天宇朗通不仅要做硬件上的集成商,还要做内容集成商。天语手机通过对更加成熟的"3G+智能平台"的集成应用,与互联网融合,打造体验更丰富的云终端。

参 考 文 献

[1] Adam M. Brandenburger and Barry J. Nalebuff. The right game: Use game theory to shape strategy. Harvard Business Review,1995,73: 57-71.

[2] Al-Ali,Nermien. Strategic Intellectual Asset Management, Franklin Pierce Law Center, http://ipmall. info/hosted_resources.

[3] Allee,Verna. Reconfiguring the value network. The Journal of Business Strategy, Jul/Aug 2000, Vol. 21,No. 4,pp. 36-39.

[4] Amit,Raphael & Zott, Christoph. Value creation in e-business. Strategic Management Journal, Vol. 22,No. 6/7,Special Issue: Strategic Entrepreneurship: Entrepreneurial Strategies for Wealth Creation(Jun. -Jul. ,2001),pp. 493-520.

[5] Amit,Raphael & Schoemaker, Paul J. H. Strategic Assets and Organizational Rent. Strategic Management Journal,Vol. 14,No. 1(Jan 1993),pp. 33-46.

[6] Anderson,C. The Long Tail: Why the Future of Business Is Selling Less or More. Hyperion,2006.

[7] Arranz,N. J. C. Fdez. de Arroyabe. Governance structures in R&D networks: An analysis in the European context. Technological Forecasting & Social Change,2007,74: 645-662.

[8] Boisot,M. H. . Knowledge Assets. Oxford University Press,1998.

[9] Bontis,Nick. Managing Organizational knowledge by diagnosing intellectual capital. In: Morey,D etc. Knowledge management: Classic and contemporary works. Massachusetts: The MIT Press, 2000,pp. 375-402.

[10] Carlucci, Daniela; Marr, Bernard and Schiuma, Gianni. The knowledge value chain: How intellectual capital impacts on business performance. In. J. Technology Management,2004,Vol. 27, Nos. 6/7,pp. 575-590.

[11] Chesbrough, H. W. Open business models: How to thrive in the new innovation landscape. Boston: Harvard Business School Press,2006.

[12] Chesbrough, H. W. Open innovation: The new imperative for creating and profiting from technology. Boston: Harvard Business School Press,2003.

[13] Chesbrough, H. W and Rosenbloom,Richard S. The role of the business model in capturing value from innovation experiences from Xerox. Industrial and Corporate Change,2002,Vol. 11(3),pp. 529-555.

[14] Chesbrough H. W and Kevin Schwartz. Innovating Business Models with Co-Development Partnerships. Industrial Research Institute,Inc. ,January-February 2007,pp. 55-59.

[15] Christensen, C. M. The innovator's dilemma: When new technologies cause great firms to fail. Boston: Harvard Business School Press,1997.

[16] Christensen, C. M. , S. D. Anthony, E. A. Roth. Seeing What's Next: Using the Theories of Innovation to Predict Industry Change. Cambridge: Harvard Business School Press,2004.

[17] Chunlin, Si & King-Lien, Lee, The strategy of designing around existing patents in technology innovation: Case study of critical technology of OTFT. Journal of Chinese Entrepreneurship, 2010.

[18] Chunlin Si, Liu Lanjian, Wang Anyu Innovation Governance: An Analysis of the Shanzhai Handset Business,EURAM2009,May 2009,Liverpool.

[19] Davenport, C. ,G. Kearney, D. C. Coomber. Innovation exchange network: Towards open source innovation. International Journal of Technology Transfer and Commercialisation,2008,7(4):

335-343.

[20] Drucker, Peter F. The theory of business. Harvard Business Review, September-October 1994, pp. 95-104.

[21] Drucker, Peter F. The coming of the new organization. Harvard Business Review, Jan-Feb 1988, pp. 45-53.

[22] Drucker, Peter F. Innovation and Entrepreneurship: Practice and Principles. London: Pan Books, 1985, pp. 1-19.

[23] Edvinsson, L. & Sullivan, P. Developing a model for managing intellectual capital. European Management Journal, 1996, Vol. 14, No. 4, pp. 356-364.

[24] Edvinsson, L. and Malone, M. Intellectual Capital. New York: Harper Business, 1997.

[25] Eustace, C. A new perspective on the knowledge value chain. Journal of Intellectual Capital, 2003, Vol. 4 No. 4, pp. 588-596.

[26] Freeman, C. Networks of innovators: A synthesis of research issues. Research Policy, 1991, 20(5): 499-514.

[27] Glen M. S. and Cheryl T. D. When is a disruptive innovation disruptive?. Journal of Product Innovation Management, 2008, 25: 347-369.

[28] Grant, Robert M. Toward a knowledge—Based theory of the firm. Strategic Management Journal, Vol. 17, Special Issue: Knowledge and the Firm(Winter 1996), pp. 109-122.

[29] Hansen, M. T. and Birkinshaw, J. The Innovation Value Chain. Harvard Business Review, June 2007, pp. 121-130.

[30] Hippel, E. von. The Sources of Innovation. New York: Oxford University Press, 1988.

[31] Hippel, E. von. Sticky information and the locus of problem solving: Implications for innovation. Management Science, 1994, 40: 1.

[32] Hippel, E. von and R Katz. Shifting innovation to users via toolkits. Management Science, 2002, 48: 821-833.

[33] Iansiti, M. and Levien, R. The Keystone Advantage: What the New Dynamics of Business Ecosystems Means for Strategy, Innovation and Sustainability. Boston: Harvard Business School Press, 2004.

[34] Joan Magretta. Why business models matter. Harvard Business Review, May 2002, pp. 3-8.

[35] Kogut, B. The network as knowledge: Generative rules and the emergence of structure. Strategic Management Journal, Vol. 21, No. 3, Special Issue: Strategic Networks(Mar. , 2000), pp. 405-425.

[36] Lazonick, William. Innovative enterprise and historical transformation. Enterprise & Society, March 2002, pp. 3-47.

[37] Lazonick, William. Understanding Innovative Enterprise: Business History Around the World. Cambridge University Press, 2003.

[38] Lazonic, William. The theory of the market economy and the social foundations of innovative enterprise. Economic and Industrial Democracy, 2003, Vol. 24(1), pp. 9-44.

[39] Lazonick, William. Innovative enterprise. in Gerberg, Jan; Mowery, David C. ; and Nelson, Richard R. . The Oxford Handbook of Innovation. New York: Oxford University Press, 2005, pp. 29-54.

[40] Lazonick, William. Corporate Governance, Innovative Enterprise, and Economic Development. UNU-WIDER, 2006.

[41] Linder, J. and S. Cantrell. Changing Business Models: Surveying the Landscape, Accenture Institute for Strategic Change, 2000.

[42] Michael O'Hare. Environmental Agencies' Funding Sources Should Follow Their Diverse Business Models. The Policy Studies Journal, 2006, Vol. 34, No. 4, pp. 511-532.

[43] Nonaka, Ikujiro. A dynamic theory of organizational knowledge creation. Organization Science, Vol. 5, No. 1(Feb., 1994), pp. 14-37.

[44] Normann, R. & Ramirez, Rafael. From value chain to value constellation: Designing interactive strategy. Harvard Business Review, Jul-Aug 1993, pp. 65-78.

[45] Osterwalder, A. the Business Model Ontology: A Proposition in a Design Science Approach, Unpublished doctoral dissertation, Licencié en Sciences Politiques de 1' Yniversité de Lausanne, 2004.

[46] Osterwalder, A; Pigneur, Yves and Tucci, Christopher L. Clarifying business models: Origins, present, and future of the concept. Communications of AIS, 2005, Volume 15, Article 6.

[47] Osterwalder, A. & Pigneur, Yves. Business Model Generation: A Handbook for Visionaries, Game Changers, and Challengers, 2010, John Wiley & Sons Inc.

[48] Peppard, J. and Rylander, A. From value chain to value network: Insights for mobile operators. European Management Journal, April-June 2006, Vol. 24, Nos. 2-3, pp. 128-141.

[49] Pil, Frist K. & Holweg, Matthias. Evolving from value chain to value grid. MIT Sloan Management Review, Summer 2006, Vol. 47, No. 4, pp. 72-81.

[50] Mitra, Jay & Si Chunlin, Innovation, Entrepreneurship and Governance: The Shanzhai Handset Business Published in International Council for Small Business (ICSB). World Conference Proceedings(2010).

[51] Rappa, M. The utility business model and future of computing services. IBM Systems Journal, 2004, (1).

[52] Rayport, J. F. & Sviokla, John J. Exploiting the virtual value chain. Harvard Business Review, Nov-Dec 1995, pp. 75-85.

[53] Roper, S., Du, Jun, and Love, J. H. Modelling the innovation value chain. Research Policy, 37(2008), 961-977.

[54] Rosa Grimaldi, Alessandro Grandi, Business incubators and new venture creation: An assessment of incubating models. Technovation, 25(2005), 111-121.

[55] Schweizer, L. Concept and evolution of business models. Journal of General Management, 2005, Vol. 31 No. 2 Winter, pp. 37-56.

[56] Seemann, P, Long, D. D., Stucky, S. and Guthrie, E. Building intangible assets: A strategic framework for investing in intellectual capital. In: Morey, D etc. Knowledge management: Classic and contemporary works. Massachusetts: the MIT Press, 2000, pp. 85-98.

[57] Stewart, Thomas A. Intellectual Capital and the Twenty-first Century Organization. London: Nicholas Brealey Publishing, 2002.

[58] Sveiby, Karl-Erik. The New Organizational Wealth: Managing and Measuring Knowledge-Based Assets. San Francisco: Berrett-Koehler Publishers, Inc, 1997.

[59] Sveiby, Karl-Erik. Measuring intangible and intellectual capital. In: Morey, D etc. Edited. Knowledge Management: Classic and Contemporary Works. Massachusetts: the MIT Press, 2000: 337-354.

[60] Teece, David(1992). Strategies for Capturing the Financial Benefits from Technological Innovation. In Nathan Rosenberg, et al., eds. Technology and the Wealth of Nations. Stanford: Stanford University Press, 1992, pp. 175-205.

[61] Teece, David J. Capturing value from knowledge assets: The new economy, markets for know-

[62] Teece, David J., Pisano, Gary & Shuen, Amy. Dynamic capabilities and strategic management. Strategic Management Journal, Vol. 18, No. 7(Aug., 1997), pp. 509-533.

[63] Teece, D. J. Strategies for managing knowledge assets: The role of firm structure and industrial Context. Long Rang Planning, 2000, 33: 35-54.

[64] Temali, M.; C. Campbell. Business Incubator Profiles: A National Survey, Minneapolis: University of Minnesota, Hubert H. Humphrey Institute of Public Affairs, 1984.

[65] Timmers, P. Business Models for Electronic Markets. Journal on Electronic Markets, 1998, 8(2), pp. 3-8.

[66] William, M. L. & Morris Langdon. 4th Generation R&D — Managing Knowledge, Technology, and Innovation. John Wiley & Sons, Inc. 1999.

[67] Wai-sum, Siu and Qiong Bao. Network strategies of small chinese high-technology firms: A qualitative study. Journal of Product Innovation Management, 2008, 25: 79-102.

[68] Yanfeng Zhang & Chunlin Si, The impacts of external factors on the growth of Chinese entrepreneurial enterprises: An empirical study. Journal of Small Business and Enterprise development, Vol. 15, 2008.

[69] Yunmei Wang & Chunlin Si, Value networks and business models of innovative enterprises in modern economy. Information Management, Innovation Management and Industrial Engineering (ICIII), 2012 International Conference on Date of Conference: 20-21 Oct. 2012.

[70] 司春林. 企业创新空间与技术管理. 北京：清华大学出版社, 2005.

[71] 司春林, 方曙红, 田增瑞. 创业投资. 上海：上海财经大学出版社, 2003.

[72] 司春林. 颠覆性创新：如何打破常规. 北大商业评论：2004, 4.

[73] 司春林, 梁云志. 孵化器的商业模式与自身发展——典型案例分析. 经济管理, 2010, 10.

[74] 司春林, 梁云志. 孵化器的商业模式研究：理论框架与实证分析. 研究与发展管理, 2010, 1.

[75] 司春林, 梁云志. 上海汽车集团股份有限公司知识管理构架咨询报告. 2011 年 11 月.

[76] 梁云志. 孵化器商业模式研究：关于专业孵化器参与创业投资的研究. 复旦大学博士论文, 2010.

[77] 王云美. 知识资产经营与创新型企业研究. 复旦大学博士论文, 2012.

[78] 王云美, 司春林, 夏凡, 李金连. 传统企业如何转型为创新型企业：理论模型与宝钢案例. 研究与发展管理, 2012, 6.

[79] 王安宇, 司春林, 骆品亮. 关系契约与合作研发绩效. 经济管理, 2005, 19.

[80] 王安宇, 司春林, 骆品亮. 研发外包中的关系契约. 科研管理, 2006, 27(6).

[81] 陈衍泰. 企业利用外部知识能力与企业绩效的关系研究：基于知识平台与知识资产经营的视角. 复旦大学博士论文, 2007.

[82] 李守伟. 技术创新社会化服务网络的生成机理与动态演化研究. 博士后研究报告, 复旦大学管理科学博士后流动, 2011.

[83] 刘兰剑, 司春林. 低端市场破坏：关于山寨手机的案例分析. 技术经济与管理研究, 2010, 3.

[84] 刘兰剑, 司春林. 创新网络 17 年研究文献述评. 研究与发展管理, 2009, 4.

[85] 刘兰剑. 企业网络能力对网络地位的影响研究. 博士后研究报告, 复旦大学管理科学博士后流动, 2010.

[86] 曹祎遐. 源于大学的创业研究：以复旦大学为例. 复旦大学博士论文, 2011.

[87] 余红胜. 大企业创业投资. 北京：中国财政经济出版社, 2007.

[88] Dimitris G. Assimakopoulos. 技术社区与网络：创新的激发与驱动. 北京：清华大学出版社. 2010.

[89] 王大洲. 企业创新网络的进化与治理：一个文献综述[J]. 科研管理, 2001, 22(005): 96-103.

[90] 沈必扬, 池仁勇. 企业创新网络：企业技术创新研究的一个新范式[J]. 科研管理, 2005, 26(3).

[91] 陈祥.新经济时代企业知识资产经营策略[J].人大报刊复印资料《工业企业管理》,2003(2).
[92] 安维复,周丽昀,陆祖英.宝钢的创新之路:从"点菜式引进"到集成创新[J].自然辩证法研究,2006,22(5):70-74.
[93] 胡传实.宝钢知识产权经营研究[D].复旦大学管理学院06MBA学位论文.
[94] 宝钢集团.宝钢集团技术创新体系发展纲要[A].宝钢集团研究院,2006.
[95] 宝钢集团.宝钢知识产权战略蓝本[A].宝钢集团知识资产部,2008.
[96] 科技部.关于开展创新型企业试点工作的通知[EB].2006-04-13.
[97] 梁桂.科技企业孵化器管理,上海:上海科学技术文献出版社,2007.
[98] 林强,姜彦福.中国科技企业孵化器的发展及新趋势.科学与研究,2002,4.
[99] 王一春.山寨机与国产手机的发展.湖北经济学院学报:人文社会科学版,2008,5:71-72.
[100] 何立民.集成电路知识平台与山寨产业现象.单片机与嵌入式系统应用,2009,(1):5-7.

后 记

本书的主要内容是我为复旦大学 MBA 讲授"商业模式创新"课程积累下来的,书中包含着我所承担的有关课题的研究成果,还有我为企业所做的与商业模式创新相关的咨询项目的内容。

2007 年我开始主讲"商业模式创新"这门课,它与我先前主讲的"企业技术创新管理"有一定的传承关系。我之所以将"企业技术创新管理"调整为"商业模式创新",是因为我对技术创新做较长时间的研究之后,想追究技术创新管理中"深层次"的问题,这其中一个重要的甚至是根本性的问题是技术创新与商业模式的关系问题。同时,我也发现原有课程中涉及技术创新与商业模式关系的内容总能引起 MBA 学生格外的兴趣,这更促使我感到调整课程的必要性与迫切性。

我国企业普遍存在技术创新不足,技术创新能力不高等现象,所以我国只是全球制造中心而非创造中心,要改变这一局面,我国企业必须加强技术创新。根据前几年国家统计局统计资料,我国不少企业长期依靠国外技术与廉价的生产要素,通过加工制造获取盈利,沿袭这一商业模式造成了 71% 的大中型企业没有技术开发机构,2/3 的企业没有技术开发活动,这就越发使人感到技术创新在我国的重要地位。因此,当我国提出走自主创新之路的时候,不少人认为自主创新首先是技术上的自主创新。但我想,自主创新包含着技术上的自主创新,却不仅仅是技术方面的问题。如果仅从技术角度来理解,那么自主创新不过是一种"技术策略"。可是,为什么我国许多企业不采取这种"技术策略"呢?

事实上,它们都陷入了这样一种商业模式:依赖国外技术大量制造,以此盈利。当我们提倡企业走自主创新之路时,意味着要企业放弃原来的商业模式,走依靠创新盈利的模式。这就是转变商业模式,从原来的依赖国外技术大量制造的模式,转向通过自主创新求得生存与发展的模式。所以自主创新首先是商业模式的创新。企业要开发新技术,愿意实施技术创新,是其商业模式使然。依赖外来技术大量制造盈利的企业不可能有技术创新,依靠侵犯他人知识产权才能生存的企业也不可能有什么创新。

进一步说,实施技术创新本身也要求有商业模式创新的配合。"硅谷悖论"说的是最善于进行技术创新的企业往往是最不善于从中盈利的企业。这样的企业注定会失去很多机会,可能不仅走不出硅谷,甚至在硅谷生存下来都很困难。当企业的盈利能力不足以支持企业技术创新支出的增长时,企业就必须调整自己的技术创新模式,这也意味着企业必须变革自己的商业模式。从苹果公司以及更多的企业案例中发现,技术创新只有与商业模式创新结合才能创造出更大的价值。当全世界都在关注苹果公司的时候,人们感兴趣的仅仅是苹果的新技术吗?苹果公司以往曾因执迷"酷的技术"而陷入过迷茫,它的创始人乔布斯也曾一度被迫离开。而苹果公司的成功之处,不就是体现在技术创新与商业模式创新的结合吗?

一个企业要持续地实施技术创新,必须以合适的商业模式为前提。任何新技术的开发都需要大量的资金投入,依靠"申请基金"支持开发新技术的传统办法,已不适应新技术的迅速发展。如果 1995 年美国科学基金不停止对互联网的维持费,互联网的发展不得不寻求合适的商业模式走商业化的道路,就没有我们今天的互联网技术,也没有互联网的辉煌。以信息技术为代表的新技术能够获得迅速发展,主要得益于这些技术的发展找到了合适的商业模式。今天,新技术的迅速发展,并在社会经济发展中发挥越来越大的作用,越来越依赖于合适的商业模式。

2006年,我国科学技术部等国家相关部委开始推行的创新型企业试点工作是一项重要的"创新引导工程",其目的是通过选择一批企业试点,培养各种具有示范性的创新型企业,引导更多企业走创新发展之路。我正是在这个时候开始考虑技术创新与商业模式创新的关系问题,并进一步思考创新型企业的问题,特别是它们的商业模式问题。自那时以来我所思考及研究的一些成果已经在书中作了介绍。我相信,当今企业的创新主要是商业模式的创新,在很多情况下商业模式创新需要依靠技术创新支持,而技术创新越来越成为商业模式创新的一部分。实施"创新引导工程"有赖于把企业技术创新与商业模式创新的结合放在突出地位。

商业模式创新已备受重视,各种出版物、相关的培训活动、企业咨询也与日俱增。虽然我曾为企业做过一些咨询与调研工作,但是我并没有多少参加企业创新的实践经验,也没有充裕的时间与精力去跟踪一些新技术的实际发展。可作为一名大学教师,我可以而且也应当努力对商业模式创新做出理论上的思考。本书试图为商业模式创新建立一个理论体系,综合了价值链、价值网、创新价值链、知识资产管理、创新型企业等方面理论研究的新进展,加上我本人特别是与王安宇博士、陈衍泰博士、王云美博士、梁云志博士以及博士后余红胜、施安平、刘兰剑、李守伟、臧志鹏等人合作研究的成果。我很高兴昔日的学生们在各自的理论研究与社会实践中都做出了成绩,在感谢他们的同时我也为他们感到自豪。

我要感谢MBA的学生们在课堂上与课后所做的讨论,这些讨论使我相信教学是教师与学生的互动学习过程。这几年来学生们结合课程提供了数百个案例,他们具有年轻人的敏感嗅觉,当一种新的商业模式刚刚出现的时候,学生们就开始在课堂上讨论了。本书中的案例大部分由他们提供,其中有一部分还来自我指导他们所写的学位论文。

另外,我还要感谢复旦大学创新创业英才班的学生,他们来自各个学院,既有硕士生、博士生,还有留学生。他们中一些人没有管理学理论方面的知识基础,这促使我尽可能将问题讲述得更清楚明白,因此在一定程度上影响了本书的写作风格。

最后,我还要特别感谢清华大学出版社的陆浥晨编辑,是她的热情帮助使本书得以在清华大学出版社出版。

作者
于复旦大学管理学院
2013年1月